野史未必假

王磊 著

目次

禪讓制的真相：讓了，又沒有完全讓

禹無論如何也不會想到，自己竟然會因為一次人事安排而風評被害。

禹這一生做出過無數的安排，無論是治水方案的規畫、人員物資的調配、九州疆域的劃定，還是各地貢賦的確認，他都處理得明明白白。正是因為辦事可靠，禹才得到了舜的禪讓，成了新的天下共主。

當禹的生命進入倒數計時，他也遵循禪讓精神，做出了人生的最後一次安排——指定自己治水時的重要助手伯益為繼承人。可是禹剛死，整件事就畫風突變了。禹的兒子啟跳出來打跑了伯益，建立了中國古代第一個王朝——夏朝。上古時代選賢任能的禪讓制被家族血緣的世襲制所取代，「公天下」變成了「家天下」。任誰看了都得感慨一聲世風日下、人心不古。

嗯，至少後來的儒家學派是這麼說的，但並不是所有人都同意這一說法。

某位不願意透露姓名的爆料者：哪有什麼禪讓，之前堯讓給舜，也是因為他晚年鎮不住場子，才被舜奪取了帝位，一直被關到死，連親兒子的面都見不到。

另一位不願意透露姓名的爆料者：我跟你說啊，禹臨死前雖然指定伯益為接班人，實際上卻又暗地裡任命兒子啟掌握實權部門，培植個人小集團。妥妥的當面一套背後一套嘛。

儒家學派代表者荀子：什麼堯舜禪讓啊，那都是虛假宣傳！我們不要相信謠言、不傳播謠言！

法家學派發言人韓非子：舜逼堯退位，禹逼舜退位，就如同商湯伐夏和武王伐紂一樣，都是臣子造君主的反。

……

那真相到底是什麼呢？讓我們先來重新釐清梳理一下堯舜禹之間的「禪讓」是怎麼回事。

所謂禪讓制，就是上一任領導人指定團隊中德行能力最強的人來接班；而世襲制，則指領導人的位置在自己的血緣家族中代代傳承。

實際上，上古時代選拔部落領導人的主流方式，還真不是禪讓制。黃帝壓服炎帝、打敗蚩尤靠的是武力，之後炎黃部落的幾位領導人，無論是少昊，還是顓頊、帝嚳、堯、舜，他們都有一個共同的身分——黃帝的後人。比如堯的位置就是從同父異母的哥哥帝摯那兒「繼承」來的，而帝摯的位置又是從老爹帝嚳那兒「繼承」來的。這是正經的父死子繼、兄終弟及，不就是一家子輪流當班的家族企業嗎？

所以說，世襲才是咱們華夏大地一開局的通則，禪讓這種高端概念反而應該是文明發展到一定程度後才出現的。事情的轉折點，就發生在堯當首領的時候。可堯為什麼改世襲為禪讓呢？因為出事了，天上地下都出大事了。

天上出的事叫「十日並出」，說的是十個太陽一起出現在天空裡，堯命令神箭手后羿射下來九個，這才讓天地間的氣溫恢復了正常，這就是「后羿射日」的故事。地上出的事叫「湯湯洪水」，說的是滔天洪水席捲大地，堯就任命鯀去治水。鯀治水失敗後，兒子禹接班繼續幹，這就是「大禹治水」的故事。

天上當然沒有十個太陽，所謂的「后羿射日」，反映的其實應該是上古時代的部落戰爭。之所以有如此多的部落捲入了戰爭，都是被洪水逼的。沒錯，「湯湯洪水」經考證應該是存在的。當時黃河中游地區受到水災的影響相對較小，於是倖存的人們就大量向這裡集中。

人口密度一高，鄰里衝突就變得突出了。小到吵架動口，大到大打出手，反正大家都是第一回做人，誰也不打算讓著誰。再加上治水這事不是某一個部落能獨立解決的，總得選出一個領頭人，而有候選資格的部落又不止一個，那就只能真刀真槍打到服，反正誰站到最後誰就是老大。眾多部落就在摩擦甚至戰爭中逐漸走向了聯合。

所以堯在位時，已經不僅僅是自身血緣部落的首領，還是眾多部落大聯盟的共同領袖。史料中稱讚堯「克明俊德，以親九族。九族既睦，平章百姓。百姓昭明，協和萬邦」。

這裡面存在一個遞進關係。「九族」指的是自家親戚；「百姓」指的是各部落中的領頭人，因為「姓」是當時「高質量人類」才有的高端配置；「萬邦」說的就是聯盟裡的其他部落。通俗來說，就是堯得先搞定自家的事，然後才有能力擺平其他的部落，進而成為整個部落聯盟的領袖。

既然是部落聯盟，那做什麼決定各個部落之間就得商量著來。比如，堯在選擇繼承人時沒有直接指定，而是先徵求了臣子們的意見。一個叫放齊的人提議，立堯的兒子丹朱為繼承人。這個建議看起來很「合乎人情」，但堯居然一票否決了。這又是為什麼呢？

很簡單，那麼多雙眼睛都盯著呢，堯心裡肯定清楚，這麼明顯的偏心眼當然沒法服眾。一個叫歡兜[1]的人則提議立共工為繼承人。共工就是傳說中撞倒了不周山的那位水神，這動不動就拿腦袋撞山的人，脾氣估計是挺暴的。其實共工是堯的「水官」，相當於水利部部長，治理洪水正是他的本職工作。但很明顯共工沒能成功治水，自然無法獲得堯的認可。更重要的是，這個共工還是炎帝的後人，這讓作為黃帝後人的堯心裡怎麼想？

大家的意見不一致，推舉繼承人這事也就暫時擱置了下來。因為眼前還有更緊迫的事情需要解決——洪水依舊氾濫，需要推選一個新的治水負責人。這時「四嶽」發言了，他們推薦鯀來負責治水。「四嶽」就是部落裡四個說話很有分量的高層人員[2]。堯本來不同意，在「四嶽」的堅持下才同意讓鯀先試試。

但鯀治水九年，依然毫無成果。又老了九歲的堯再一次把推舉繼承人這事拿出來討論。這一次「四嶽」集體提名一個叫舜的人作為接班人。

舜這個人身世坎坷，但事蹟感人。他生母早亡，親爹眼瞎，還有個流氓弟弟、惡毒後媽。然而就算家庭關係如此複雜，他還不改初心地行善盡孝，所以在部落裡人緣、口碑都特別棒。堯對這個提議表示可以考慮，只不過需要先考察一下。這麼一看，堯的確是遵循了部落的原始民主原則，打算禪讓了吧。

是，他讓了，但沒有完全讓。因為堯考察舜的方式很特別，他直接招舜當了自己的上門女婿，把兩個女兒娥皇和女英嫁給了他，讓她們二十四小時無死角地考察這個出身底層的窮小子。

沒錯，舜其實是堯招的贅婿，只不過不是永久性的，這個叫「服役婚」。本質上來說和你下館子沒錢結帳，那就去後廚洗碗一個套路。

舜在堯的家裡「服役」了整整二十年，其間各種表現良好，堯也就放心地將天下交給了舜。也就是說，堯的確沒傳位給兒子，卻傳位給了女婿，民間俗話說「一個女婿半個兒」，所以堯和舜之間的禪讓怎麼看都有點不夠純粹。

那真正的禪讓存在嗎？

存在，就是舜和他的下一個繼任者——禹。這兩位之間的禪讓就純粹得多了，因為他們之間不但沒有裙帶關係，甚至還有殺父之仇。禹的父親鯀就死在了舜的手裡。舜在正式繼位之前立過很多功勞，其中最重量級的一項叫「平四罪」。「四罪」是當時官方欽定的四個罪大惡極的大反派，分別是「三苗」、歡兜、共工和鯀。

「三苗」指的是當時江漢、荊州一帶的部落，傳說這個部落是蚩尤九黎之民的後代，向來和炎黃血脈的中原部落聯盟處不好，動不動就鬧事造反，結果被堯派兵打敗了，於是舜就建議把戰敗的「三苗」部落流放到青藏高原一帶。

公然對抗首領可是個大罪名，被流放了很合理。但和叛亂的「三苗」一起挨收拾的歡兜、共工

1 又作讙兜、驩兜、驩頭，一說為鯀的孫子，一說為顓頊之子。

2 一說「四嶽」其實是一個人。

和鯀又犯了什麼不可饒恕的罪行呢？表面上看，這三位都是罪有應得。歡兜本身就是叛亂的「三苗」部落的首領之一，共工和鯀則都治水失敗。這三位要麼是叛亂分子，要麼是辦事不力，被處理很正常啊。

當然，這只是官方版本的聲明。事實上，這三位都是堯舜權力交接的絆腳石。歡兜曾向堯提議讓共工繼位，鯀是共工治水工作的繼任者，歡兜和鯀之間還有血緣或姻親關係，說明這三人很可能是關係緊密、利益相關的「小團體」，而他們共同的訴求就是反對舜的繼位。

歡兜提名了舜的競爭者，鯀和共工都曾公開質疑過堯指定舜作為繼承人的決定，鯀更是試圖憑藉自己手中掌握的治水資源來謀取進一步的權力，甚至已經到了公然抗拒命令、對抗中央的程度。面對這種對最高領導權的挑戰，唯一的解決方式就是訴諸暴力。

歡兜和共工戰敗後被流放，而實力最強、威脅最大的鯀，受到的處罰也最嚴厲。當時已經攝行天子之政的舜藉口鯀治水不力，說服堯處死了鯀。[3]是的，治水失敗只是官方理由。在部落聯盟的權力鬥爭中失敗，才是鯀被殺的真正原因。正是通過這樣的鐵血手段，舜才平穩地接過了堯的首領之位。之後他任命禹繼續負責治水工作。

當領導人的都喜歡講一句話，叫「用人不疑，疑人不用」。舜任用和自己有仇的禹擔任重要職位，稱得上是「用人不疑」。但從另一個角度來說，舜也沒法做到「疑人不用」。因為整個部落聯盟的一把手雖然是通過禪讓產生的，但聯盟內各個部落的領導人更替方式仍然是血緣繼承，所以禹才從老爹鯀那裡繼承了本部落的首領職位和治水工作，舜就算想換人也做不到。不過舜對此也毫不在意，他既然能以「治水不力」的罪名弄死鯀，自然也能用同樣的罪名拿捏禹。

禹的處境就十分險惡了。他初入職場就被貼上了「罪人之子」的負面標籤，頂頭上司給他制定了嚴格的績效考核目標，所承接的項目又是史詩級的硬骨頭，那前途真是慘淡得不行。

禹能怎麼辦？只能玩命幹。所以他結婚第四天就上班了。然後，他就再也沒下過班。

治水是個極其繁雜又精密的超級工程，從設計治水方案、協調人力資源，到籌備工程物資、應對突發狀況等，千頭萬緒全都令人頭疼。禹是否頭禿我們不知道，但他「腿禿」則是一定的了。因為長年泡在泥水裡，禹小腿上的毛囊組織都被泡死了，兩條腿上連一根腿毛都沒有倖存。腿毛沒有了聽起來是小事，但長期潮濕帶來的病痛是什麼滋味，那就只有當事人自己清楚了。

很多人都知道禹曾「三過家門而不入」。但《史記》中的原文寫的其實是「勞身焦思，居外十三年，過家門不敢入」。是的，不是過而「不入」，是過而「不敢入」。為什麼不敢入？自然是害怕，畢竟治水要是不成功，自己的小命也保不住了。事實上，禹在上班的第一天就知道，他必須事事都做到極致完美，否則隨時都可能倒楣。

治水，既是禹一生中面臨的最大考驗，卻也是他逆襲翻盤的最佳機會。因為只有在治水過程中，禹才能調動海量資源，才能深入基層一線，進而打造屬自己的核心團隊。

就好比公司大主管憋著壞想收拾你，但有個核心項目又必須交給你幹。那你最好的辦法就是把

3《史記》。另有說法是流放而死。

活兒幹得漂漂亮亮的，順帶著在幹的過程中把所有的業務骨幹、核心資源都收入麾下，只要你手中掌握的資源足夠多，哪怕是董事長見了你都得客客氣氣的。

所以禹從治水開始，就統一部署，通盤考慮。他一邊抗洪搶險，一邊恢復生產，一手治洪水，一手收人心，硬生生把一個應急項目搞成了長期投資。可以說禹治水的腳步走到哪裡，他的團隊就搭建到哪裡，他的追隨者就擴張到哪裡，跟滾雪球一樣。

最終所有的山川河流都治理好了。史書記載禹開通了九條山脈的道路，疏通了九條大河的河道，在九個大湖築起了堤壩。當然，這裡的「九」都是虛數，泛指很多的意思。

治水成功了，但這事還沒完。如何善後、誰來善後才是最關鍵的問題。按理說這種活兒應該由最高領導人舜來辦，但禹卻當仁不讓直接代勞了。他親自主持劃定九州的疆域，主持盟會分封諸侯，確定貢賦。就好比公司項目簽約或剪綵儀式，正經董事長沒撈著上場，你一個部門經理上去就把事給辦了，那到底誰說了算還用問嗎？

所以當治水成功的大禹再次站在舜的面前時，雙方的實力對比已經今非昔比。沒錯，這時候我們得尊稱他為大禹，意思就是「偉大的禹」。《史記》當中曾記錄過一次舜、大禹、皋陶等人的對話，全文很長很長，整體畫風大概是這個感覺：

大禹：我有德行啊！

皋陶：啊，對對對，您得繼續保持啊！

大禹：我有功勞啊！

皋陶：啊，對對對，您得保重身體啊！

舜：你倆一唱一和的有意思嗎？

整段文字中只見到大禹在大段大段地發表治國理政的意見，還有皋陶捧哏一樣的烘托，身為天下之主的舜反而像個被教育的小學生。這個皋陶是誰呢？他就是被後世尊為「中國司法始祖」的法官祖師爺。同時他也是大禹的死忠粉，誰要是敢反對大禹，他的處理方式就是「刑之」，分分鐘讓你感受到法律的鐵拳。

之後不久，舜就指定大禹為繼承人了。再往後的故事頗有些浪漫的神話色彩：舜立大禹為繼承人後，就巡視南方去了，走到「蒼梧之野」病死了[4]。舜的兩個妃子娥皇、女英聽說丈夫去世後去收屍，卻找不到丈夫的墳墓，兩個人傷心的眼淚灑到當地的一種竹子上，留下了斑斑淚痕。後來人們尊娥皇、女英為湘水之神，那浸染了她們眼淚的竹子就被稱為「湘妃竹」。

當時的南方屬文明不開化的蠻荒之地，氣候潮熱，毒蟲橫行，身強力壯的小夥子到了那兒都未必能活著回來。而舜上位的時候就已經六十一歲了，死的時候更已經是九十多歲的高齡。這一把年紀為什麼還往南跑，以至於死的時候兩個妻子連最後一面都沒見到呢？

詩仙李白曾在〈遠別離〉中寫道：

4《虞書．舜典》中〈注〉云：「死蒼梧之野，因葬焉。」大致在今天的湖南省永州市一帶。

君失臣兮龍為魚，權歸臣兮鼠變虎。
或云：堯幽囚，舜野死。
九疑聯綿皆相似，重瞳孤墳竟何是？

是的，我們的詩仙就曾「聽說」過：堯是被舜囚禁的，親兒子都見不著；舜是被禹流放的，墳頭在哪兒都找不到。可見，唐代時就有觀點認為所謂舜的「南巡」根本就不是一次正常的出差，而是大禹奪取權力後把舜放逐到了遠方。

大禹成為天下之主後，沒有立兒子啟為繼承人，而是指定三朝元老兼頭號粉絲皋陶來接班。皋陶堅決推辭，後來就去世了。大禹就又指定伯益為繼承人。伯益是大禹治水的重要助手，同時也是皋陶的兒子。[5]大禹去世後，伯益成了名義上的一把手，沒錯，只是名義上的，因為底下的人並不買帳。遇到問題需要解決了，人們不找伯益，而都去找啟，因為這是「吾君之子也」。想發篇通稿歌頌下領導人，大家也不提伯益，通篇都在謳歌啟，因為這是「吾君之子也」。

那些口口聲聲高喊「吾君之子」的人，一方面，因為他們和大禹之間的君臣關係已經牢牢綁定，所以領導人的兒子才算真正的自己人；另一方面，這些擁護「吾君之子」的人也不是一般人，他們也有自己的權勢、財產和地位需要傳承。

現代考古發掘已經證明，堯舜禹所在的上古時代已經出現了階層分化和貧富差距。那些有私產的人，自然希望能傳給自己血緣家族的人。「吾君之子」這幾個字的出現足以證明，在大禹在位的時代，代表私有制的「世襲」才是人們心目中的真理。人皆有私，人之常情罷了。所以最終啟取代伯益成為天下之主已經是必然，曇花一現的禪讓制被世襲制所消滅也是必然。不管大禹是真心禪讓還是暗箱操作，無論伯益是主動退休還是被啟武力打敗，都無法改變這一現實。

只不過後來儒家崛起，強調「有德者居之」，這天下不是誰家的，而應該是最有德行的人來當天子。他們本想找一些案例來支持自己的觀點，可是翻遍史書，發現基本上都是血緣繼承，和道德沒一毛錢關係。唯獨堯舜禹時代的禪讓，看上去有那麼一丟丟天下為公的感覺。得了，就這個吧。

於是後世的儒家宣傳堯舜禹禪讓的高尚無私，搞得人們都以為禪讓制才是上古時代的主流一樣。但看過歷史上王朝更替的人都知道，只要有了足夠的實力和威望，分分鐘都能編排出一場禪讓大戲。

比如，當曹丕看完了漢獻帝那篇「感人肺腑」的禪讓詔書，正式代漢建魏後，他好像突然明白了什麼了不得的道理。登基典禮一結束，他就對身邊的大臣們說了一句沒頭沒腦的話：

舜、禹之事，吾知之矣。

5《史記》。另有說法認為伯益為皋陶的子侄輩。

哦，原來所謂的禪讓，就是這麼回事啊。所以並不是先有禪讓制，然後才被世襲制所取代。禪讓制的確存在，只不過不是主流。更準確地說，在人類文明從部落時代向國家進化的過程中，在原始公有制逐步過渡到私有制的歷史進程中，禪讓制才是那個不走尋常路的奇葩。

昏君的黑料：紂王到底做錯了什麼

西元前一〇四六年一月二十日，天剛濛濛亮，殷商陪都朝歌城的制高點——雄偉壯麗的鹿臺上，一個男人正準備用自焚的方式結束自己的生命。

這位被稱為「史書中自焚第一人」的末代君主名字叫受[1]，在活著的時候被人稱作帝辛，死後則被人叫作商紂王。遠處的喊殺聲變得愈來愈清晰，這說明敵軍已經愈來愈近，留給紂王的時間不多了。

紂王穿上最華麗的服裝，周身環繞著無數的絕世美玉，決然地選擇了投身火海。大火燒得很快，但還沒快到能抹去一切的程度。一個英武的年輕人駕駛著戰車呼嘯而至。他的名字叫姬發，後世稱他為周武王。武王張弓搭箭衝鹿臺上的焦屍射了三箭，然後大步上前砍下了紂王的頭顱，懸掛在一根巨大的白旗杆上示眾。[2]旁邊還有兩根小一點的旗杆，上面掛著紂王最寵愛的兩個妃子的腦袋。

至此，在華夏大地上延續了五百多年的殷商王朝滅亡，周朝建立，史稱「武王伐紂」。

1 一說名受德。

2 有爭議。一說紂王當場陣亡，一說為戰敗後自殺。

如果中國古代的昏君們要建立個群組的話，紂王很可能會「榮獲」群主之位，因為他有「三高」：排名高、辨識度高、曝光度高。紂王在亡國之君序列裡第二個出場，任誰見了都得尊稱一聲老大哥，排名那是相當高。

要說紂王犯下的罪行，那真是罄竹難書，而且形式還獨樹一幟，什麼炮烙剜心、解剖孕婦之類的「光輝事蹟」放到今天，高低得判他個反人類罪。所以後人也給了他一個獨一無二的史詩級差評——謚號「紂王」。

這個「紂」字充分體現了中國人罵人不帶髒字的水準，因為「賤仁多累曰紂」「殘義損善曰紂」「殘忍捐義曰紂」……簡單來說必須得是幾十年如一日堅持做壞事才配得上這個謚號，所以「紂」字也就成了他的專用稱呼，只此一家，別無分店，辨識度極高。再加上《封神演義》的廣泛傳播，紂王昏庸殘暴的形象更是家喻戶曉，曝光度不是一般的高。

但紂王表示並不開心，直到他聽到了子貢同學的發言。

作為孔子最喜愛的學生之一，子貢是「孔門十哲」中當仁不讓的高富帥，還是古代政治經濟學高才生，按理說應該站在絕對正義的一方，可他卻替人人喊打的紂王說過幾句話。

子貢說：紂王身上那些聳人聽聞的罪名，恐怕有不少是標題黨。因為人人都痛恨道德敗壞的人，所以遇到什麼壞事都往他們身上扣。簡單來說就是紂王肯定有問題，但也保不齊有人是跟風蹭熱度，或者是誇大其詞騙流量。

子貢的說法並不是空穴來風。我們梳理一下紂王罪名出現的時間，也會發現一個特別有趣的現象——愈是勁爆抓眼球的內容，出現的時間就愈晚。

就比如傳說中紂王自焚的那座鹿臺。西漢時記載鹿臺「其大三里，高千尺」，換算成今天的概念就是一棟占地面積接近十萬平方公尺，高三四百公尺，集餐飲、娛樂、洗浴、健身於一體的頂級豪宅。到了東晉，關於這座鹿臺高度的記載一下子提高到了「一千丈」，換算下來大概兩千公尺。

這是個什麼概念呢？

目前地球上的最高建築杜拜塔「只不過」八百二十八公尺。而河南嵩山的最高峰連天峰，海拔也才一千五百一十二公尺。就算不考慮實際的施工困難，想想在沒有電梯的古代，紂王每次上鹿臺享樂之前，還得先吭哧吭哧地爬個幾千上萬級的臺階，這畫面怎麼一點也不邪惡，反而有種莫名的喜感呢？

所以紂王到底是做錯了什麼，才能收穫如此多的黑粉，被當成昏君界的標竿人物幾千年不得翻身呢？對於這個問題，紂王自己也沒想明白。他要是能想得明白，也不至於淪落到這種地步。紂王想不通不要緊，有人可通透著呢。

古龍先生在小說《七種武器》中說過一句非常有道理的話：「最瞭解你的人往往不是朋友，而是你的對手。因為只有對手才會真正地花心思去觀察你、研究你、掌握你。」

作為紂王最大的死對頭，周武王姬發才是最有發言權的那個。他在和紂王翻臉動手之前特意寫了一篇小作文來動員盟友，詳細列舉並強烈譴責了紂王所犯下的罪行，簡單歸納就是：酗酒，聽信婦言，親疏不分，胳膊肘往外拐，不重祭祀，且有暴力傾向。

嗯，就這？好像除了酗酒和暴力傾向之外，其他也不是什麼罪大惡極的事情吧。不不不，這幾件事在當時的人看來，樁樁件件都是人神共憤的滔天大罪。我們必須代入商朝人的視角，才能理解紂王為什麼那麼招黑。

商朝，是個很有個性的王朝。它最大的特點就是愛搬家、愛算卦、愛打架。

愛搬家是因為黃河經常氾濫，動不動就把都城給淹了，只能換個地方重建。直到「盤庚遷殷」之後，商朝的首都才算固定下來，所以商朝也被稱為「殷商」。

愛算卦說的是占卜在商朝社會生活中具有很重要的意義。《禮記》中記載：「殷人尊神，率民以事神，先鬼而後禮。」今天出土的甲骨文中就有商朝大量的占卜記錄，大到戰爭災荒，小到生活日常，不管是夜裡做夢，還是白天牙疼，遇事不決全靠算卦。

再說愛打架，商朝的確特別能打，但也是因為形勢逼人。因為商朝並不是秦漢那樣的大一統王朝，而是一個部落聯盟，商王只是聯盟的首領而已，只不過他自己的商部落是這個聯盟中實力最強的那個。商王帶著本部落的人住在王畿，也就是首都周圍的一畝三分地裡，這些歸商王直接領導的人被稱為「內服」。在王畿周圍還分布著很多異姓諸侯國，就是和商沒有血緣關係的部落。這些諸侯國認商朝當大哥，享有高度的自治權，統稱為「外服」。至於再遠一點的地方，比如江淮一帶的東夷集團，則完全不聽商朝的招呼，勉強可稱之為「不服」。這就是課本上說的「內外服制度」，本質上來說是一種多股力量相互依存也相互制約的平衡狀態。

自商朝建立以來，商王的權力就受到三股主要力量的限制，分別是「算命先生」「自家親戚」和

「門下小弟」。

「算命先生」指的是商朝內部的「貞人」，就是負責祭祀的神權階層。占卜的結果是好是壞，上天的「神諭」是褒是貶，那都是他們一句話的事，就算是商王有時候也得聽他們的。

「自家親戚」指和商王有血緣關係的宗親貴族。這幫三叔六舅那真是讓人一言難盡，可以說是能給你幫多大忙，就能給你添多大亂。自家親戚嘛，有事那是真上啊。但既然是一家人，吃拿卡要、把持權力、爵位世襲什麼的也都是常規操作，商王還不好說什麼，也不能撕破臉不是？

「門下小弟」指的是「外服」的那些諸侯國。只要商朝中央稍有風吹草動，小弟們就會蠢蠢欲動搞事情。一句話，人心散了，隊伍是相當不好帶的。

所以五百年來，歷代商王都是小心翼翼地維持著脆弱的平衡，生怕一個搞不好就翻車。直到有為青年紂王閃亮登場。

首先要明確一點，和小說電視劇裡那個只知道摟著妲己花天酒地的紈綺子弟不同，真實歷史上的紂王其實擁有非常優秀的硬件條件。史書中記載紂王長相英俊，身材健碩，天資聰穎悟性高，口若懸河辯論好，日常愛好是打老虎、揍狗熊，絕對的人中龍鳳、個中翹楚。

正因為自身的條件足夠好，紂王對人生的追求也格外高——他要帶領商朝重回巔峰。為此他需要進一步擴大王權，所以神權階層、宗親貴族和地方諸侯全都上了他的黑名單，得挨個拉出來放血。

為了打壓神權階層的話語權，紂王廢棄了以往的祭祀制度。以後少請示，少彙報，讓天帝鬼神都歇一會兒，你們這幫貞人也都閉嘴。

為了不讓宗親貴族把持朝政，紂王另起爐灶，重建了一套新的領導班子，提拔了一大批出身底層的官員，哪怕是有案底的罪犯和奴隸都能在他這兒找到工作。

為了防止四方諸侯不聽招呼，紂王針對其中的實力派進行了清除。當時商朝的小弟中，以周國的姬昌、鄂侯、九侯這三位實力最強，在當時被封為「三公」。

後來鄂侯和九侯都被紂王弄死了，姬昌也被他軟禁了整整七年。只不過姬昌能服軟會來事，主動認低頭，又送上了寶馬美女當贖金，態度好得不能再好。

姬昌在諸侯中威望很高，紂王也不好強行下手。再加上東夷還沒有臣服，紂王不想兩線作戰，這才高抬貴手放了姬昌一馬，還封姬昌為「西伯」，就是西部地區的總負責人的意思。

如果紂王能知道後來的事，一定會後悔自己當初這個決定。當然那都是以後的事了。至少在此刻，紂王正在享受那份屬他的成功。王權獲得了極大的提升，國內的整頓已經取得了效果，那對外擴張這事也得馬上跟進啊。之前的歷代商王都沒有把東南方的「東夷」打服，於是紂王就投入兵力連續進攻東夷，雖然取得了一系列的勝利，但也極大地消耗了商朝的國力。

為了方便就近指揮，紂王還特意擴建了朝歌城。這裡原本是商王的「度假村」，現在一頓裝修，增添了許多重要設施，也在一定程度上具有了國都的性質，但更多的還是紂王享受生活的俱樂部和指揮戰爭的指揮部[3]。

但不管打仗還是搞基礎建設都是要花錢的，所以紂王加大了對百姓的盤剝。反正他手下有那麼多罪犯出身的官員，幹這種刮地皮的事情再順手不過了。

這麼一套組合拳搞下來，商朝內外民怨沸騰，諸侯離心，人們的不滿已經達到了頂點。而面對暗流洶湧的反對勢力，紂王的處理方式也很簡單，直接大刑伺候。其實這些酷刑也不全是紂王發明的，因為商朝有歷史悠久的「人牲」傳統，就是把活生生的人花式弄死來祭祀鬼神。甲骨文中就有大量表示酷刑的字，比如「競」「劓」「刖」「墨」「宮」等。而紂王時期最著名的酷刑就是「炮烙」，傳說中就是把人綁在燒紅的銅柱子上活活燙死。[4]

至此，紂王終於解鎖了專屬自己的「眾叛親離」成就。神權階層恨他不重祭祀，不敬鬼神；宗親貴族怪他不念親情，胳膊肘往外拐；地方諸侯怨他橫行無忌，迫害忠良；普通百姓恨他濫用民力，草菅人命。現在我們知道紂王「不重祭祀」「胳膊肘往外拐」和「有暴力傾向」這三條罪名是怎麼來的了。

如果說以上罪名是商朝內外的所有受害者都感同身受的，還有兩條罪名——「酗酒」和「聽信婦言」，則完全是後來的西周給紂王的私人訂製。為什麼這麼說呢？因為顛覆傳統的紂王，做這兩件事反而是在尊重商朝的傳統。

有學者考證認為，商朝的祖先是起源自燕山南側、渤海灣一帶的游牧民族，所以生活中保留了很多游牧民族特有的習慣。在苦寒之地，酒既能在生活中提供熱量，又能在戰鬥中增添勇氣。畢竟

3 朝歌在紂王在位初期仍屬「離宮別館」，但隨著不斷擴建及功能完善，朝歌也具備了輔都的功能。史籍中雖多將朝歌稱為紂王的都城，但目前並沒有完整證據說明紂王把首都遷到了朝歌。

4 另說為在燒紅的銅柱上塗滿油脂，讓人在其上行走，最後跌落火中而被燒死

喝了酒，身子容易熱，腦子更容易熱。至於女人地位高，也和游牧生活有關。男人長時間外出捕獵或戰鬥，大部分時候都是女子當家，甚至到了關鍵時刻，女人也要像老爺們一樣衝在第一線。比如第二十三代商王武丁的王后婦好，就一人身兼生活伴侶、政治助手、宗教祭司和軍事統帥等身分，歷史上的「武丁中興」也有她的功勞。[5]

但周人卻是個重視農耕的民族。他們認為用糧食釀出的酒是神聖且珍貴的，凡人哪能敞開喝？周人也反對女子干政，認為女人就應該是男人的附屬品，壓根兒就不應該出現在朝堂上。周人還專門為此發明了個詞叫「牝雞司晨」，意思就是老母雞就應該安心趴窩下蛋，想跨界去打鳴那就是大逆不道。

這兩條罪名簡單地看，就是周和商之間純粹的三觀不合看不慣。但後來幹掉紂王這事是周人牽頭的，他們說紂王「酗酒」「聽信婦言」是罪過，其他人也不會有什麼反對意見。

其實周和商之間的矛盾，遠比三觀不合要嚴重得多，這兩家之間可是有血海深仇的。周文王姬昌的父親季歷本是一代雄主，東征西討打下來老大的地盤。但「槍打出頭鳥」，季歷的崛起引起了商王文丁的猜忌，然後被文丁騙過去殺掉了。文丁就是紂王的爺爺，而姬昌又娶了文丁的女兒，從輩分上來說姬昌算紂王的親姑父，只不過是有殺父之仇的那種親姑父。

更何況姬昌本人也差一點死在紂王手裡。那還有啥好說的？這真是不造反都對不起自己啊！姬昌知道周國的硬實力和商朝有差距，所以他選擇在軟實力上找補。他要做的事也很簡單，只需要和紂王反著來就行了。

紂王不重祭祀，姬昌這邊重視啊。後來商朝的太師、少師就抱著禮樂祭器投奔姬昌去了，相當於公司的會計把公司章給拐跑了。紂王不給老臣舊人留後路，姬昌這兒卻提供完善的養老服務，保證讓每個人都能幹到退休並安享晚年。所以紂王手下的臣子要麼選擇到西周再就業，要麼就一邊拿著紂王的工資，一邊偷偷地給姬昌幹活兒。

紂王打壓諸侯，姬昌則暗中收買人心，於是愈來愈多的諸侯國都選擇跟姬昌混了，而少數執迷不悟忠於紂王的也被姬昌給滅了。面對實力不斷壯大的周國，商朝內部仍然有部分人覺得紂王還可以再搶救一下。一個叫祖伊的大臣勸紂王，說老天已經拋棄咱們啦，咱得想點辦法啊。

對此紂王的回答是：「嗚呼！我生不有命在天？」這句話可以理解為：「我難道就沒有天命嗎？」或者：「我還需要天命嗎？」不管怎麼翻譯，反正紂王沒覺得自己有錯就是了。

祖伊表示，這個紂王啊，真是塊油鹽不進的滾刀肉啊，我是勸不了了，你們誰愛勸誰勸吧！

祖伊作為一個上班族已經放棄了，而紂王自己家裡人還沒死心。紂王的叔叔比干[6]堵著紂王，苦口婆心地勸了好幾天，說大王你怎麼怎麼不對，你得改啊什麼的。紂王聽著聽著就炸了，表示自己怎麼會錯？要錯也是你們錯，於是就把比干給剖腹剜心了。

至此，再也沒人勸紂王了，因為所有人都不再對他抱有一絲希望了。

5 殷墟遺址考古發掘中發現了記載著婦好主持祭祀活動、領兵出征的甲骨樣本和象徵身分的隨葬品。
6 一說為紂王的庶兄。

當紂王在這邊自我感覺良好時，姬昌治理下的周國已經實力大增，「三分天下有其二」。但姬昌沒來得及起兵就去世了，史稱「周文王」。他的兒子姬發繼承了父祖的遺志，史稱「周武王」。

於是，歷史課上要敲黑板的知識點——「武王伐紂」開始了。在後世儒家的筆下，「武王伐紂」就是周武王率領仁義之師，一路進軍抵達朝歌城郊，在「牧野之戰」中兵不血刃地獲得勝利的正義戰爭。

但其實「牧野之戰」並沒有說的那麼高大上，高情商的說法是裡應外合閃電戰，低情商的說法就是不講武德搞偷襲。這也沒什麼不好意思的，戰爭本來就不是講究公平競爭的事情。「武王伐紂」是一場紂王反對者們的聯合行動。周武王負責正面戰場，提供武力輸出；而商朝內部的反對派則盯著敵後戰場，負責臨場搞事。

在開戰前的誓師大會上，周武王除了宣讀紂王的罪行調動情緒，還特意囑咐了一句：一旦真打起來啊，千萬不要傷害那些主動投降的人啊，他們都是來幫我們的。

這還沒開打呢，就考慮起優待俘虜的問題了——倒不是周武王多有先見之明，而是他早就和紂王手下的大臣商量好了，甚至連最後決戰的時間、地點都定死了。

紂王主力部隊不在家，朝歌城守備空虛的情報是他們提供的。武王起兵後一路狂飆突進，導致紂王被打了個措手不及，也是這幫人阻礙了戰場情報的傳遞，讓紂王來不及和主力部隊會合，只能臨時拉了一群雜牌軍來應戰。甚至就連最後決戰時商軍的陣前倒戈，都更像是一場早有預謀的軍事政變，而不是臨時起意的突發事件。

現代考古研究發現，「牧野之戰」的開戰時間很不尋常——天不亮就開打，太陽剛出來不一會兒，紂王就戰敗了。凌晨是人注意力最渙散、情緒最不穩定的時候，面對前鋒部隊的突然倒戈，紂王根本來不及反應，所以直接就被打崩了。

對於紂王的最終結局，公認的說法是他戰敗後自焚了，還有觀點認為他是當場戰死了。但不管是哪種結果，紂王還是有他自己的驕傲，至少他戰鬥到了最後一刻。這麼看來，紂王其實也沒有那麼不堪。

但到了戰國時代，紂王的罪名突然花樣翻新，各種「震驚」的「標題黨」如雨後春筍般冒出頭來，什麼解剖孕婦看胎兒性別、砍斷人的大腿觀察骨髓、把大臣梅伯剁成肉醬餵給姬昌吃……這個時候紂王的形象已經變得愈來愈反人類了。

到了漢代以後，留給紂王的新罪行已經不多了，畢竟人的想像力也是有限的，所以就只能在具體細節和惡劣程度上下功夫了。比如被解剖的孕婦其實是忠臣比干的媳婦；餵給姬昌的人肉羹也從同事梅伯變成了親兒子伯邑考，更加突出紂王的殘忍乖張。

同時妲己的戲份變得愈來愈重要，很多原本是紂王幹的壞事，都變成了是妲己攛掇紂王幹的。比如「酒池肉林」，不光有裝滿酒的大池子，還有不穿衣服的男男女女搞袒裎相見，把奢侈浪費和傷風敗俗結合起來，突出紂王的淫亂無度。

這些愈來愈細節具體的罪名之所以會出現，原因用一個詞就可以概括：時移世易。在強調血緣宗親、尊崇祖先鬼神的商周時代，像紂王那樣不重祭祀、不向著自家人的行為才是不可饒恕的罪名。

至於花樣殺人什麼的反而不算事，因為商周的時候哪家殺的人都不少，這也沒啥可黑的啊。

而到了戰國時代以後，以血緣為連繫的宗法制已經崩得渣都不剩了，骨肉相殘反而成了常態；對鬼神的態度也變成了「敬鬼神而遠之」，這個時候你再罵紂王不重用自己親戚、不祭祀什麼的就不能引發共鳴了。

與之相反，對人身體和生命的殘害就成了那個時代人眼中的大罪，所以這一時期關於紂王怎麼變態殺人的記載突然多了起來，對紂王罪行的關注點也逐漸從他的政治行為向個人道德方面轉移。

除此之外，後來的人還會把很多自己現實生活中的情緒帶到紂王身上，比如對統治者驕奢淫逸、濫用民力、淫亂不堪等罪行的批判，都可以借紂王的故事來影射。那真是黑鍋在天上飛，黑粉在地上追，想甩都甩不掉。

其實紂王從來都沒變，他做下的事情也好，犯下的罪行也罷，從來都沒有變化。只是讀史的人變了而已。

趙氏孤兒：滅門慘案背後的權力遊戲

晉景公三年，西元前五九七年，晉國都城絳城內一片混亂。人們瑟瑟發抖地躲在屋子裡，豎起耳朵緊張地聽著下宮方向傳來的喊殺聲，生怕城門失火殃及池魚。

下宮，是趙氏家族居住的地方。這個曾經執掌晉國朝堂二十多年的超級家族，已經迎來了自己的滅頂之災。在晉國其他大家族的聯合絞殺下，強盛一時的趙氏慘遭滅門。

當然，嚴謹地說也不能算「滅門」，還有一個趙家人活了下來，是一個剛出生不久的男嬰。這個孩子的母親叫趙莊姬，是晉景公的親姊姊[1]。此刻她正抱著襁褓中的兒子躲在弟弟的宮殿裡。

趙莊姬知道，自己畢竟是國君的姊姊，外面的人不會拿她怎麼樣，但懷裡的兒子就未必了。那些圍剿趙家的人為了斬草除根，哪怕是無辜的嬰兒也不會放過的。

這不，怕什麼就來什麼。趙莊姬得到消息——晉國司寇屠岸賈，也是這次趙家滅門案的始作俑者，已經帶人闖入宮中，目的就是要搜捕自己的孩子。萬般無奈之下，趙莊姬只能把兒子藏在自己的褲子裡。古人的衣服寬鬆肥大，藏個嬰兒還真看不出來。但這孩子又不是塊木頭，他要是一哭鬧，

1 有爭議。《史記・趙世家》記載為「成公姊」。後世多認為應為「成公女」之誤。

那也就露餡了。趙莊姬強裝鎮定，在心裡默默祈禱：兒啊，如果老天爺要保全趙家，你就別出聲！如果天要亡趙家，那你就扯著嗓子號吧。

結果屠岸賈帶人來搜查的時候，這孩子竟然真的一聲不吭，成功躲過了搜捕。後來這個劫後餘生的孩子長大了，在小夥伴的支持下成功手刃仇人，不但奪回屬自己的一切，還帶領趙家實現了中興，最終奠定了韓趙魏三家分晉的基礎。這個故事被稱為「趙氏孤兒大復仇」，故事的主角，那個大難不死的趙氏孤兒，叫趙武。

春秋戰國時代，在政治鬥爭中落敗被殺光一整戶的家族比比皆是。像趙武這樣的「倖存者」實在不多，能在跌落谷底後帶領家族逆襲成功的案例那更是絕無僅有。「趙氏孤兒」的故事後來被改編成文學作品，並數次搬上大銀幕，成了家喻戶曉的經典傳說。

但是這樁滅門慘案的背後，卻隱藏著更多的謎團。

上面說的是司馬遷在〈趙世家〉中寫的版本。但《左傳》中卻記錄著一個從案發時間、作案動機、殺人兇手到受害者名單都不一樣的另一個版本。

《左傳》版的「趙氏孤兒」發生在晉景公十七年，即西元前五八三年，比上一個故事的時間推遲了十幾年。更詭異的是，這個版本中滅門案的兇手並不是外人屠岸賈，而是趙武的親娘趙莊姬。

趙武的親爹趙朔死得早，老娘趙莊姬年紀輕輕就守了寡。當時趙家說了算的是趙朔的三個叔叔——趙同、趙括和趙嬰齊。沒想到趙莊姬竟然和老公的小叔趙嬰齊產生了親密接觸。

這樁侄媳婦和叔叔間的醜事很快被人發現了，趙嬰齊被趙同、趙括流放到齊國，不久就死了。

趙莊姬聽說情夫死訊後惱羞成怒，直接誣告老趙家要謀反，這才導致了滅門案的發生。

一個是捨身救兒的單親母親，一個是淫亂歹毒的黑心毒婦。同一個老趙家，同一個趙莊姬，這做人的差距怎麼就這麼大呢？

其實這並不矛盾。只要我們搞清楚一件事——趙莊姬要護的「趙家」和她要毀的「趙家」，並不是一個概念。為了搞清楚老趙家這樁撲朔迷離的滅門案，還得從趙氏家族的崛起開始說起。

趙氏和晉國的深度綁定始於晉文公時代。晉文公重耳是大器晚成的代表，從青年時代開始流亡，到了快退休的年紀才登上晉國的君位。你別看晉文公前半輩子事業運不怎地，但桃花運卻是好得可以，基本上每到一個地方就有人給他介紹對象。

他流亡到狄人的地盤時，狄人國君就送給了他一對姊妹花。晉文公娶了妹妹，把姊姊轉手送給了自己的得力幹將趙衰。這個姊姊給趙衰生下了長子趙盾。多年後晉文公回國繼位，又把自己的一個女兒趙姬嫁給了趙衰，君臣之間從連襟升級為翁婿。趙姬給趙衰生下了三個兒子，分別是趙同、趙括和趙嬰齊。

按理說趙姬作為國君的女兒，身分尊貴，理應是正妻，她生的兒子也應該是繼承家業的嫡子。但趙姬卻讓出了正妻之位，把不是自己親生的趙盾立為嫡子。不得不說趙姬還是非常有智慧的。當時晉國國內政局不穩，各大家族之間明爭暗鬥，而趙盾年紀大，有閱歷，工作能力強，更適合成為帶領家族的那個人。

事實證明，趙盾也的確有兩把刷子，他拳打腳踢幹掉了幾乎所有競爭者，很快就成了晉國朝堂上真正的大老，就連新任國君晉靈公都是他擁立的。

可是長大後的晉靈公荒唐放縱，極其不可靠。身為臣子的趙盾只能各種勸諫。晉靈公卻是虛心接受，屢教不改，甚至收買殺手去刺殺趙盾，行刺失敗後又放狗想咬死趙盾。幸虧趙盾的維安人員比較給力，這才讓他逃出生天。

面對離譜國君的連環追殺，趙盾只能流亡他國。可他還沒走出國界，就得到消息說他的堂弟[2]趙穿把晉靈公殺了——他不用跑了。

於是趙盾就打道回府，重新執掌起晉國的朝政，並擁立了一位新國君晉成公。晉靈公雖然不是趙盾殺的，但一來殺人的就是老趙家自己人，二來趙盾回來後也完全沒有追究兇手的意思，這不就是明顯的默許加包庇嗎？所以晉國史官董狐非常硬氣地給趙盾記下了一筆黑帳——「秋九月乙丑，晉趙盾弒其君夷皋」。夷皋就是晉靈公的名字。後世也用「董狐筆」來稱讚史官的秉筆直書。

但些許黑料並不妨礙趙盾大權在握，很快他就找到了一個讓自己家族進一步做大做強的機會。

趙盾作為天選打工人，帶領家族在晉國混得風生水起是不假，但再風光他也就是個打工仔，幹到這種程度已經算是業界天花板了。如果想要更進一步，唯一的辦法就是把自己也變成股東。在別的國家可能沒機會，但晉國自有特殊國情在。

春秋時代的諸侯國好比一個家族企業，國君就是董事長，國君的家庭成員、同姓親戚就是持股的董事會成員，這群人叫「公族」。就晉國來說，正常情況下應該是姬姓國君帶著一大群姬姓公族幹活兒，但晉國歷史上發生過好幾次「股東內鬥」，一家人彼此殺來殺去，最後發現已經不剩幾個

「公族」了，一開會連會議室都坐不滿，簡直太冷清了。

「自己人」不夠，那就只能找「外人」來湊。晉成公上臺後發布了一個重大福利——朝中卿士家的嫡子可以出任公族大夫，庶子可以出任公車大夫。「公族大夫」就是持股的董事會成員，「公車大夫」就是董事會的維安隊伍，這項措施相當於讓公司職工持有公司股權，直接由「打工仔」升級為「合夥人」了。

而趙盾作為趙氏家族的掌門人，他的兒子就是嫡子，是大宗；他的三個異母弟弟就是庶子，是小宗。按照宗法制，大宗代表家族，可以領導小宗。這「公族大夫」的福利本應該由趙盾的嫡子趙朔認領，但趙盾卻打報告申請把這個福利轉讓給自己的異母弟趙括，說是為了報答趙姬當年的恩情——當初你把嫡子的位置讓給了我，今天我再把嫡子的位置還給你兒子，以後你們那一支血脈就是大宗了。咱們一家人有來有回，恩榮並濟，多好。

趙盾這樣做既給自己贏得了知恩圖報的美名，也極大地團結了趙氏家族，更重要的是將趙氏的勢力又提高了一個等級。原本在晉國朝堂上沒多少存在感的趙同、趙括、趙嬰齊三兄弟，因為從庶子小宗變成了嫡系大宗，可以享受「公族」帶來的身分紅利，獲得了相應的官職，一下子就變成了高級幹部。

而趙盾的兒子趙朔雖然從大宗變成了小宗，享受不到家族嫡子的加成，但別忘了他親爹趙盾

2 一說為堂侄。

還是晉國的一把手，哪能少得了親兒子的好處？趙朔的官位也是一路水漲船高，還娶了晉成公的女兒，勉強也稱得上是宗室外戚。還有，別忘了趙氏旁系的趙穿——殺過一個國君還啥事沒有的狠人，他也是晉國的高級官員。

這麼算起來，趙氏無論嫡系旁支，基本上都有一兩個人身居高位，趙氏也當之無愧地成了整個晉國最強大的家族。但在這樣你好我好大家好的祥和氣氛中，卻埋藏了巨大的隱患。

首先是國內的其他家族不樂意了。

趙盾執掌朝政多年，他執法嚴格，手段狠辣，被他收拾過的人多了去了。曾有人評價過趙衰和趙盾這對父子的做人風格，說父子倆都是如日中天的一把手，但趙衰就像冬天的太陽那樣溫暖可愛，趙盾卻像夏天的太陽那樣酷烈可畏。如此兩極分化的評價就能看出趙盾在臺上肯定沒少得罪人。當然，趙盾這麼做也是為了晉國的霸權。但問題是趙盾把晉國這塊蛋糕做大之後，也順手切走了最大的一塊，其他家族肯定忍不了這種多吃多占的行為。

而趙氏家族內部也是暗流湧動。趙同、趙括、趙嬰齊三兄弟是大宗，在家族裡地位更高。但身為小宗的趙朔卻直接繼承了老爹的權力，在朝堂上官位更高，隱隱有接班趙盾繼續執掌朝政的意思。

這種宗族身分和政治權力的錯位也是種潛在的隱患，這意味著老趙家未來將出現說不清誰才是掌門人的問題。總不能我管你叫哥，你管我叫爸，咱倆各論各的吧？這一切的問題，在趙盾活著的時候都不是問題。不管是趙氏內部的隱患，還是其他家族的不滿，在趙盾的鐵腕統治下全都掀不起什麼風浪。

但趙盾總歸是要死的。

西元前六〇一年，趙盾去世。一年後，晉成公去世，晉景公繼位，晉國的朝堂上迎來了一次權力洗牌。趙盾雖然死了，但趙朔已經官拜下軍將，在晉國的執政團隊中排名相當靠前。只要再給趙朔幾年時間，他完全有機會成為一把手。

但其他人似乎並不是很想給趙朔這個機會。對於其他家族來說，晉國也不是你老趙家一家的，憑啥好事都是趙氏占大頭啊？而在趙氏家族內部，身為大宗的趙同、趙括和趙嬰齊也未必樂意。因為趙朔的飛黃騰達意味著他們這個「大宗」還得被「小宗」踩在腳下。無論在朝堂上，還是在家族裡，趙朔都成了別人的絆腳石。而絆腳石，注定要被一腳踢開。

晉景公三年，司寇屠岸賈突然把各大家族的話事人召集起來開會，會議的主題就一個——翻舊帳。

屠岸賈曾是晉靈公的寵臣。「屠岸賈」這個名字從字面意義上看，指的是訓練獵犬的專業人員。晉靈公曾放狗想咬死趙盾，這個屠岸賈很可能就是當時給晉靈公馴狗的馴犬師之一，而且還是訓練水準最好、最討晉靈公歡心的那個。

不過後來晉靈公被趙家人弄死了，屠岸賈雖然沒跟著挨收拾，但仕途坎坷是肯定的了，一直到趙盾去世他才混到一個司寇的官職。司寇，就是主抓治安或司法的執法人員。這個身分給了屠岸賈一個向趙家人報仇的機會。

屠岸賈在大會上提出，晉靈公被殺，趙盾脫不了干係，但他本人不但沒受到懲罰，他的子孫還能繼續在朝中擔任高官，這還有王法嗎？咱們應該一起滅了他！

韓氏家族的韓厥表示反對，說這都是過去式了，當初都沒處理，哪有隔了這麼久再定罪的道理呢？韓厥曾受過趙盾的恩惠，所以極力為趙氏辯護，可惜屠岸賈並不採納他的辯護意見，執意要對趙氏動手。韓厥沒辦法，只能偷偷跑去給趙朔通風報信，告訴他趕緊跑路。但趙朔卻不肯逃亡，並讓韓厥不要摻和這件事，以後趙氏的復興還得靠韓厥幫忙。

很快，其他家族在屠岸賈的串聯下，對趙氏發起了圍剿。在這裡《史記》的記載是：「賈不請而擅與諸將攻趙氏於下宮，殺趙朔、趙同、趙括、趙嬰齊，皆滅其族。」按照這個說法，在晉景公三年的這場「下宮之難」中，老趙家無論是小宗的趙朔還是大宗的趙同、趙括、趙嬰齊全都被幹掉了，只有趙武一個嬰兒逃過一劫。

但問題是，趙同、趙括、趙嬰齊這三人在「下宮之難」後還多次出現在史料中，明顯沒被滅門。所以一直以來，人們都認為是司馬遷筆誤了，提前把那三位給「寫死」了。

但還有一種非常開腦洞的觀點，認為司馬遷沒筆誤，是後人把斷句和讀音搞錯了。《史記》中的這句話應該斷句為「殺趙朔，趙同、趙括、趙嬰齊皆，滅其族」。皆，可讀成「偕」，就是輔助、協同的意思。那這句的意思就變成了——屠岸賈和諸將攻殺了趙朔，趙朔的三個叔叔趙同、趙括、趙嬰齊從旁協助，勾結外人滅了趙朔這一支血脈。雖然沒有直接證據證明趙同兄弟直接參與了這場大屠殺，但他們肯定從中撈了不少好處。因為只有身居高位的小宗趙朔不在了，他們這一支大宗才能真正地成為趙氏的掌門人，如果按照「誰獲利最多，誰嫌疑最大」的刑偵原則來推論，趙同兄弟很明顯是具備作案動機的。

好傢伙，這也太刺激了吧。難道這是一場針對趙盾直系血脈的精準爆破，而不是對整個趙氏家族的絞殺嗎？恐怕還真就是這麼回事。

如果我們把「下宮之難」看作一齣持續了十幾年、雜糅了趙氏家族內鬥和晉國朝堂陰謀的連續劇，就剛好可以解釋為什麼《左傳》和〈趙世家〉的記載會出現時間、人物和劇情上的矛盾，因為這本來就不是一件事[3]。

司馬遷在〈趙世家〉中記載的其實是「下宮之難一．〇版」，這場陰謀針對的是趙盾之子趙朔；《左傳》〈晉世家〉中記載的是「下宮之難二．〇版」，這場陰謀針對的是趙同、趙括兄弟。

從史書上的字裡行間，我們也能找到一些蛛絲馬跡。

首先，屠岸賈翻舊帳時的發言中針對的打擊對象就是趙盾的「在朝子孫」，不是兄弟，也不是整個趙家，就是趙盾的兒子趙朔。

其次，屠岸賈是以當年「趙盾弒其君」這件事為理由，號召大家對趙家動手。如果說趙盾相當於買兇殺人的主謀，被追究也符合邏輯，那直接的殺人兇手趙穿不更應該被收拾嗎？但「下宮之難」

3 目前對於「下宮之難」史學界並存四種觀點：一是全面否定《史記》；二是全面否定《左傳》；三是認為《左傳》和《史記》的記載可以並存；四是認為《左傳》和《史記》所記錄的並不是同一件事。如明代王樵《春秋輯傳》：「人所疑者，以據《左氏》，則趙氏之禍由莊姬；據《史記》，則趙氏之禍由屠岸賈。然嘗深考之，則屠岸賈殺趙朔自一事也，趙莊姬譖殺同、括又一事也。」本書採信第四種觀點。

後趙穿一族都活得好好的，甚至還娶了國君的女兒，繼續享受著高官厚祿，沒有受到一丁點兒衝擊。

最後，當韓厥去趙家通風報信時，找到的也是趙朔。按理說如果這場大屠殺針對的是整個趙氏，韓厥應該去找趙同、趙括和趙嬰齊三兄弟才對，因為他們才是代表趙氏的嫡子血脈，是決定整個家族命運的第一責任人。

但韓厥卻只通知了趙朔，因為這場陰謀就是針對趙朔的。趙穿和趙括三兄弟都不在打擊名單上，至於給晉靈公報仇、維護法律的公平正義之類的話，更是糊弄人的藉口。

此時的趙朔已經陷入了內外交困的絕境當中，所以他連逃亡的機會都沒有，只能寄希望於韓厥能在未來的某個時候，找機會延續自己的血脈，為自己報仇。然後，「下宮之難一．〇版」就發生了。

雖然表面上看屠岸賈才是「下宮之難」的發起者，但他一個底層出身的小官，要人脈沒人脈，要武裝沒武裝，想報復趙氏根本就是癡人說夢。屠岸賈有私心，想報仇，但是實力不夠，想要辦成事只能搞集資，拉人湊單，到處找人來幫他「砍一刀」。

而那些看趙朔不順眼的人等的就是這個機會。這場慘案既是晉國朝廷不同家族之間的權力爭奪，也是趙氏內部大小宗之間的家族內鬥。最終的結果就是其他家族幹掉了一個危險的競爭對手，趙氏家族內部也理順了大小宗關係。大家各取所需，各有所得，完全是雙贏的局面。

當然，這個雙贏顯然是沒把趙莊姬和趙武這對孤兒寡母考慮在內的。「趙氏孤兒」趙武是如何長大的，司馬遷在〈趙世家〉中寫得詳細又精彩，還塑造了程嬰、公孫杵臼這樣的經典形象。但今天我們關注的重點不是趙氏孤兒，而是趙氏孤兒的母親趙莊姬。

不知道從什麼時候開始，趙莊姬和趙嬰齊搞到一塊兒了。但這並不是守寡的侄媳婦和年輕的叔叔之間的狗血倫理劇，更像是一個別有用心的陰謀。

「下宮之難一‧〇版」發生後，趙莊姬並沒有留在趙家，而是返回宮中生活。這說明趙朔一脈已經從趙氏家族中除名了，趙朔其他的姬妾子女也被屠殺殆盡，只有趙莊姬憑藉國君姊姊的身分倖免於難。但能活下來的只能是趙莊姬，並不包括趙朔的血脈，這也是趙莊姬隱藏兒子趙武存在的原因。

趙莊姬既然是住在宮裡，和趙嬰齊自然不存在什麼低頭不見抬頭見的曖昧機會。兩個人之間想發生點什麼，想必是其中一方刻意為之的結果。

相對而言，身為臣子的趙嬰齊主動衝到宮裡勾引國君姊姊的可能性要小一些，這個事很可能是趙莊姬起的頭。但如果趙莊姬真就是個耐不住寂寞的蕩婦，以她國君姊姊的身分，找個男寵不是輕而易舉的事嗎？為何非要去找老公的小叔叔呢？難道就專好趙家人這一口？除非，趙莊姬另有目的，比如幫兒子趙武奪回家產這種。

從性格上來說，趙嬰齊和兩個哥哥趙同、趙括不太一樣。趙同、趙括屬荷爾蒙爆炸的猛男，動不動就暴走莽一波，說話做事總是不管不顧的。而趙嬰齊反而和死去的趙朔比較像，都屬冷靜智謀型人才，為人處世更有大局觀。也許趙莊姬就是看中了趙嬰齊這一點，希望能通過他替兒子趙武的未來鋪鋪路。

但這事後來被趙同、趙括知道了。他們火速出手，把親弟弟趙嬰齊直接趕出家族，放逐到齊國去了。在春秋時代，被逐出家族是僅次於肉體消滅的懲罰。趙嬰齊苦苦哀求兩個哥哥，說：因為我在，政敵欒氏才不敢對咱趙家動手。我要是不在了，二位哥哥恐怕護不住這個家啊。

當時晉國朝堂上，勢力最強大的卿大夫就是荀氏、士氏、欒氏、郤氏、韓氏和趙氏等幾個家族。其中的欒氏一直和趙氏明爭暗鬥，兩大家族之間的戰爭一觸即發。而趙嬰齊作為三兄弟中的腦力擔當，一直努力維持著鬥而不破的脆弱平衡。

但趙嬰齊的話並沒有引起兩位哥哥的重視，最終他在被放逐到齊國不久後就客死他鄉了。然後，趙莊姬出場了。

這就是《左傳》中記載的「下宮之難二・〇版」——趙莊姬跑到弟弟晉景公跟前告了個黑狀，說趙同、趙括要謀反！而和趙氏有矛盾的欒氏、郤氏也跳出來給趙莊姬做偽證。

於是晉景公十七年，西元五八三年，又一次針對趙氏的屠殺開始了。趙同、趙括兄弟全家被殺，趙氏的封地也被晉景公改封給大夫祁奚。是的，短短十幾年內，趙氏家族就攤上了兩次「滅門」，只不過滅的不是一撥人而已。

但這事還沒完。有一天，晉景公生病了，占卜的結果說是嬴姓趙氏的不順遂的後人在作祟。晉景公很害怕，就問韓厥怎麼辦。韓厥表示：好辦，只要重新擁立一個趙氏的子孫就可以了。剛好我知道還有個趙氏孤兒活在世上，還是您的親外甥，只要立他就行。

於是晉景公和韓厥就偷偷把趙武招進宮裡來，趁著各大家族進宮探病的時候宣布給趙氏平反。當然是平趙朔的反，而不是剛被滅掉的趙同和趙括。

就這樣，趙氏封地和趙氏家族的宗主之位，兜兜轉轉又重新回到了趙武的手中。至此，「趙氏孤兒」成功「復仇」，趙氏家族成功「復興」！仿佛一切都回到了應有的軌道上。

但這看似理所當然的表象背後，還有更暗黑的細節。趙同、趙括兄弟的滅亡，表面上看是趙莊姬和欒氏、郤氏的聯合陷害，其實真正起主導作用的應該是國君晉景公。

對於晉景公而言，和楚國爭霸並不是最重要的，打壓國內的強勢家族、鞏固國君的權力才是第一位的。執掌趙氏的趙同、趙括兄弟行事粗暴，專權擅政，對於晉景公而言已經是一個巨大的威脅。與其讓這哥倆繼續留在臺上礙眼，倒不如扶持自己的親外甥趙武復位，畢竟甥舅關係肯定比旁系更親近。

在對趙氏兄弟動手的前一年，晉景公幹了一件大事，那就是遷都新絳。這明顯是為了遠離原有的權力中心，省得日後發生衝突時崩自己一身血。

後面發生的事情就很好理解了。出面告發趙同、趙括的是景公的姊姊，跟著做偽證的欒氏、郤氏算是國君的自己人。誅滅趙同、趙括後接管趙氏封地的祁奚本就是晉景公的親戚，還有著「內舉不避親，外舉不避仇」的美名，是個完美的臨時託管人；事後提議復立趙武的韓厥也和國君關係良好。

這環環相扣的情節，怎麼看都像是一齣設計好的連環計，就是為了讓趙氏孤兒成功復位，實現趙氏家族的權力轉移，達到晉景公「君權」壓制「臣權」的目的。所以整件事的核心是「孤兒復位」，而不是「孤兒復仇」。

在「下宮之難一．○版」中，真正參與謀劃誅滅趙氏的、執行滅門計畫的、事後追殺趙武的，從來都是「諸將」，也就是國內的其他家族，他們才是趙武真正的仇人。

但趙武想要拿回趙氏的主導權，自然不能和整個晉國的頂級家族開戰，所以在「下宮之難二．○版」中，他只能配合舅舅晉景公的表演，放棄復仇的執念，以換取自己這支趙氏血脈的復興。這樣的權力遊戲，實在是太過壓抑。就連趙武的後代也覺得好說不好聽，所以他們更側重記錄的是「趙氏孤兒」如何大難不死，英雄母親如何捨命護子，忠臣良友如何伸張正義等情節，這些資料應該也是後來司馬遷創作〈趙世家〉時的資料來源，並在後世逐漸演變成「趙氏孤兒復仇記」的精彩故事。

而《左傳》和《史記．晉世家》則是站在晉國的角度來記錄歷史，並沒有美化趙氏家族的必要，所以記錄的側重點也完全不同，這才給後人留下了另一個不那麼流行的「趙氏孤兒復位記」。

復仇、復位、復興，是趙武人生的三個關鍵詞。只不過如何排列三者之間的關係，如何取捨三者之間的真偽，每個人都有自己的理解。

美女間諜的下落：西施和范蠡終成眷屬了嗎

大約兩千五百年前的長江入海口上，江海匯聚之處，一葉孤舟正在揚帆北上，直奔遠方的齊國。船上的人不多，而且個個神情緊張，好像生怕後面有人會追上來一樣。

怕就對了，那是范蠡帶著心腹在跑路。這位興越滅吳的功臣之一，曾官拜越國上將軍的政壇大老，在功成名就後連退休金都沒領，老婆、孩子也顧不上帶，就急吼吼地找了條船出海了，從此再也沒有回來。這般光速撤退，與其說是離職，不如說是逃命更恰當。

對於范蠡的這次「裸辭」，歷史也給出了解釋——因為他早就看出老闆勾踐是個「只可共患難，不可共富貴」的白眼狼，所以才選擇了遠走他鄉。他還寫信勸同事文種也辭職，但文種沒聽，結果不久後被越王勾踐賜死了。不過比起范蠡的職場故事，大家似乎更關注他的情感生活。畢竟范蠡和西施的傳說實在是太有名了，在古代那是連小孩子都能張嘴就來的經典故事。

美麗的浣紗女西施，被愛人范蠡培養成女間諜，親手送給了吳王夫差。西施潛伏吳國多年，忍辱負重，最終助越國復興。在一切結束後，西施和范蠡這對有情人才破鏡重圓，攜手共度，泛舟江湖。

這劇情簡直不要太精彩，集權謀諜戰、素人養成、虐戀情深於一身，也難怪西施在民間的知名度這麼大了，到了今天人們還把有情人互相欣賞稱作「情人眼裡出西施」。但是很遺憾。范蠡逃亡的小船上，並沒有西施。這位傳說中影響了吳越爭霸走向的美女間諜，最後到底去哪兒了呢？

要想知道西施是怎麼沒的，得弄清楚她是怎麼來的。

西施能名列「四大美女」之首，說起來也是歷史悠久。從先秦時代開始，西施就是無可爭議的大美女。先秦百家爭鳴幾乎什麼事都要吵，各家各派都恨不得揪著對方的脖領子貼臉輸出。但提到西施時，無論是儒墨道法還是兵名農雜，全都會心一笑，豎起大拇指表示：這姑娘，那是真漂亮。

向來心直口快的孟子尊稱西施為「西子」；愛講故事的莊子一口氣貢獻了「西子捧心」「東施效顰」和「沉魚」三個典故；道法兼修的慎子稱西施是「天下之至姣」……其他諸如《管子》《墨子》《韓非子》等著作中都反覆提及西施的美麗。

可惜古代沒有照片，今天的我們無法得知西施具體怎麼個美法。《淮南子》中提到西施之美，用了一個很妙的形容詞，叫「美鈞」。鈞，就是和諧。意思就是西施是那種普羅大眾都認可的美，不管用哪種審美觀來評判，都挑不出一點毛病。不過擁有美麗並不代表著收穫幸福。在古代，美麗的女子往往更容易成為犧牲品，尤其是在自家男人頂不住的時候。

西元前四九四年，吳越兩國爆發戰爭，越軍在夫椒之戰中慘敗。越王勾踐帶著最後的五千兵馬，被吳國大軍團團圍困在會稽山上，眼看就要全軍覆沒。

走投無路之下，勾踐派大夫文種去吳國求和，表示越國願意認吳國當大哥，會獻上珍寶、美女來賠償吳國的軍費，就連越王本人也會帶著妻子和群臣，到吳國當牛做馬。如果吳國不同意，那勾踐就先殺了老婆、孩子，然後帶著最後的兵力和吳國拚個魚死網破。

吳王夫差聽完後，覺得可以答應。吳國重臣太宰伯嚭被越國收買，也向著越國說話，建議見好就收，不一定非得趕盡殺絕。但吳國相國伍子胥不同意，他覺得眼下正是滅亡越國的最好機會，如果給了他們喘息的機會，以後一定會後悔。吳王夫差則表示，以後的事我不知道，我只知道眼前這仗已經打不下去了。

沒錯。吳國雖然是勝利的一方，但勞師遠征，後勤緊張，兵力損失已經過半。俗話說強的怕橫的，橫的怕不要命的，真要拚個魚死網破，也難保不會翻車。吳王夫差不是不想贏得徹底，而是沒法徹底地贏。

吳王都點頭了，伍子胥也沒辦法，只能同意了越國的求和[1]。於是勾踐就帶著老婆、孩子，以及大夫范蠡等大臣踏上了吳國的土地。他們是來當人質，也是來服侍吳王夫差的。小弟嘛，自然得鞍前馬後端茶倒水地伺候大哥嘍。

和勾踐一起被送往吳國的，還有大量的越國女子，而且還不是普通的女子，都是王室重臣家的千金。因為當初文種提出的求和條件之一就是「願以金玉子女賂君之辱。請勾踐女女于王，大夫女女于大夫，士女女于士」。翻譯過來的意思就是把越國君臣家裡的女兒全獻出來，按級別高低，配套地送給吳國上下，全面承包吳國朝堂的婚戀市場。

這是古代戰爭中的常規操作，精壯的男人、漂亮的女子，本就是勝利者戰利品的一部分。勾踐

1 據清華大學收藏戰國竹簡《越公其事》，與《史記》中的記載略有不同。

不只往吳國送，更是豪邁地搞起了越國新娘大批發，對當時的晉、楚、齊等強國也是格外巴結討好，送錢送物送美女，努力地刷好感，爭取潛在盟友。

你還別說，以當時的人的審美眼光來看，越國女子的確有種別樣的美。中國著名人類學家林惠祥先生曾提出過一個觀點，認為春秋時代的越人在長相形體上和中原各國迥然不同：中原人人高馬大，而越人身材嬌小；中原人多是狹長眼、單眼皮，而越人多是圓眼睛、雙眼皮；中原人臉型較長，毛髮旺盛，而越人臉型較短，毛髮不多。也就是說，當時的越女大多身材小巧、體態婀娜、娃娃臉、大眼睛、雙眼皮，還皮膚光滑。這樣精緻可愛又有異域風情的美女殺傷力實在太大，自然迅速俘虜了廣大中原男同胞的心。

一時間，越國女子在各國後宮中刷屏霸榜，並逐漸被視為美女界的標竿。

在海量美女和無數金銀財寶的衝擊下，越國終於爭取到了一個苟延殘喘的機會。三年後，吳王夫差放勾踐回國。他覺得越國徹底臣服，南線已經穩了，他要掉轉防線，集中全力北上中原，與齊、楚、晉等傳統強國掰一掰手腕。

但其實回到越國的勾踐無時無刻不在想著向吳國復仇。只是戰敗後的越國國力大損，還要當小弟給大哥吳國各種上貢送禮，吳越兩國的實力對比可謂懸殊。勾踐的復仇之路注定漫長。

當務之急，是要重振越國，畢竟戰場打不贏，一切等於零。勾踐在大夫文種和范蠡的輔佐下，制訂了兩個「十年計畫」，打算「十年生聚」提升國力，「十年教訓」鍛鍊團隊，然後再和吳國秋後算帳。

這樣的長期計畫，執行起來困難重重，而且還存在很多不確定因素。比如越國復興到一半，引起了吳國的警惕怎麼辦？又或者越國復興了，但吳國的實力也跟著野蠻生長，那最後還是打不過人家怎麼辦？

對於勾踐來說，他一方面要演好「小弟」的角色，給「大哥」吳國上貢討歡心，另一方面不能讓自己的「貢品」成為吳國國力起飛的推動力，如果再能給吳國製造點麻煩，搞出點內耗來就更好了。

於是，「美人計」就成了唯一的選擇。

越國美女雖多，但這個美女卻並不好選。要想發揮「美人計」的最大功效，就得直接把美人送到吳王夫差身邊。但按照當初吳越兩國談好的投降條件，送給吳王夫差的必須得是勾踐的女兒，這才能算得上是門當戶對，也能讓夫差相信勾踐當小弟的誠意。

史書中記載勾踐有個女兒嫁給了楚昭王，不過那是在吳越開戰之前的事。越王被困會稽山時，應該是沒有適齡的女兒可以嫁過去的，不然應該當場就送過去了，又怎麼會在回國之後好幾年才想起這件事來？

於是「美女間諜」西施就出場了。說實話，西施還真很有間諜的樣子。因為她的個人資料保密級別極高。主流說法認為西施姓施名夷光，但也有人認為她應該姓「西」名「施」，還有人覺得西施就是她的代號，根本就不是名字。除此之外，她的出身籍貫、個人經歷等全都是眾說紛紜，神祕得不得了。

傳說中西施是苧蘿山下的「鬻薪之女」。是的，你沒有看錯，最開始西施不是美麗的浣紗女，而是和白居易〈賣炭翁〉裡那個燒火老頭兒一個工種，屬能源密集型產業的從業者。

你一定覺得，這麼一個絕世美女成天幹重體力勞動，實在是不夠優雅啊。巧了，古人也是這麼認為的。所以南朝的時候才給西施換了一個工作——從賣柴火的小女孩升級為洗布頭的小姑娘。

但不管是鬻薪還是浣紗，西施都屬勤勞質樸的勞動人民，跟貴族沒一點關係。為了扮演好自己的身分，西施和另一個女間諜鄭旦從頭開始學習貴族禮儀、化妝技巧、高端才藝等等。經過三年的刻苦訓練，西施和鄭旦終於脫胎換骨，演起公主來那真是一點都不違和。

一切就緒，任務開始，目標——吳王夫差！

等一下，說了這麼半天，怎麼一直沒有范蠡的戲份啊，他和西施的感情線呢？這個問題吧，也是相當的一言難盡。

《越絕書》中記載選拔西施、鄭旦，並護送她們去吳國的是大夫文種。但到了《吳越春秋》裡則變成了范蠡，而且在這本書的記載裡，范蠡不只是西施工作上的上級，還是西施的初戀情人。

更有甚者，在一本叫《吳地記》的書裡，還說到范蠡護送西施去吳國，一走就走了三年，在這過程中兩人還生了個孩子，走到嘉興市附近路過一個亭子時你猜怎麼著，這小朋友都會叫爹媽了，所以就把這個亭子命名為「語兒亭」。這個情節就有點太扯淡了。

從當時越國的行政結構分工上來說，范蠡的確可能和西施有工作上的交集。文種和范蠡都是越王勾踐的左膀右臂，但兩人的工作重心不同。文種主抓對內生產和建設，而范蠡則負責對外軍事和情報，按理說選拔「間諜」搞「美人計」這種事，的確是范蠡的業務範疇。但是並沒有直接證據證明兩人之間有關係，他們一個是政治家，一個是工具人，沒什麼關係才是正常關係。

可是八卦看熱鬧這種事，古往今來的人類全都沒法免俗。范蠡是史書中的天才謀臣，西施是傳說中的絕世美女，這兩人在一起實在是太搭了，所以傳著傳著就被人「湊」成一對兒了。

西施和鄭旦到了吳國之後，吳王夫差很開心，相國伍子胥卻並不開心。他一直認為越國才是吳國最大的隱患，應該放棄北上爭霸的戰略，先把南邊的越國給滅了。所以他苦口婆心地勸諫要提防越國送來的美人，但夫差卻並沒答應。之後伍子胥和夫差的矛盾分歧越來越大，太宰伯嚭也在旁邊煽風點火，最終導致夫差賜死了伍子胥。

伍子胥也是個狠人，臨終留下遺言，讓人把自己的眼珠子摳下來掛在吳國都城姑蘇城的東門上，這樣他就能親眼看到越國滅亡吳國的那一天。

吳王夫差一聽更火大了，直接把伍子胥的屍體裹在皮筏子裡沉到江裡去了。然後他自信滿滿地開始了北上爭霸之路，把整個後背都留給了居心不良的勾踐。

伍子胥的預言最終還是應驗了。西元前四八二年，終於憋好大招的勾踐一個背刺，打了夫差一個措手不及。吳越之間戰事再起，只不過這一次是越國壓著吳國打。西元前四七三年，越軍攻陷吳國都城姑蘇，夫差投降後自殺。越王勾踐終於一雪前恥，取得了吳越爭霸的最終勝利，也成了春秋時代的最後一位霸主。

戰爭結束了，西施的間諜生涯也宣告終結。那任務完成後的她去哪兒了？

一種說法認為吳國滅亡時，因為西施和鄭旦長得太漂亮，所以戰場上的士兵「望而不敢侵」，兩人得以倖存，最後去哪兒了卻沒說。

初唐詩人宋之問在〈浣紗篇贈陸上人〉中說她們：「一朝還舊都，靚妝尋若耶。鳥驚入松網，魚畏沉荷花。」兩位美人回到了故鄉，依舊光彩照人，沉魚驚鳥。但是這個說法究竟是青史所記還是民間訛傳，那就不得而知了，只能存疑。

流傳最廣的一種說法是「復歸范蠡，同泛五湖而去」。范蠡退出政壇後，化名「鴟夷子皮」，北上齊宋，棄政從商，終成一代巨富。這個在正史上是有明確記載的。

唐代詩人杜牧在〈杜秋娘〉詩中寫道：「西子下姑蘇，一舸逐鴟夷。」姑蘇是吳國的國都，范蠡離開越國後化名「鴟夷子皮」，這句詩的意思就是西施離開了吳國的都城，坐船跟著范蠡遠走高飛啦。至此，西施和范蠡泛舟五湖的說法就成了大多數人心目中的最終結局。

但是很可惜，西施最可能的結局既不是光榮退休，也不是終成眷屬，而是非常淒慘的卸磨殺驢。是的，西施最終是死了，而且還是死在自己人手裡的。關於西施之死，最早的史料來源於《墨子》，原文是這麼說的：「是故比干之殪，其抗也；孟賁之殺，其勇也；西施之沉，其美也；吳起之裂，其事也。」翻譯過來的意思就是：比干是因為敢於直諫而喪命，孟賁是因為勇武而被殺，西施是因為美麗而被淹死，吳起是因為功勞而被車裂。

一直有觀點認為，這段話並不是墨子本人所寫的。因為按照時間順序，孟賁和吳起都是墨子死後的人，墨子不可能點評到這二位，這段話應該是後人加上去的。

但就算這段話並不是墨子說的，卻也從側面證明了一個問題，那就是西施的確死了，而且還是因為參與了某次政治活動而死的。如果她只是一個單純的美女，不可能和比干、孟賁、吳起這三位死於政治鬥爭的人並列在一起。這完全不符合《墨子》這本書的敘事風格，也違背了議論文的基本寫作規律。

西施是被越王勾踐弄死的，目的是給伍子胥報仇。

等一下，這是不是搞錯了？西施是越國的間諜，伍子胥是吳國的忠臣，這本就是敵對關係，越王為什麼要殺自己人給死去的敵人報仇啊？很簡單，轉移仇恨加收買人心唄。

伍子胥是因為讒言被冤死的，這是吳國上下的共識。忠臣蒙冤是最能引起老百姓同情的情節，吳國人對伍子胥有多同情，對於害死伍子胥的罪魁禍首就有多痛恨。

伍子胥雖然是被吳王夫差賜死的，但一來夫差是吳國人自己的王，而且夫差在臨死前也表示很後悔沒有聽伍子胥的勸告，算是迷途知返，這個怎麼說都可以原諒。

吳國人不能恨吳王夫差，那自然就會把仇恨轉移到害死伍子胥的幫兇身上。越王勾踐想吞併吳國，肯定不想因為這個事而拉仇恨。所以他要幫吳國人出氣，這樣既能把自己從兇手名單中剔除，還能收穫吳國人的感激。

吳國的太宰伯嚭這麼多年收了越國無數好處，給越國辦了那麼多事，在吳國的名聲都臭大街了。所以勾踐打下吳國後第一件事就是把伯嚭給殺了，理由就是「以為不忠」。伯嚭是勾踐實行「反間計」的關鍵人物，計策成功了，伯嚭也就沒有了繼續存在的必要。

那麼作為「美人計」道具的西施，同樣也是完美的背鍋俠，勾踐的處理方式恐怕也不會有什麼差別。史料記載：「吳亡後，越浮西施於江，令隨鴟夷以終。」意思就是把西施也裝在皮筏子裡，綁石頭淹死在江裡，就和伍子胥最後的結局一樣。

是的，「鴟夷」這個詞，就是吳越一帶對皮筏子的稱呼。伍子胥死後被裝在「鴟夷」裡沉了江。范蠡離開越國後化名「鴟夷子皮」。西施最終的結局的確和「鴟夷」有關，可惜卻不是和化名「鴟夷子皮」的范蠡泛舟湖上，而是和伍子胥一樣被裝在「鴟夷」中沉江水下。

唐代詩人李商隱有詩云：「莫將越客千絲網，網得西施別贈人。」皮日休也寫道：「不知水葬今何處，溪月彎彎欲效顰。」二人都認可西施「死於水」的說法。明代三才子之首的楊慎，就是老版電視劇《三國演義》片頭曲「滾滾長江東逝水」那首詞的作者，也支持西施淹死的說法。今天蘇州有一座「帶城橋」，傳說就是古代蘇州百姓為紀念沉江的西施而建，原名「袋沉橋」，後來訛傳為「戴城橋」「帶城橋」。

很多人無法接受這個過於殘忍的結局。畢竟西施怎麼說都是越國自己人，是整個「美人計」行動中的關鍵人物，為越國復興作出了卓越貢獻，這樣的功臣怎麼著也不應該落得和奸臣伯嚭一個下場吧？

如果你這麼想，我只能說，你怕不是對「美人計」這三個字有什麼誤解？

「美人計」一詞，語出《六韜．文伐》：「養其亂臣以迷之，進美女淫聲以惑之。」這條計策從本質上來說就是分散對手的注意力，給自己爭取發展的窗口期。人們總以為是西施亂政，讓夫差沉迷女色，才引發了朝廷內鬥，消耗了吳國國力，然後就被越國打趴下了。

其實還真不是。

「美人計」在整個吳越爭霸中發揮的最大作用，就是使吳王夫差產生了嚴重的戰略誤判。收下西施，不是吳王夫差有多好色。他自以為收下的是越王勾踐的女兒，是整個越國的臣服。既然南邊已經安全了，那吳國接下來就要北上中原，爭奪天下霸權。

而伍子胥反對收下西施，是因為他從地緣衝突的角度出發，認為在徹底吞併越國之前，不應該傾巢而出北上，不然很容易被人偷了老家。

夫差和相國伍子胥之間的矛盾，並不是要不要越國美女的問題，而是吳國「爭霸北方」與「安定南方」的路線之爭。君臣之間對於未來國家戰略走向的分歧，最終導致了伍子胥的死。因為他實在是威望太高，能量太大，已經成了夫差北上戰略的最大阻礙，夫差只能除掉他。伍子胥死後，夫差就開始瘋狂地北上用兵，這才給了越國追趕的機會。

西元前四八二年越國偷襲吳國，雙方正式翻臉。一直到九年後越國才滅亡了吳國。如果說之前的「美人計」還有那麼一點點作用，這九年的時間則完全是兩國在硬拚綜合國力。吳國是因為頻繁對外用兵損失過大，才打不過越國的，這和西施沒什麼關係。

所以在整個吳越爭霸的大戲中，所謂實行「美人計」的西施，根本就不算主角，更不是影響大國競爭的決定性因素。先秦關於吳越爭霸的史料，還有司馬遷的《史記》中都沒有提到「西施間吳」的事，或許就是因為這事實在是不值一提。

只不過「美女間諜」「虐戀情深」「國仇家恨」「破鏡重圓」一類的橋段，怎麼看都比單調枯燥的基礎建設、種田、發展科技來得有趣。再加上古代父權社會裡的「紅顏禍水」觀念，西施才逐漸變成了故事的主角，成了興越滅吳的最大功臣。甚至西施形象的神話色彩也愈來愈濃厚。有傳說說西施是嫦娥的月宮明珠下凡，出生時彩色的鳳凰飛進家門；還有傳說西施全身有奇香，以至於人們都將她的洗澡水當香水來使用。

晚唐詩人羅隱曾在〈西施〉中寫道：「家國興亡自有時，吳人何苦怨西施。西施若解傾吳國，越國亡來又是誰。」

打鐵還需自身硬，發展才是硬道理。所謂「美人計」，無非是弱勢者的無奈之舉。畢竟比起割讓土地、上貢錢財這種直接壯大敵人的方式，送上漂亮女人才是最經濟實用的選擇。即便啥實際作用沒有，至少自己這邊也不會有什麼損失。

比如，後來的六國割地以賄秦，還有兩宋給北方游牧老大交保護費，就明顯沒撈著好。反而是在今人看來特別屈辱憋屈不做人的西漢，初期給匈奴各種和親送女人，也不耽誤漢武帝時反擊匈奴。這再一次證明了：比起土地和財富，美女才是附加價值最低的那一個。

美麗的女人，在鐵血的君王眼中，說好聽了叫花瓶，說難聽點就是耗材。既然是耗材，用完了就丟不才是最合理的結局嗎？

更何況越王勾踐，看起來也的確像是能幹出這種事的人。作為春秋時代的最後一位霸主，滅吳後的勾踐面前擺著兩個書寫歷史的方案：一個是臥薪嚐膽[2]，知恥後勇，哪裡跌倒哪裡爬起來的勵志逆襲；一個是表面卑躬屈膝、搖尾乞憐，背地裡包藏禍心，厚顏無恥地用美人計。

你要是越王勾踐本人，你希望哪個版本流傳後世？

范蠡為什麼說越王勾踐只可「共患難」，不可「共富貴」，甚至還勸文種跟他一起跑路？很簡單，因為他們知道得太多了。

在復興越國、滅亡吳國的整個過程中，范蠡和文種可以說是全程參與，深度綁定，什麼醜態都見過，什麼無底線的手段都用過，什麼隱私祕密都知道。為了實現目標打倒強敵，君臣之間可以緊密團結，可以無顧忌、無條件地合作。

但現在越國復興了，越王勾踐又得意起來了，他現在已經不是當初那個為了報仇什麼臉都肯丟、什麼虧都能吃的可憐蟲了。曾經的屈辱和折磨，並不會因吳國的滅亡而消失，反而會在無數次午夜夢回時，不斷地提醒他——勾踐啊勾踐，你當年可的確是夠賤啊！

估計越王勾踐每次看見范蠡和文種，都會有一種死去的記憶正在攻擊自己的感覺。所以范蠡知道，自己必須得離開越王的視野，不然他就得離開這個世界。

而當范蠡提出離職申請時，越王勾踐的反應是：不許走，你要是留下，我分一半的國家給你！你要是走了，我就把你老婆、孩子全殺咯！

這哪像求賢若渴的老闆在挽留業務骨幹啊，怎麼看都像綁匪劫持人質來恐嚇知情人保持沉默

2「嘗膽」一事首見於司馬遷《史記．越王勾踐世家》，「臥薪」情節首見於蘇軾《擬孫權答曹操書》。

吧？而范蠡最終的選擇是淨身出戶，什麼爵位官職、財富房產，甚至連老婆、孩子都不要，就一個人跑了，跑得狼狽不堪卻又毅然決然。

你可能會說，拋妻棄子，范蠡太不當人了。

但范蠡當時的情況很可能是家人已經被勾踐監控起來了，想帶也帶不走。而且他知道，自己跑了家人才安全，這就相當於把人質交到了勾踐的手裡。我的家人在你手裡，我自然不會亂說。同理，只要我不亂說，你也就得保我家人平安。

於是我們看到，越王勾踐給了范蠡的老婆、孩子一大塊封地，並且下了死命令：誰敢打這家人的歪腦筋，殺無赦！

你要說這不是雙方達成了一種默契的動態制衡，只要看看留在越國沒走的文種是什麼下場就知道了。

有一天，越王勾踐對文種表示，你說你有七招滅吳的手段，咱這才用了三招吳國就滅了，剩下的四招也別浪費啊；這樣，你去死吧，然後到陰間去教教咱越國的先王，讓他們去打吳國的先王！簡單來說就是陽間的工作完成了，再麻煩您去陰間加個班。越王勾踐就用如此陰間的一個理由，把文種送去了陰間。

以勾踐的狠絕，他連范蠡、文種這樣的重臣都容不下，又怎麼會留著一個工具人「西施」？肯定也是要殺人滅口啊！

當范蠡孤身逃離越國、坐船北上的時候，看著眼前的滾滾長江，滔滔大海，突然想起了因「美人計」而死的伍子胥和執行「美人計」的西施，兩人最終的結果都是隨「鴟夷」而沉。他們都是大國爭霸大戲中的工具人，是整個滅吳興越大計中的犧牲品，從某種意義上來說，他們的死亡也都與范蠡有著千絲萬縷的聯繫。

如果拋開國家大事、陰謀算計，范蠡心中對伍子胥和西施也難免會有一絲愧疚。感慨之下，范蠡也只能搖頭苦笑道：罷了，從今日起，鴟夷子皮就是我，我就是鴟夷子皮。

也許是因為虧欠，也許只是一種紀念。類似這樣的情緒，估計每個人都會有。所以自唐宋以來，雖然「西施沉江」和「泛舟五湖」兩種說法都有流傳，但廣大八卦群眾還是更願意相信自己喜歡的那個圓滿的結局。尤其是自明代梁辰魚所作昆曲劇目《浣紗記》誕生後，西施和范蠡在吳越爭霸後退隱江湖的說法逐漸占據主流，成了大眾心中的標準答案。

其實這也正常，畢竟這樣的故事更有看點，而且也符合大眾好人有好報、破鏡重圓、有情人終成眷屬的心理預期。這個時候誰再按著群眾的腦袋強行科普西施和范蠡其實沒有感情線，最後還被卸磨殺驢淹死江中之類的，也實在是太煞風景了。

西施身上的謎團太多太多。我們可以確定的是，她是個美女。我們可以否定的是，她和范蠡有私情。我們相信，她就是越國派往吳國的美女間諜，最後被殺人滅口。我們希望，她和范蠡功成身退，泛舟五湖，擁有一個不被人利用、可以自己決定命運的幸福人生。那該多好啊！

秦始皇身世之謎：爸爸去哪兒了

西元前二六〇年，趙國國都邯鄲城內的一處豪宅裡正在舉辦宴會。參加宴會的是秦國公子子楚[1]和衛國商人呂不韋。宴會上珍饈美味，歌舞女樂，觥籌交錯，氣氛熱烈。這是一場慶功宴，慶的是子楚被內定為秦國太子安國君的接班人。

一個是戰國時代最強大的國家——秦國的王位繼承人，一個是在當時人看來窮得只剩下錢的商人暴發戶，按理說這場宴會應該是呂不韋主動巴結討好子楚才對。但實際情況卻完全相反。因為子楚這個「繼承人」的身分並不是天上掉餡餅，而是呂不韋拿出全部身家幫他運作來的。

子楚原本只是秦昭襄王庶出的孫子，太子安國君二十多個兒子中最不受寵的一個，所以才被一腳踢到趙國來當質子，也就是人質。在戰國後期，秦趙兩國之間多次爆發戰爭，官方劍拔弩張，民間仇深似海，子楚在趙國的日子自然不好過，甚至連日常的交通費和生活費都沒法保障，混得那叫一個慘。

但慧眼獨具的呂不韋卻認為子楚是個潛力股，未來有巨大的升值空間，於是把自己的全部身家都拿出來幫助子楚。所以對於子楚來說，呂不韋既是自己的投資人，又是經紀人，更是大恩人，自然是要巴結的。

更何況，子楚眼下還有件事想求呂不韋。他相中了一個美女，就是剛才在宴會上獻舞的趙姬。趙姬，真實姓名不詳。「姬」是美女的意思，趙姬就是趙國的美女。她顏值高又擅長舞蹈，同時還有一個身分——呂不韋的小妾。

當宴會進行到一半時，子楚起身給呂不韋敬了杯酒，開始各種恭維祝福，把呂不韋捧得超級開心。然後子楚突然話鋒一轉，表示自己都二十三歲啦，還沒解決個人問題，能不能把趙姬送給他當媳婦啊？

此話一出，場面有些許尷尬，氣氛也不算融洽。古代的姬妾屬男人的私人財產，拿來送禮什麼的也是常規操作。但即便要送人，也應該是所有者主動提起，哪有客人開口要的道理？子楚的這一做法明顯有些無禮。

但呂不韋的怒意也只是一閃而過，總不能為一個女人就讓之前的投資都打了水漂吧？所以他當場就把趙姬送給了子楚。

西元前二五九年正月，趙姬生下了一個兒子，這個小朋友出生的這天正好是正月初一，所以父母給他取名叫「政」，並用祖先的封地趙城來作為他的氏，稱這個小傢伙為趙政。這個小娃娃就是後來橫掃六國、一統天下的秦始皇嬴政。

1　子楚本名異人，又作子異，返秦後改名子楚。楊寬《戰國史料編年輯證》考證今本《戰國策》作「異人」者兩處，做「子異」者七處。《史記・秦本紀》索隱曰：「名子楚，三十二而立。」本書統一稱「子楚」。

這本來是一次很普通的贈予行為，但司馬遷在〈呂不韋列傳〉中記載的一個細節，突然讓一切都變得不普通了：

呂不韋取邯鄲諸姬絕好善舞者與居，知有身……姬自匿有身，至大期時，生子政。

翻譯過來的意思就是趙姬被轉送給子楚時，已經懷了呂不韋的孩子，呂不韋也知道這個情況。後來的《漢書》《資治通鑑》等史料也是這麼記錄的，甚至有的史書裡直接管嬴政叫「呂政」，就挑明了說嬴政根本不是秦國王室血脈，而是呂不韋的兒子。

如此勁爆的八卦新聞，哪怕已經過去了兩千多年，依然能點燃無數人看戲的熱情，引發激烈的討論。那麼，秦始皇的親爹真的是呂不韋嗎？我們先要清楚，這件事從客觀上能不能實現。

我們總說女子「懷胎十月，一朝分娩」。雖然現在的科學研究表明，懷孕週期是兩百八十天，但古代其實沒有這麼精確，計算方法也和現在有些許差異。但有一點可以明確，古代女性要確定自己懷孕，怎麼著都得需要一到兩個月的時間。也就是說，如果趙姬嫁給子楚時已經懷有兩個月的身孕，那這個孩子肯定會在趙姬嫁給子楚後八個月左右出生。

當然，早產的情況也不是沒有，但實際上早產兒和足月兒在發育上存在著明顯的差異，專業的接生婆一眼就能看出來。更何況子楚明知道自己是個接盤俠，面對提前兩個月出生的兒子難道不會懷疑嗎？

但縱觀子楚後續的表現，他似乎從來沒有顧慮過這個問題，對兒子該親親，該疼疼，後來還把王位傳給嬴政，看起來父子關係還是很好的。所以在子楚看來，嬴政的血統是沒問題的。

關於嬴政的出生，司馬遷用了「大期而生」這個詞。「大期」有說為十個月，也有說為十二個月。按照一般情況下的表述邏輯，這裡的「大期」應該指的是十二個月。因為女子懷胎十月是眾所周知的常識，治史嚴謹、惜字如金的司馬遷也沒必要重複這個所有人都知道的事情，直接說孩子出生就行了。

那司馬遷為什麼特意強調「大期」出生這個細節呢？因為司馬遷在整理史料時發現了兩個自相矛盾的訊息：一個是趙姬嫁給子楚時已經懷孕，一個是子楚對趙姬的懷孕毫不知情，唯一合理的解釋就是趙姬的孕期是十二個月，這樣才能同時滿足知曉已經懷孕的事實，又能隱瞞已經懷孕的祕密。

司馬遷既無法否定趙姬事先懷孕的說法，也不能確定懷孕十二個月這種極端情況到底會不會發生，所以他只能把這個自相矛盾的情況完整記錄下來，留待後人來考證。

好，司馬遷解決不了的問題，我們用今天的科學理論來試著破解一下。

孕婦的孕期超過十個月，在醫學上叫「過期妊娠」，是一種非常危險的情況。這樣的胎兒在降生時，相比正常足月生產的胎兒死亡率要高三到五倍，而且經常會出現巨大兒、癡呆、腦癱、身體畸形等一系列問題。所以很多人憑藉這個細節斷定嬴政並不是呂不韋的兒子。

那古代到底有沒有「過期妊娠」的孩子呢？

還真有。傳說中堯是懷孕十四個月才出生的。如果你覺得堯舜禹時代太遙遠不算數的話，比秦始皇晚了三百多年的漢昭帝劉弗陵也是懷孕十四個月才出生的，生下來也是正常人一個。

那要這麼說的話，呂不韋是秦始皇親爹的可能性雖然很小，但也不能徹底排除吧？但在古代，這種涉及皇帝出生的記載一般都存在誇張失實的可能，劉弗陵的身世本身也有爭議，所以這些其實都算不得強有力的證據。所以趙姬能天賦異稟地懷孕十二個月才生出嬴政這事，發生的機率基本無限趨近於零。

說完了「魚目混珠」的客觀可行性，我們再來看看呂不韋有沒有「偷天換日」的主觀能動性。

作為一個出色的風投專家，一個優秀的商人，呂不韋做事情一定會遵循基本的商業邏輯，那就是追求極致的投資報酬率，即用最小的成本和代價，謀求最大的利益。這也是「奇貨可居」的底層邏輯，投入成本太高，承擔風險太大，預期收益過小，那就不叫「奇貨」了。

在投資子楚之前，呂不韋和父親就曾進行過一次風險評估，最終得出結論：投資農業有十倍利潤，買賣珠寶有百倍收益，而投機政治能獲得的回報則是「無數」。這裡的「無數」可以有兩種解釋，一種是巨大到無窮無盡，另一種則指難以預判、無法計算。

呂不韋當時是這麼說的：如今努力耕田勞作，還不能做到豐衣足食，要是能通過「擁君建國」躋身政壇，那就可以給子孫後代搞一張長期飯票了。這筆買賣，我做定了！

呂不韋對子楚的投資完全是從利益的角度出發的，他的終極目標是實現呂氏家族的跨界轉型和階層躍升，讓家族後代都能享受到這份權力紅利。而只要他能把子楚扶上王位，憑藉這份「擁立之功」，他的目標是可以實現的，真的沒必要節外生枝。

更何況這操作想要實現本身就很難，呂不韋怎麼知道趙姬生的就一定是兒子呢？萬一是女兒怎麼辦？他又怎麼確定這孩子一定是完美無缺的，沒什麼先天疾病呢？要知道古代嬰兒的夭折率可是很高的。這些道理，呂不韋不可能想不明白。所以，在呂不韋的心中，真正的「奇貨」從來都是子楚。

西元前二五七年，秦趙之間戰事再起，秦軍圍攻邯鄲，趙國再一次被逼到了亡國的邊緣，就想殺了子楚出氣。危急關頭，呂不韋用六百斤「金子」買通了守城的官吏，帶著子楚逃到了秦軍大營。子楚這才得以順利回國。

呂不韋帶子楚跑路的時候，沒帶趙姬，也沒帶小嬴政。幸虧趙姬娘家在趙國頗有勢力，這才把他們母子藏了起來，要不然娘兒倆就被趙國人殺了。從心理學的角度來說，人在最危急時刻會下意識地保護自己最看重的東西。如果呂不韋真的處心積慮布局下大棋，怎麼可能把寶貝兒子說棄就棄呢？

退一萬步說，即便呂不韋真的異想天開，運氣爆棚，成功實現了這個偷梁換柱的計畫，就又有一個問題在邏輯上說不通了——這麼隱祕的一件事，為什麼會流傳後世，甚至「人盡皆知」了？

事件中有四個核心人物——子楚、趙姬、呂不韋、嬴政。子楚應該是不知道這事的，前面我們已經說過了。呂不韋和趙姬肯定是知道的。但是他們倆完全沒有理由把這個祕密洩露出去，這樣只會讓自己辛苦拚搏來的權勢和地位化為泡影。

那麼嬴政本人知不知道呢？不好說。史書中雖然沒記載，但也保不齊在某個夜深人靜的無人夜晚，趙姬或呂不韋向嬴政透露過事情的真相。但即便嬴政聽過這個「真相」，他也不可能往外說啊。

那這個「祕密」究竟是誰洩露的，這個所謂「真相」的情報源頭又從何而來？抱歉，找不到。就跟某些自媒體粉絲頁鋪天蓋地發的通稿一樣，所有人都言之鑿鑿，但是原始資料的出處卻永遠語焉不詳，全是一個抄一個的複製貼上。

我們只知道，在司馬遷寫《史記》的時候，這種說法就已經非常流行了，所以司馬遷才會鄭重其事地把它記錄下來。能大肆宣揚這種說法的人，絕不會是單純的八卦群眾，很大機率是嬴政的反對者，或者能從嬴政的倒楣中獲得利益的人。

史料中有一處細節。西元前二三九年，就在二十一歲的嬴政即將親政的前夕，一場叛亂突然發生。嬴政的弟弟成蟜原本要帶兵進攻趙國，卻突然在前線駐軍所在地屯留發動了叛亂。不過叛亂很快就被平定，參與的人也全都被處死，而屯留當地的居民則被強制搬遷到臨洮。成蟜逃亡趙國，被封為長安君，不久後客死異鄉。[2]

這麼一條語焉不詳的史料，其中隱藏的資料量卻非常大。成蟜的生母是誰史書中沒有記載，史料中稱他為「王弟」，而不是「異母弟」，以此推測，他可能也是趙姬所生，是嬴政的一母同胞。但也有專家認為成蟜曾出使韓國，讓韓國割讓了百里的土地，所以成蟜的生母可能是韓國王室之女，是嬴政同父異母的弟弟[3]。成蟜的突然叛亂，很可能和爭奪秦王之位有關。但成蟜為何在攻趙前線發動叛亂，他又是用什麼理由說動前線秦軍跟著他一起叛亂的？

史料中沒有記載，但我們可以開腦洞推理。

趙姬是趙國人，嬴政又出生在趙國，這娘兒倆在趙國流傳的故事肯定不少。成蟜帶兵攻趙，會不會在趙國聽到了一些趙姬之前的感情史呢？又或者會不會是趙國為了瓦解秦軍，故意編造出點嬴政的血統謠言，使得成蟜有了起兵叛亂的理由呢？

尤其是叛亂被平息後，參與叛亂的部隊全都被處死就算了，為什麼要把整個屯留的居民全都遠遠地搬遷到遙遠的西部邊陲？這不像是懲罰，倒像是把他們趕到與世隔絕的角落，拔網線封鎖消息，省得這幫聽到了些不該聽的傳言的百姓到處亂嚼舌根。但是把他們趕到角落裡，消息就真的傳不出來了嗎？別忘了，除了國內的反對者之外，關東六國裡憋著看嬴政笑話的更是大有人在。

當時秦國的統一趨勢不可避免，已經預感到自己要失敗的六國之人，想必很樂意接受這樣的內幕消息。

哈哈，什麼秦滅六國啊，在六國滅亡之前，你秦國就已經滅啦！你們王室的血統都讓我們六國人給換啦！

這感覺有點阿Q式的精神勝利那味兒了，但是管他呢，說起來爽就行唄。所以有觀點認為嬴政是呂不韋之子這一說法，是「六國好事之人」編造出來噁心秦國的段子。

無論如何，這種說法都對嬴政產生了不小的困擾。西元前二三八年，嬴政平定了嫪毐的叛亂。一年後，嬴政免去了呂不韋的相邦職務，把他趕去了河南的封地。

2　一說為戰死在屯留。
3　據學者考證，《史記・春申君列傳》《戰國策・秦策四》《新序・善謀》中所載「盛橋」即為成蟜。

西元前二三五年，嬴政給呂不韋寫了封信，間接逼死了呂不韋。嬴政在信中怒氣沖沖地表示：「君何功於秦，秦封君河南，食十萬戶？君何親於秦，號稱仲父？」

翻譯過來的意思就是：你對秦國有什麼功勞，白賺那麼大塊封地？你和秦王有什麼血緣關係，就敢號稱仲父？尤其是這最後一句話中那濃濃的撇清意味，就差向全世界宣告——什麼父子關係，我不是，我沒有，別亂說啊！

當然，造謠一張嘴，闢謠跑斷腿。嬴政的辯解再大聲也沒用，因為痛恨他的六國之人會開心地再給他扣上一頂弒父的帽子，想摘都摘不掉。

當然了，要想徹底搞清楚嬴政的親爹到底是誰，除非把他和子楚、呂不韋拉到一起做個親子鑑定，用現代科學手段來得出最準確的結論。不過這種事肯定是做不到的。我們只能說嬴政是呂不韋兒子這件事，謠言的可能性更大。

這不是結論，而是推論。歷史就是這樣，每個人都可以在原始史料的基礎上，用自己的思維方式來理解，而前方永遠有不一樣的答案在等著你。

波譎雲詭鴻門宴：項羽為什麼不殺劉邦

西元前二〇六年冬天，咸陽城東邊的鴻門，幾十萬大軍駐紮的營地中心正在舉辦宴會。但奇怪的是，這場高規格的飯局上沒有人燕舞笙歌，也沒有人大吃大喝，所有人都正襟危坐，噤若寒蟬地看著一個老大爺發飆。

別看老人家已經七十多歲了，脾氣依然十分火暴。來赴宴的客人離開後派人送了他一對價值連城的玉斗，就是寶玉做成的酒杯。他卻往地上一丟，還反手抽出腰間的寶劍，把地上的玉斗砍了個稀碎。

在場沒有一個人敢說他的不是。因為這個老頭是范增，被宴會主人項羽尊稱為「亞父」。來赴宴的客人叫劉邦，而這場氣氛詭異的飯局就是歷史上赫赫有名的「鴻門宴」。

范增此刻的心情很複雜，他看著首座上的項羽，嘆了口氣——帶不動，真心帶不動啊！之前明明都已經說好了，要直接出兵滅了劉邦。誰承想項羽突然變卦要請劉邦吃飯。吃飯也行啊，正好在宴會上動手做了那個姓劉的，方便還省事。可劉邦一來，好話一說，項羽就又改主意了，遲遲沒有動手的意思。范增不停地給項羽使眼色，連舉了三次玉玨——提醒項羽下「決」心趕緊動手，可是項羽那個臭小子就是裝作看不懂。范增又派項莊舞劍，想趁機幫項羽拿下劉邦，結果被項伯給攔了，項羽還是沒有什麼表示。范增那個恨鐵不成鋼啊……

但項羽沒有眼力見兒，劉邦有啊。這傢伙見勢不妙，直接「尿遁」跑路了。這下范增能怎麼辦？他只能憤憤地指著項羽說道：你個不成器的玩意兒是真不上道啊！等著吧，以後奪取你天下的，一定就是你放走的劉邦！咱們有一個算一個，全都得讓那傢伙給收拾嘍！

以上這段名場面來源於中學國文教育的經典課文〈鴻門宴〉。很多人在學這篇古文時都會想，如果項羽在鴻門宴上直接殺了劉邦，那就沒有後面的「楚漢爭霸」「霸王別姬」和「烏江自刎」的劇情了，直接贏麻了好吧。那項羽為什麼要放過劉邦呢？

鴻門宴，表面上看是一場你死我活的兇險飯局，背後則是一場至高權力的無聲暗戰。項羽有殺劉邦的理由，也有不殺劉邦的考量。但至少在鴻門宴的飯局上，項羽認為不殺劉邦才是正確的選項。

我們首先要明白，項羽和劉邦在鴻門宴前最不可調和的矛盾是什麼。答：天下的主導權。

西元前二〇九年，項羽跟著叔叔項梁帶著「八千江東子弟」起兵反秦。項梁在范增的建議下擁立熊心為楚懷王，自號「武信君」，很快這「八千子弟」就發展成了反秦義軍中最強大的武裝集團。

但一年之後，秦國名將章邯在定陶大敗楚軍，項梁戰死，原本有名無實的楚懷王趁機上位，成了真正手握實權的楚王。為了壓制項羽，楚懷王任命自己的嫡系宋義為上將軍，控制了兵權。然後楚懷王和眾將約定「先入關中者為王」，讓劉邦率軍西進，偷襲秦國的關中老家。項羽卻被安排跟著宋義北上救趙，完全撈不到立功出頭的機會。

但項羽也不是坐以待斃的人。他趁宋義屯兵安陽的機會突然發難，親手擊殺宋義，奪取了前線的指揮權，然後帶著楚軍破釜沉舟，在鉅鹿之戰中以九戰九勝的戰績打垮了秦軍主力。項羽那恐怖的戰鬥力不但擊敗了強大的秦軍，更嚇壞了其他諸侯國派來救趙的盟軍。

戰鬥結束後，項羽在自己的軍營中召見這些將領，所有人基本上是一路滑跪著進門，連抬頭看一眼項羽的勇氣都沒有。至此，項羽成了四十萬反秦聯軍的總司令。

西元前二〇七年，項羽在洹水南岸接受了秦將章邯的投降，並封他為雍王，史稱「洹水之盟」。雍州是古代九州之一，大致指今天陝西、寧夏一帶。秦國也曾定都雍城，所以章邯這個雍王，就是項羽封的關中王。

可問題是另一邊的劉邦已經打下了關中。他接受了秦王子嬰的投降，和關中父老約法三章，到處宣揚自己是未來的關中王，還派兵封鎖了進入關中必經的函谷關。關中只有一個，現在卻冒出來兩個「關中王」，這事就不好辦了。

劉邦希望按照「懷王之約」，把關中封給自己。而項羽則提出了「洹水之盟」，要把關中封給章邯。關中之爭，表面上看起來是項羽和劉邦的衝突，但在這背後還有一個更加不可調和的矛盾，那就是未來的天下究竟是誰說了算。

劉邦要想獲得關中，就需要「懷王之約」能發揮作用，也就是說，他必須支持楚懷王等六國後裔主導的權力結構。而項羽既要打破「懷王之約」，更想用軍功將領集團來取代六國王室後裔，讓自己來主導未來的天下格局。

簡單來說就是劉邦希望楚懷王說了算，項羽則希望楚懷王靠邊站，這既是現實利益之爭，也是權力路線之爭，此刻的劉邦就是項羽必須搞定的攔路虎和絆腳石。於是項羽率軍突破了劉邦的防線，一路進軍到戲水之西的鴻門，和駐紮在霸上的劉邦部隊臉貼臉，面對面，一副劍拔弩張隨時準備動手的樣子。

而就在這個時候，劉邦團隊中出了個叛徒叫曹無傷，他向項羽打小報告說劉邦想獨占關中，獨吞秦國的金銀財寶。而開頭咱們提到的那個老頭，項羽團隊的智囊范增，也適時地站出來提醒項羽要提防劉邦的崛起，最好趁早解決這個隱患。氣氛已經烘托到這一步了，不動手真的有點說不過去了。所以項羽放出狠話，表示明天早上吃完飯就去滅了劉邦。

不過睡了一覺後，項羽突然就變了個主意，從約幹架改約吃飯了，這才有了這場鴻門宴。是什麼讓項羽突然改變主意的？事情的轉折點就發生在鴻門宴的前一天晚上。

這天夜裡，項羽的三叔項伯摸黑去了一趟劉邦大營。項伯的本意是提醒對自己有恩的張良提前跑路，免得打起來被崩一身血。不過在張良的安排下，項伯卻成了劉邦給項羽遞話的傳聲筒。此時的劉邦已經認識到，所謂的「懷王之約」那已經是過去式了，現在掌控局面的就是對面的項羽，自己要是不服軟，指定沒有好果子吃。

於是劉邦態度誠懇地向項伯表示：我雖然提前入關，但完全沒有自己獨吞關中的意思。你看我統計人口，封存物資，這些都是為了方便項羽將軍以後接手嘛。至於函谷關的守軍，那只是為了防範戰亂時有盜賊趁火打劫，我可是日夜盼望著項將軍趕緊來，哪敢動什麼歪腦筋啊！您可一定跟項將軍說清楚，臣劉邦絕不敢背棄項氏的恩德。

在這段話中，劉邦重點傳達了兩個意思。首先，是對封鎖關中這個「誤會」的解釋。其實這個解釋再牽強也無所謂，解釋的內容並不重要，認錯的態度才是關鍵。除了蒼白的解釋，劉邦還得拿出點實際的好處。他明確表示自己放棄「懷王之約」，轉讓關中的所屬權，並以項氏舊臣而不是楚臣自居，認可項羽帶頭大哥的地位。

劉邦已經做出了他的選擇，現在壓力來到了項羽這邊。他在夜裡聽到項伯帶回來的口信，會是什麼心情？

應該是些許驚喜，一點寬慰，當然更多的還是理所當然。畢竟在他看來，自己幹掉劉邦就是分分鐘的事，所以劉邦選擇服軟才是正常反應。這時項羽就面臨著一個左右皆可的選擇——是接受劉邦的投誠化干戈為玉帛，還是按原計畫動手拚個魚死網破。

思來想去，項羽發現，自己對劉邦有「三不殺」——不想殺，不能殺，不敢殺。

項羽不想殺劉邦，是因為兩人私下裡感情很好。當初劉邦帶著沛縣老鄉造反後發展並不順利，連起兵的老巢都沒保住，多虧了項梁借給他的五千兵馬，劉邦才渡過難關。

項梁帶主力部隊進攻秦軍時，曾派劉邦和項羽一起帶領一支小分隊去開闢第二戰場。項羽是千年一遇的戰神，史料記載他身高八尺二寸，力能扛鼎，就是身高超過一米九，舉重能破世界紀錄的肌肉男，放眼整個中國古代史，說戰鬥力排前三都毫不誇張。

而劉邦在武力值上雖然不能和項羽相提並論，但老劉也是刀頭舔血的社會人，真刀真槍打起來絕對不慫，身邊還跟著一群配合默契的沛縣老鄉團，可以說劉邦當時就是項羽非常可靠的隊友。

在半年多的時間裡，老大哥劉邦和小兄弟項羽一起行軍，一起戰鬥，一起風餐露宿，一起攻城略地。雙方配合默契，取得了一個又一個勝利。當過兵的人都知道戰友情有多可貴，更何況項羽和劉邦還特別對脾氣。劉邦其實比秦始皇小不了幾歲，出道時就已經是個四十多歲的油膩大叔，而項羽則是個二十出頭的精神小夥，這兩人雖然看起來有代溝，但絕對能聊到一起去。

當年劉邦作為亭長，去咸陽出差時偶遇了始皇帝出行的儀仗。別看劉邦只是個最基層的鄉鎮公務員，但他卻非常有氣勢地來了一句：大丈夫當如此也！而項羽避難江東時，也曾見識過始皇帝南巡的隊伍，並當場發表了觀後感：彼可取而代也！一個「當如此」，一個「可取而代也」，雖然表述內容並不一樣，但都體現了劉邦和項羽的格局與志向。同樣的英雄氣概，肯定讓兩個人產生了惺惺相惜的感覺。

更何況劉邦是項梁的下屬，從某種意義上來說項羽就是他的半個「少東家」，劉邦那麼人精的老油條，肯定得把項羽哄高興了啊。後來劉邦和項羽也在楚懷王的見證下約為兄弟，可見二人的關係鐵著呢。

因此，從感性上來說，項羽並不想殺劉邦。而從當時的實際情況來看，項羽也不能殺劉邦，甚至不敢殺劉邦。

項羽雖手握四十萬反秦聯軍，但其中歸他直接指揮的楚軍只有十萬左右，剩下的都是其他諸侯國的部隊。如果項羽在劉邦已經服軟的情況下強行開戰，其他諸侯國的將領會怎麼想呢？

畢竟當時劉邦也是楚國的武裝力量，和項羽同屬一個陣營，還立下了這麼大的功勞。這樣的功臣加同僚說殺就殺，我們這些外人憑什麼信任你項羽會在接下來的「分贓大會」上保持公平、公正、公開？要知道，項羽的終極目標是成為主宰新世界的帶頭大哥，如果因為殺掉劉邦而損失了公信力，會對他之後的計畫造成毀滅性的打擊。

再說了劉邦也不是那麼好滅的。此時的劉邦擁兵十萬，是反秦武裝中實力第二強的存在。這十萬人馬中，一部分是劉邦起家的核心團隊，對劉邦忠心耿耿，剩下的大多是劉邦入關後收編的秦軍，基本上都對項羽恨得不行——因為項羽在接受章邯投降後，一口氣坑殺了二十萬秦軍。

即便能殺了劉邦，也難保這些人不會和項羽死磕到底。一旦打成了持久戰、消耗戰、游擊戰，就容易夜長夢多，產生不可控的未知風險。這對於需要快刀斬亂麻，盡快造成既成事實的項羽來說也是不利的。

所以對於彼時彼刻的項羽來說，為了長遠的計畫，從大局考慮，不殺劉邦才是綜合考量下的最優解。當然，所有後續發展還得看飯局上劉邦的具體表現。畢竟掌握主動權的是項羽，殺或不殺都在他一念之間。

於是，這場氣氛尷尬、各懷鬼胎的鴻門宴就開始了。

劉邦擺出了最低的姿態。他只帶了很少的隨從來赴宴，一副躺倒任捶、怎麼都行的模樣。一見面劉邦就開始憶苦思甜套近乎，回憶和項羽並肩作戰的光輝歲月，表示自己進入關中完全是撞大運的偶然事件，可別聽那些小人亂嚼舌根啊。

項羽也回了一句，說還不是你那個左司馬曹無傷亂打小報告，要不然咱哥兒倆也不至於鬧這一齣啊。關於項羽的這句話，很多人都說體現了他的政治幼稚，把好好的一個無間道臥底曹無傷給賣了。

其實事情並沒有那麼單純。前一天晚上項伯來訪的時候，估計就已經把曹無傷的事告訴劉邦了，就算項羽不提這事，劉邦也得清理曹無傷這個內鬼。但這事不能在見項羽之前幹，不然會顯得劉邦對項羽有防備，這樣的投誠也就變得沒有誠意了。

所以項羽剛說完曹無傷，劉邦就立刻表示之前的都是誤會，項羽也接話表示「啊，對對對」。你看，這就是中國人的社交藝術，不管背地裡怎麼打生打死，面子上還得過得去。客套話說完了，接下來就該開席了。參加過飯局的人都知道，什麼人坐什麼位置，這裡面學問可大了。

在先秦時代，室內以東向為尊，因為出入的門口在東邊，正對著門口東向而坐的位置是最好的，其次是南向、北向，西向最卑。項羽作為請客方，又自許為掌握大局的主人，東向坐在一號位是肯定的。坐他旁邊的是叔叔項伯，畢竟不能讓長輩座次比自己低，這個也沒什麼好說的。

而後面的座次安排才是關鍵。范增南向坐在了二號位，劉邦北向坐在三號位，至於張良則面朝西——其實就是在上菜口的位置伺候局的存在。按理說，劉邦是主賓，范增是主陪，哪怕范增被項羽尊為「亞父」，從職級關係上來說他也是項羽的下屬，但現在卻是范增坐二號位，劉邦坐三號位，這就是把劉邦當「臣下臣」的意思。這並不是宴請盟友或同僚的禮節，而是赤裸裸地體現了長官對下屬的態度。

所以劉邦從入座的那一刻起，就已經在所有人面前公開承認了對項羽的臣服。至於具體的交出關中啊，支持項羽說了算之類的細節，都完全不需要挑明。大家懂的都懂，一切盡在不言中。

優雅，實在是優雅。

項羽已經心滿意足，但范增卻明顯不滿足。所以他先給項羽打暗號，然後又搞出了「項莊舞劍意在沛公」的激情環節。對於范增的種種表現，項羽既不想配合，又不方便直接反對。正在這時，樊噲的及時闖入打破了尷尬的局面。

樊噲是張良叫來保護劉邦的。他帶著兵器闖入宴會現場，一進門就瞪著項羽，一副隨時要拚命的樣子，情勢一度緊張到了極點。

項羽按著佩劍問了一句：「客何為者？」——你小子誰啊？一般來說，對於突然闖入的陌生人問一句是很正常的事情。但很多人似乎都忽略了一個細節——項羽真的不認識樊噲嗎？

樊噲作為劉邦起兵的初始團隊成員，一直是劉邦直屬的身邊人，全程參與了劉邦起兵後的所有戰鬥，這其中也包括了劉邦和項羽聯合作戰的那半年。這期間，樊噲作戰勇猛，屢立戰功，項羽不認識樊噲的可能性很小。

那項羽為何要做出一副意外吃驚的樣子呢？答：打岔唄。接下來項羽又是給樊噲上酒，又是給生豬肘的，這麼一忙活，項莊的舞劍就舞不下去了，劉邦的危機也算暫時解除了。

酒足肉飽之後，樊噲又對著項羽一通聲辯，聽著好像很無禮的樣子，其實是把昨天晚上劉邦跟項伯說過的軟話又重複了一遍，是用最凶的語氣說著最慫的解釋。所以向來暴脾氣的項羽沒有發飆，而是「未有以應」。後來劉邦逃席，他也平靜接受。因為在項羽心裡，這場飯局從一開始就已經結束了，後面的環節不過是尬聊而已，樊噲的闖入和劉邦的開溜反而成全了項羽。

而范增和項羽的分歧，是因為雙方思考的出發點不一樣。范增想殺劉邦，是以防後患。項羽不殺劉邦，則是著眼當下。

項羽的這一決策，也是一直被後人詬病的地方，說他錯過了殺死劉邦的最佳機會，這才落得個「自刎烏江」的悲慘結局。

這麼說就有點過於牽強了。我們不能用後人讀史的上帝視角去苛責當時的項羽。項羽從來沒有輕視過劉邦，他只是認為自己有能力在不殺劉邦的前提下搞定局面而已。關於這一點，我們只要看看後面項羽的分封就知道了。

西元前二〇六年，項羽尊楚懷王為「義帝」，就和有名無實的周天子一樣。項羽自封「西楚霸王」，然後主持分封了十八路諸侯。

劉邦雖然被封為漢王，但封地在偏遠閉塞的巴蜀，後來才追加了漢中，和關禁閉蹲監獄沒啥區別。項羽還把關中一分為三，分別由雍王章邯、塞王司馬欣和翟王董翳這三位項羽招降的秦軍降將來鎮守，他們的作用就是堵死劉邦重返關中的道路。

項羽還在通往關中的主幹道上分封了三個親信——西魏王魏豹、河南王申陽、殷王司馬卬，作用是保證道路暢通，方便項羽隨時奔襲關中，掐滅任何對自己不利的苗頭。

最後，項羽還貼心地幫劉邦搞了一次優化裁員，一口氣砍掉了劉邦七成的兵力，規定劉邦只能帶三萬人上路。設置了這麼多防範措施後，項羽覺得這把穩了，肯定能把劉邦徹底鎖死在西邊。

但他沒想到劉邦團隊竟然能創造奇蹟，一舉突破了所有的封鎖線，跟他展開了「楚漢爭霸」。直到這個時候，項羽也沒因為在鴻門宴上放過劉邦而後悔，他依然相信自己會是笑到最後的那個勝利者。

但楚漢爭霸卻以一種項羽完全想不通的詭異畫風展開了。簡單來說就是項羽一直贏，劉邦一直輸，但劉邦愈打愈高歌猛進，項羽卻愈打愈力不從心。最終在西元前二〇三年的垓下之戰中，項羽一敗塗地，隻身逃到了烏江邊。

在江邊，項羽遇到了划船來接應他的烏江亭長。烏江亭長勸項羽回江東重整旗鼓，可他自覺無顏見江東父老，就放棄了這最後逃出生天的機會，回身和追擊的漢軍展開了最後的戰鬥，並最終自刎而死。

項羽為什麼不過江，讓後人百思不得其解。有人認為他完全有機會東山再起，比如唐代詩人杜牧曾在〈題烏江亭〉中寫道：「江東子弟多才俊，捲土重來未可知。」但也有人覺得項羽已經沒機會重來一局。宋代大文學家王安石就在〈疊題烏江亭〉中反問道：「江東子弟今雖在，肯與君王捲土來？」

項羽不過江，的確是因為沒臉過江，但又不僅僅是因為沒臉過江而已。

江東，並不是項羽的老家。項羽是下相人，家族封地在項，曾被封為魯公。下相是今天江蘇省宿遷市，項是今天河南省沈丘縣，魯指今天的山東省曲阜市，這三個地方全在江北，哪個都和江東不挨著。

當年項羽是跟著叔叔項梁避難到的江東，後來在反秦浪潮席捲全國的時候，項氏叔侄說服了江東當地的豪族大家，集資出一支「江東子弟兵」作為創業的初始資金。這支「子弟兵」中包含大量的江東豪族子弟，他們在項家軍中擔任各級軍官，相當於公司中的中層高管。

所以「江東父老」只是個好聽的說法，對於項羽來說，他們其實更像是自己的天使投資人，或者事業的聯合創始人。而項羽折騰了八年，不但創業失敗賠光了老本，還把金主家的親戚子侄全給搭進去了。這換了誰也沒臉回去見人。而比沒臉見人更絕望的是不知道怎麼捲土重來，想不出如何東山再起。

直到生命的最後一刻，項羽也沒想明白自己究竟是怎麼輸的。只能用「此天之亡我，非戰之罪也」這樣的虛幻藉口來安慰自己。連怎麼輸的都搞不清楚，重來多少次都是白搭，所以項羽只能選擇放棄治療。

項羽不明白的道理，今天的我們卻知道答案——項羽的失敗既是戰略的失敗，也是戰術的失誤。從戰略上來說，劉邦追求的是創新的「帝業」，項羽想要的是復古的「霸業」。這兩條路線一個是歷史的趨勢，一個是時代的眼淚，決定了雙方底層邏輯的差異。劉邦占據的不只是關中的地利，更繼承了秦統一六國的祕密武器，那就是「秦制」。

秦制就好比那個時代的「大數據體系」，能讓國家意志滲透到最基層的行政單位，能精準地調動所有的人力和資源，相當於把所有的戰爭潛力都激發出來。所以劉邦團隊進入關中後，第一時間就把秦國的戶籍資料抓在了手裡。掌握了這些資訊，就擁有了贏得戰爭的大殺器。

而項羽則從一開始就被綁上了「反秦」的戰車，所以他選擇回歸故鄉，定都彭城，只能用已經失敗過一次的「六國模式」去對抗劉邦手中的「秦制」，這是項羽在戰略上的失敗。

而在戰術的實操過程中，項羽的問題就更大了。

劉邦的團隊以豐沛老鄉為核心，以四方人才為助力，不但凝聚力強，而且搭配合理。領兵打仗有韓信，後勤保障有蕭何，出謀劃策有張良，陰謀詭計有陳平，劉邦這個老闆只需要把最合適的人放在最合適的位置上，就能讓整個體系良性運轉。

而項羽團隊的構成相對鬆散，忠誠度不夠，經常在關鍵時刻搞出花樣。項羽因為太能打，導致他遇到一切問題都想用蠻力來解決，而他的團隊成員功能也相對單一，只有范增勉強能算智力擔當，後來也在劉邦的反間計之下被邊緣化了。

在整個楚漢爭霸的過程中，項羽基本上只有在正面戰場打打打這一個解決方案。但諷刺的是，因為項羽太能打，總是包辦一切，導致他手下的員工既缺乏出奇制勝的主觀能動性，又沒有獨當一面的客觀可能性。所以項羽這邊贏多少，他那些拉胯的手下就在另一邊給他輸多少。他像一個救火隊員一樣滿場亂竄收拾爛攤子，打再多的勝仗也贏不下整場戰爭。

如果我們用主次矛盾的哲學辯證關係來看待楚漢爭霸，就會發現項羽在不同階段面臨的主要矛盾是不同的。

在鴻門宴之前，項羽要爭奪的是分封的主導權，他和六國王室後裔的矛盾才是主要矛盾，和劉邦的矛盾是次要矛盾。所以項羽不殺劉邦，是團結一切可以團結的力量的正確策略。

在鴻門宴之後，項羽要維護自己主導的分封秩序，他和其他諸侯的矛盾才是主要矛盾。而劉邦只是眾多諸侯之一，依然算不上項羽的頭號敵人。

一直到劉邦奪取關中，正式東出爭霸天下開始，項羽和劉邦之間的衝突才變成了主要矛盾，而這時候考驗的是雙方的個人領導能力和團隊的綜合實力。項羽最終的失敗是多方面因素共同造成的。

項羽在鴻門宴上不殺劉邦，是那個時候的正確選擇，和他最終的失敗並沒有關係。哪怕人生能重來，恐怕他還是會做出同樣的選擇。

人們談起項羽，總是不願「以成敗論英雄」。因為相比於劉邦的功利現實，項羽身上的少年意氣和英雄氣概，總是更讓人欣賞。但可惜，就算給項羽冠以再多美好的詞彙，也無法改變他已經被時代和歷史淘汰的現實。

注定失敗的英雄，這才是項羽人生最大的悲劇。

巫蠱之禍：誰逼死了太子

西元前九一年，漢武帝征和二年，長安城長樂宮南邊的博望苑中，一群人正在挖地三尺找東西，把好好的一座皇家宮苑，翻得跟拆遷現場一樣。

突然間，人群中傳來一陣歡呼：找到啦！實行巫蠱的桐木人找到啦！

很快這個桐木人就被送到了此次掃巫除蠱專案組組長江充的面前。江充把「罪證」展示給專案組的其他成員一一過目，並揚言要上報給在甘泉宮養病的皇帝陛下，請他來決定太子的罪責。

對，這個博望苑就是漢武帝太子劉據的寢宮。江充帶領的專案組就是在追查用巫蠱之術謀害皇帝的罪犯，現在竟然在太子宮裡發現了關鍵證據，這事情可就有意思了。

那麼太子劉據到底有沒有做出這種大逆不道的事呢？

從邏輯上來說，可能性很小。因為江充的搜查行動已經持續了好一陣子，太子的寢宮是最後被搜查的地方，如果真是太子幹的，他完全有足夠的時間來銷毀證據，又怎麼會被江充抓個正著？大多數觀點也認為，這個所謂的罪證是江充的栽贓陷害，是他提前把桐木人埋到了太子宮裡。

面對江充的步步緊逼，太子劉據本能地感受到了陰謀的氣息，所以他趕緊找到自己的老師石德商量對策。此時，三十八歲的劉據已經沒了以往的淡定從容，急得一腦門子汗，不停地問老師該怎麼辦。

石德老師無奈地跟太子說：巫蠱這種事本來就說不清楚，咱現在唯一的辦法就是先下手拿下江充。之前說皇上在甘泉宮養病，這麼長時間都沒有任何消息。說句難聽的，現在皇帝是死是活都不好說，咱可不能忘了當年扶蘇的慘痛教訓啊！

公子扶蘇是秦始皇的長子，本來是有機會繼承皇位的。但趙高和李斯隱瞞了秦始皇病死的消息，假傳聖旨要賜死扶蘇。而扶蘇也沒反抗，竟真的自殺了。劉據聽完石德老師的分析後，發現自己所面臨的處境和扶蘇簡直一模一樣。

如果皇帝已經死了，那面對奸臣的陷害，他根本就沒有申辯的機會，只能和扶蘇一樣含冤而死。如果皇帝還活著，那更可怕，等於所有這一切都是皇帝的安排，所謂「奸臣」的陷害不過是奉命行事而已，那自己還是個死。

既然橫豎是死，還能怎麼辦？所以劉據反了。一場皇帝與太子、父親與兒子之間的內戰就此爆發，最終劉據戰敗逃亡，並在追捕中絕望自殺。他的母親、妻子、兒女幾乎全都死於非命，除此之外還有數萬人死於這場禍亂引發的動盪中。這件事直接影響了整個西漢政局的走向，史稱「巫蠱之禍」。

既然「桐木人」是栽贓陷害，那到底是誰把它埋到太子院子裡，從而逼反了太子，最後導致他自殺而亡的呢？

首先我們有請一號嫌疑人——漢武帝劉徹登場。

沒錯，最有嫌疑幹掉太子的，正是皇帝本人。漢武帝最開始是非常喜愛和看重太子劉據的。劉據是漢武帝盼了十幾年才盼來的兒子，他的母親是漢武帝的第二任皇后衛子夫，也是當時漢武帝最寵愛的女人，所以劉據一般被稱為「衛太子」。當時長子的出生讓漢武帝樂得不行，他找來最好的寫手為兒子的降生寫喜報，給全國人民發福利，撒紅包，恨不得讓所有人都來沾沾喜氣。

等劉據到了讀書的年紀，漢武帝更是拿出最好的資源，請來最好的老師，傾注所有打造出一支漢代的幼兒教育天團。除了師資教育，漢武帝還特別注重兒子的社會實踐能力，他在長安城南為劉據修築博望苑當寢宮，讓他在那裡接觸社會，招攬人才，搭建團隊，可以說妥妥一個望子成龍的老父親。

但人心是會變的，隨著太子一天天長大，漢武帝也一天天老去，情況就發生了變化。皇后衛子夫年老色衰，漢武帝對她的寵愛日益減少。而劉據性格溫和，為人寬厚，和殺伐果斷愛折騰的漢武帝也完全不同。於是，雄才大略的漢武帝對太子越來越不滿意，他總覺得太子性格太軟，能力不夠，一點也不像自己。

皇帝的不滿讓皇后和太子產生了巨大的危機感，在漢武帝面前也表現得很不自然。這樣的情緒自然瞞不過精明的漢武帝，他找到太子的親舅舅——大將軍衛青說：大漢有朕一個能折騰的皇帝就夠了，再來一個一模一樣的，那不成了重走秦朝滅亡的老路？太子穩重，是守護大漢江山的最佳人選，告訴他們娘兒倆，把心放到肚子裡吧。

漢武帝真是這麼想的嗎？很可能是的，因為此時除了劉據，他也沒有別的更好的選擇了。

然而西元前九四年，意外出現了。住在鉤弋宮的趙婕妤為六十二歲高齡的漢武帝生下了六皇子劉弗陵。鐵樹開花，老來得子，可想而知漢武帝對這個幼子得有多喜歡。更神奇的是，據史書記載，這個孩子是趙婕妤懷孕十四個月才生下來的，傳說中上古聖君堯就是十四個月才出生的，所以漢武帝就把趙婕妤生孩子時住的鉤弋宮門改名叫「堯母門」。

堯是傳說中的天下之主，上古時代最賢明的帝王之一。如果生下六皇子的趙婕妤是「堯母」，那不就是說六皇子劉弗陵就是堯？這把皇后衛子夫和太子劉據放在哪裡啊。

此時的漢武帝已經統治大漢近半個世紀之久，不可能不知道「堯母門」這三個字有多不尋常的意義。所以歷來有觀點認為漢武帝在這個時候就已經動了換太子的念頭，這才有了後面的巫蠱之禍，以及針對太子下的套。因此逼死太子的真凶就是漢武帝本人！

這個結論聽起來很有道理，但並不是無懈可擊，實操環節有很多現實難題。

首先是局勢不利。此時的大漢早就沒了漢武帝剛即位時的富足，他多年來的各種折騰，尤其是和匈奴之間幾十年的戰爭已經耗光了朝廷的家底，社會秩序動盪，百姓破產逃亡，人口不增反降，漢朝的國力已經大不如前。這個時候，和漢武帝不像的太子，一個不愛折騰的守成之君才是下一任皇帝的最佳人選。

然後就是時間不足。一邊是年近四十、做了三十二年太子的長子，一邊是剛出生還沒斷奶的幼子。在嬰兒夭折率居高不下的古代，漢武帝就算想廢長立幼，恐怕也得擔心小兒子能不能活到繼承皇位的那一天。漢武帝已經是一個六十多歲的老人，身體也沒說有多健康，他又剩下多少時間能為小兒子保駕護航，做好相應的兒童教育、隊伍配套、權力交接等工作呢？換太子，對於漢武帝來說，風險還是很大的，所以他只能在猶豫中觀望。不過有些事卻猶豫不得，比如幹掉太子背後的衛氏外戚。你可能覺得奇怪，換太子，幹掉衛氏是提前剪除羽翼，可以理解，如果不換太子，又為什麼要幹掉衛氏呢？很簡單，避免外戚干政。這個虧，漢武帝自己吃過，當然不會讓兒子再吃一次。

那就開整吧。

西元前九一年，有人舉報當朝丞相公孫賀使用巫蠱之術，公孫賀全家被殺。這個公孫賀就是太子劉據的姨父，也是太子在朝堂中最大的支持者。公孫賀一死，漢武帝立即任命涿郡太守劉屈氂為新丞相。劉屈氂是漢武帝的侄子，他還和五皇子昌邑王劉髆的舅舅李廣利家有姻親關係。漢武帝這個操作明眼人都能看懂，他是想用李氏外戚來取代衛氏外戚，為後面的計畫鋪路。

但計畫趕不上變化，他的路還沒鋪完，就有人已經迫不及待要幹票大的了，那就是二號嫌疑人江充，我們前面提到的那個專案組組長。

江充，趙國邯鄲人。此人擅長投機，深受漢武帝的寵信。他做事狠辣殘酷，明顯不是太子劉據喜歡的那種類型，而且他曾經得罪過太子，深知太子上臺之日，就是自己失業之時。所以說他栽贓嫁禍太子，也不是沒有可能。

漢武帝晚年身體不好，白天渾身疼，晚上做噩夢，恰好就給了江充借題發揮的機會。當時漢武帝在長安城外的甘泉宮避暑，誰都見不到皇帝的面。江充趁機指使一個胡人巫師欺騙漢武帝說皇宮裡有蠱氣，不把搞巫蠱的人揪出來，皇上的病就好不了。

漢武帝是個非常迷信的人，日常熱衷於求仙問道、煉丹嗑藥，為求吉利一生換了十二個年號，甚至曾把親生閨女嫁給自稱神仙的詐騙犯。所以他對巫蠱詛咒這種事深信不疑，立刻指派江充成立專案組，追查誰在用「巫蠱」害自己。

有了皇帝撐腰的江充立刻付諸行動，不過他也很有心機，沒有直接把目標對準太子劉據，而是先從皇宮裡那些失寵嬪妃的住處開始搜查，然後不斷擴大搜索範圍，一直搜到皇后與太子的寢宮。之後就發生了開頭的一幕，江充宣稱在太子宮中找到了實行巫蠱詛咒的桐木人，「坐實」了太子的罪名。而被陰謀陷害逼到絕境的太子，也選擇了鋌而走險，最終自殺而亡。

這麼看，江充應該就是兇手了吧？

不完全是。我們來看江充的身分。他和李廣利、劉屈氂其實都是河北老鄉，憑藉著同鄉關係結成了同盟。李廣利、劉屈氂背後是李氏外戚集團，他們的終極目標是什麼？當然是把五皇子昌邑王劉髆推上太子寶座。所謂的「巫蠱之禍」也可以說是整個李氏集團的陰謀。

可惜，他們只成功了一半。

西元前九〇年，李廣利受命率軍出擊匈奴，臨走前劉屈氂去送行，李廣利就囑咐老劉抓緊行動，擁立劉髆為太子。劉屈氂滿口答應，仿佛已經看到了大功告成的那一天。

但神奇的是，李廣利出征後不久，劉屈氂就被舉報了，有人說他企圖擁立劉髆，用巫蠱詛咒皇帝。漢武帝大怒之下，命人用廚房的垃圾車把劉屈氂推到東市腰斬，李廣利全家也被逮捕。出征在外的李廣利聽說後直接投降了匈奴，剛得意了沒兩天的李氏外戚集團也被漢武帝殺了個精光。就連昌邑王劉髆也在不久後神祕死去，死因不明，史書上對此事也是諱莫如深。

哪怕是在兩千多年後，我們依然能從史書的字裡行間感受到漢武帝的怒火。漢武帝為什麼如此生氣？很簡單，他發現自己被耍了。

當太子起兵造反的消息傳來時，漢武帝既意外又生氣，他親自到前線坐鎮，指揮對太子的圍剿行動。也曾有人上疏為太子喊冤，漢武帝不是沒有懷疑，但他的反應是「感寤，然尚未顯言赦之也」。翻譯過來就是：有觸動，沒行動。

站在父親的角度，兒子一時犯錯或許可以原諒。但站在皇帝的角度，任何對皇權的忤逆都是不可原諒的，哪怕是親兒子也不行。如今劉屈氂事發，這意味著太子之事另有蹊蹺，還意味著漢武帝可能親手逼死了兒子。你讓他如何不生氣？所以漢武帝的這一系列雷霆手段，也可以說是在替太子報仇。

對於「巫蠱之禍」發生的原因，大漢朝廷給出的官方說法是「丞相私與太子鬥」，就是把整件事的鍋都扣在了丞相劉屈氂頭上。這麼看來，「巫蠱之禍」應該是李氏外戚集團利用皇帝對太子的不滿，精心策畫的一場陰謀。只可惜最後玩砸了，反過來又被醒悟的皇帝給剷除了，所以李氏一族死有餘辜唄？

別急，事情還沒完。回看「巫蠱之禍」發生的全過程，會發現每一個影響事態發展的關鍵節點都有一方勢力參與其中，那就是宦官。

在巫蠱之禍發生前，劉據還是太子的時候，有個叫蘇文的宦官就經常帶著自己的手下在皇帝面前說他的壞話，告他的黑狀。只不過劉據一直老實本分，沒讓這幫人抓住什麼把柄。

太子的姨父公孫賀被舉報，太子宮苑裡被埋桐木人，細想一下，最容易做這些事的也是宦官。調查巫蠱案的江充專案組的重要成員之一就是宦官蘇文，而在太子起兵後，最早向皇帝告狀的也是他。

當巫蠱案爆發，太子倒臺，在李氏外戚看起來即將勝利的時候告發劉屈氂、牽連李廣利，導致整個李氏外戚集團覆滅的人——郭穰，他也是個宦官。

還有生下皇子劉弗陵的趙婕妤，她的父親也曾因犯罪被罰為宦官，她本來跟漢武帝是毫無交集的。但有一年漢武帝到地方上視察，有個會占卜的「望氣者」說起有位神奇的趙姓女子，天生雙手攥拳，誰也掰不開。這引發了漢武帝的好奇心，於是漢武帝找到這個女子，只是輕輕一碰，女孩就張開了手，掌心有一支小玉鉤。漢武帝非常喜愛她，把這個女子封為婕妤，住的宮殿叫鉤弋宮。自此，趙婕妤也被稱為「鉤弋夫人」或是「拳夫人」。

在今天看來，所謂的天生攥拳啊，掌心有玉鉤啊，都是裝神弄鬼來騙取皇帝寵愛的技巧罷了。那是誰設計了這個轉角遇到愛的情節呢？很大機率還是皇帝身邊的宦官們，趙婕妤就是他們推出來的代言人。畢竟趙婕妤的父親成了宦官，她也沒有別的親戚，宮裡的宦官就是她的堅強後盾。

在太子劉據和李氏外戚倒臺之後，趙婕妤所生的劉弗陵就成了下一任皇帝的熱門人選。但漢武帝並沒有第一時間立新太子，這個皇位繼承人寶座就那麼空著，讓無數人抓心撓肝。

西元前八七年，又有個「望氣者」說監獄裡有「天子之氣」。當時監獄裡關的都是和「巫蠱案」有關的犯人，前太子劉據的孫子也被關在裡面，「望氣者」說的「天子之氣」，明顯就是指這個孩子。這話又觸了漢武帝的逆鱗了，於是他就派了一名宦官去處死監獄裡的所有犯人——這個宦官不是別人，還是那個告發劉屈氂和李廣利的郭穰，你說巧不巧。

而郭穰得到命令之後連一刻都沒多等，連夜來到監獄準備動手，彷彿生怕皇帝反悔一樣。幸虧監獄負責人丙吉深明大義，表示普通人都不能說殺就殺，更何況皇帝的曾孫？不管郭穰怎麼威脅，丙吉說啥也不開門，雙方就這樣僵持到天亮，氣得郭穰衝到皇帝面前瘋狂彈劾丙吉。

看著眼前無能狂怒的郭穰，史書記載了四個字——「武帝亦寤」。皇帝好像突然明白了什麼，沒頭沒尾地說了一句：「這可能就是天意吧。」然後就收回了之前的命令，赦免了那些囚犯。

這時候的漢武帝，已經真的沒了選擇。長子劉據已死，自己也死期將近，中間的幾個兒子全都不堪大用，也就小兒子看起來最有希望能接過這個千瘡百孔的江山了。

不久後，漢武帝正式冊立八歲的小兒子劉弗陵為太子，並安排了最信任的幾個大臣作為顧命大臣。劉弗陵就是歷史上開創了「昭宣中興」的漢昭帝。

不過在那之前漢武帝還幹了一件事，那就是賜死了劉弗陵的生母趙婕妤。理由也很簡單粗暴，為了防止外戚干政，避免重演當年呂后擅權的悲劇，提前下手，立子而殺母。

復盤這場「巫蠱之禍」發生的全過程，我們發現無論是漢武帝本人、李氏外戚還是趙氏外戚，在逼死太子這件事上全都有份。

歷朝歷代的太子都是高風險職業，上有來自皇帝老爹的猜疑防範，下有來自野心家的明槍暗箭。衛太子也沒做錯什麼，他只是不幸成了所有陰謀詭計的天然標靶。所有對太子不懷好意的勢力跟排隊打卡一樣，你打一下，我推一把，層層積累，不斷疊加，最終導致了事態的失控，一場慘劇就此發生。這就是宮廷鬥爭最可悲的地方，清白還是冤枉，謊言還是真相，往往不是優先思考的邏輯。

欲戴王冠，必承其重。所有的算計都有反噬，所有的陰謀都有代價。這就是權力遊戲的底色，誰也逃不掉。

大意失荊州：誰是第一責任人

西元二一九年冬，曹魏設在漢水北岸的軍事重鎮樊城已經被關羽的荊州軍圍困了好幾個月。

荊州軍的大營中，一支曹操軍的箭矢靜靜地放在關羽面前，原本綁在箭杆上的書信也平放在桌案上，上面寫著一個真假難辨的消息——孫權將派兵偷襲荊州。這個消息讓關羽陷入了兩難的境地。此次他率領荊州軍主力北上進攻曹魏，留守後方的兵力並不多。一旦樊城沒打下來，孫權再來個背刺，那事情可就嚴重了。

但這個情報是真的嗎？就算是真的，以孫權的能力，他能打下荊州嗎？聽說東吳名將呂蒙請病假回後方治病去了，新上來那個叫陸遜的年輕小夥子只會說好話，就憑他能翻出什麼浪？更何況後方的江陵、公安是關羽經營多年的大本營，城防體系完整，沿江還設有烽火臺預警系統，如果東吳真的出兵，自己接到消息後再往回趕也來得及。

二爺捋了捋自己漂亮的大鬍子，還是覺得優勢在我。於是他決定無視這個所謂的情報，繼續圍攻樊城。然而沒多久他就收到了來自後方的三個壞消息：

一、呂蒙是在裝病，他們果真動手了；

二、沿江的烽火臺被人端了，整個預警系統都失效了；

三、守衛公安和江陵的傅士仁、糜芳連一秒鐘都沒抵抗，直接投降了。

概括起來就是一句話：荊州，真的丟了。再之後就是關羽父子敗走麥城，一代武聖殞命，三國鼎立的格局就此奠定，更留下了「關羽大意失荊州」的故事。

但是，荊州真是因為關羽的大意丟的嗎？或者說「大意」的，只有關羽一個人嗎？

在襄樊戰役期間，曹操派出了曹仁、于禁、龐德、徐晃、張遼等重量級名將，東吳方面則派出呂蒙、陸遜、韓當、蔣欽、朱然、潘璋、周泰等全明星陣容，而蜀漢這邊卻自始至終都只有關羽一個人孤軍奮戰。

劉備和諸葛亮在開戰前沒有提供支援，開戰後也沒有配合出兵，幾乎是眼睜睜看著關羽一步步走向敗亡，實在是詭異得令人摸不著頭腦。近代著名學者章太炎就曾說荊州之戰是劉備和諸葛亮在借刀殺人，故意不派援兵，以達到弄死關羽的目的。

啊，這……難道我們都讀了一個假《三國》不成？別激動，這個說法因為太過離奇，後來連章太炎自己都圓不下去了。所謂的「借刀殺人說」既小瞧了劉關張之間的兄弟情，也低估了荊州的戰略重要性。

赤壁之戰後，孫曹劉三家瓜分了荊州，曹操占據北部，劉備在西南，孫權在東南，有點像三國鼎立的微縮版。西元二一一年，劉備受劉璋邀請進入益州，讓關羽「董督荊州事」，負責鎮守荊州五郡。[1]後來張飛、諸葛亮、趙雲等主力部隊陸續入蜀，關羽就成了荊州地區的唯一大老。

在劉備看來，只有關羽這樣政治上可靠、軍事上過硬的好兄弟，才是鎮守荊州老家的最佳人選。

更何況關羽手中掌握著一支強大的水軍，在荊州這個水網密布的地方正好有用武之地。

但他忽略了，關羽坐鎮荊州的最大隱患不是能力問題，而是性格缺陷。要知道連馬超和黃忠這樣的當世名將，關羽都看不上，更別說其他人了。史書記載關羽的職場作風也用了「性頗自負，好陵人」這樣的負面評語。翻譯過來就是，關羽是那種日常相處時看不起同事，動輒對他人頤指氣使、呼來喝去，毫無領導藝術的孤兒型上司。

荊州治中潘睿和關羽關係緊張，南郡太守糜芳和屯駐公安的將軍傅士仁也都忍不了關羽的粗暴作風。作為荊州的主要領導人，能同時把手下最重要的文武官員全都處成仇人，關羽這份得罪人的功力也稱得上是超凡脫俗、震古爍今了。

西元二一九年七月，關羽率領主力部隊發動了襄樊戰役，意圖奪取荊州北部。這場戰役的發起究竟是劉備的命令，還是關羽的獨立行動，史書上並沒有詳細記載。但從關羽的性格來看，是他自行決定開戰的可能性更大。

關羽擁有「假節鉞」的頭銜，可以不必請示就自行開戰。而且此前黃忠在定軍山斬殺夏侯淵立下了大功，被封為後將軍，和關羽、張飛、馬超並列為四大將軍。這讓關羽十分看不上眼，你這「老兵」[2]算什麼東西，憑什麼跟我同一個級別？那二爺我就打一個更大的勝仗出來，讓你們都知道誰

1 南郡、長沙郡、零陵郡、武陵郡、桂陽郡。

2 東漢末年至魏晉，稱他人為「老兵」是貶稱，因為「士卒」身分卑微低賤。

才是天下第一！

唉，這個該死的勝負欲啊。當然關羽也不是腦子一熱就衝動為之。入夏以來，襄樊地區連降暴雨，漢水氾濫成災，淹沒了大片土地。而這場突如其來的大水，恰好可以發揮荊州軍善於水戰的優勢。所以關羽才能以少勝多消滅了于禁、龐德的增援部隊，並把曹仁堵在樊城裡暴揍。關羽還派人策動曹仁防區內的叛亂，嚴重威脅著曹操統治中心許昌的安全。

戰爭的走勢對關羽越來越有利，如果他能攻克襄陽和樊城，就能打通荊州和漢中的聯繫，實現諸葛亮在《隆中對》中提出的戰略構想，在三國鼎立的格局中立於不敗之地。但是很可惜，這一切並沒有實現。因為關羽空有「天時地利」卻沒有「人和」。

關羽的水軍實力強大，但打攻城戰不是他的強項，真正能投入一線作戰的兵力也不足，於是關羽趕緊命令駐紮在上庸的劉封、孟達發兵支援自己。

我們也知道二爺那個脾氣，讓你來給爺打配合是看得起你，史書是這麼記載的：「連呼封、達，令發兵自助。」就是一副高高在上的命令語氣——那個誰誰，趕緊來，記住！這是通知，不是商量！

劉封和孟達本來忙著內鬥，沒時間更沒意願搭理關羽的「命令」。失去了友軍的支援，關羽只能獨自支撐。於是他一邊抽調後方的守備兵力，一邊又給負責後勤的麋芳、傅士仁送去了一封殺氣騰騰的警告信：前方戰事不利，都是因為你們後勤保障沒搞好，看我回去後怎麼收拾你們！

關羽的「假節鉞」除了可以開戰，還可以直接殺人。所以他說要收拾誰，那還真不是說說而已。生命受到威脅的麋芳和傅士仁一不做二不休，暗中勾結東吳，在呂蒙偷襲荊州時直接開城投降了。

自此，荊州丟了，關羽陷入了被兩面夾擊的絕境。他只能帶著殘餘部隊向西撤退，但這個時候想走也已經晚了。

襄樊戰役的驚天大逆轉直接影響了整個三國歷史的走向。關羽先贏後輸，不但沒有實現預想的戰役目標，還賠上了自己父子的性命，丟掉了荊州這塊戰略要地，徹底斷送了劉備團隊統一天下、興復漢室的可能。

「大意失荊州」這口鍋，不能讓關羽一個人來背。他的確負有不可推卸的責任，但這只是戰役執行層面的操作失誤，並不能掩蓋蜀漢高層整體戰略規畫上的嚴重失誤。坐鎮後方的諸葛亮和劉備，才是荊州丟失的最大責任人。

對於遠在益州的劉備團隊來說，關羽在襄樊的拋物線式崩盤確實有點突然。八月份剛聽說二爺「水淹七軍」「威震華夏」呢，怎麼十二月就荊州失守、二爺喪命了？說到底，荊州出事其實從諸葛亮加入劉備團隊的那一天開始，就埋下伏筆了。

諸葛亮為劉備量身打造的《隆中對》中提出了兩個堪稱神來之筆的戰略構想：一是「聯吳抗曹」；二是「跨有荊益」。「聯吳抗曹」是指導思想，「跨有荊益」是行動方案。這是時年二十七歲的諸葛亮對未來天下格局的規畫和預言，更是劉備最終成就帝業、實現三國鼎立的行動綱領。

這真是聽君一席話，思維大爆炸。《隆中對》讓陷入自我懷疑的劉備豁然開朗，瞬間就覺得腰不瘦了，腿不疼了，奮鬥也有力量了。但《隆中對》最大的問題就在於「聯吳抗曹」和「跨有荊益」在本質上是相互矛盾的。

東漢時的荊州相當於今天湖南、湖北加河南南部，正處在天下之中的樞紐位置，既是南北交通要道，也是溝通長江上下游的關鍵節點，是魏蜀吳三方的必爭之地。曹操團隊的郭嘉、孫權團隊的魯肅都提出過搶占荊州、進取天下的戰略。

失去荊州，對曹操來說是贏得不爽，對劉備來說是慢性自殺，對孫權來說則是當場暴斃。因為歷史上割據江東的政權一旦守不住荊州，那也就離完蛋不遠了。後來的西晉滅東吳、隋滅南陳、元滅南宋就是最好的證明。所以拿下荊州是東吳不可動搖的國策，更是孫權不容侵犯的核心利益。

但《隆中對》卻要求劉備在占有荊州的同時，還能和孫權結成同盟，相當於一邊在孫權的心理底線上瘋狂試探，一邊要求孫權選擇原諒向前看。只要是腦回路正常的人都得替孫權問一句：憑什麼呀？

其實也不憑什麼，一切都是現實利益的考量結果。《隆中對》的實現必須滿足一個條件，即曹操的威脅要大於孫劉之間的矛盾。但三家之間的力量對比和利益衝突是動態變化的，只要來自曹操的壓力一減輕，劉備和孫權就必然因為荊州而翻臉。

荊州，是從一開始就埋在孫劉聯盟之間的巨雷，被引爆只是時間問題。

赤壁之戰後，劉備從孫權手裡借來了江陵城所在的南郡，並以此為跳板拿下了益州。孫權派人向劉備索要借出去的南郡，結果劉備直接祭出了賴皮嘴臉，竟表示要等到拿下涼州後再說，氣得孫權直接出兵攻下了屬劉備的長沙、桂陽、零陵三郡。劉備也帶著人馬準備和孫權開戰。

就在孫劉聯盟即將破裂之時，曹操進軍漢中了。強者帶來的威脅迅速壓倒了兩個弱者之間的矛盾，於是劉備和孫權展開談判，以湘水為界把荊州南部一分為二，東邊的地盤歸孫權，西邊的地盤歸劉備。所以不要聽歇後語說什麼「劉備借荊州——有借無還」，人家劉備雖然沒還南郡，但還了長沙、桂陽等地，並不是真的一點沒還。

孫劉聯盟雖然因為曹操的威脅而暫時維持住了，但雙方都心知肚明，他們早晚有一天還得因為荊州打起來，這是利益計算之下不容違背的底層邏輯。這就需要劉備團隊盡最大努力讓孫劉兩家處於一種「鬥而不破」的脆弱平衡中，盡可能推遲兩家在荊州翻臉的時間。

但是很可惜，最終負責和東吳方面對接的卻是關羽。在對待盟友東吳的問題上，諸葛亮是主張合作的溫和派，而關羽卻是個「不服來戰」的強硬派。在二爺看來，我負責「鬥」，你東吳負責「不破」，咱倆加起來就是「鬥而不破」嘍。也是，關羽連同事關係都處不好，你還能指望他搞好同盟關係？

作為「聯吳抗曹」戰略的倡導者，也清楚「跨有荊益」行為的危險性，諸葛亮就算不能留在荊州維持孫劉聯盟，也應該提醒蜀漢高層重視來自東吳的壓力，提出針對性的預警、預判和預案。但翻遍史書，卻找不到諸葛亮在荊州問題上的任何作為。難道「算無遺策」的小亮哥失算了？

恐怕諸葛亮不是不想有所作為，是心有餘而力不足。說出來你可能不信，從赤壁之戰到永安託孤的這十幾年裡，劉備並沒有特別重用諸葛亮，至少不像《三國演義》裡寫的那樣言聽計從，離了軍師就啥也幹不了的樣子。

雖然史料中說劉備以「諸葛亮為股肱，法正為謀主」，但事實上法正既是和平時期行政系統的一把手，又是戰爭時期野戰部隊的參謀長，是真正橫跨軍政兩界的大老。而諸葛亮在劉備團隊中的功能定位更類似於「漢初三傑」中的蕭何，是在二線打輔助的後勤總管，在官員武將任免、對外政策調整、前線軍力部署等方面幾乎毫無存在感。所以對於荊州的丟失，劉備才是最應該負責的那個人。

從現實地理環境上來說，處於長江中游的荊州和下游的揚州才處於同一個地理區塊，益州和荊州反而是相對隔絕的兩個地區，只靠狹窄的長江三峽水道保持最低效度的溝通，像一個兩頭粗中間細的沙漏。

這就意味著劉備團隊必須在益州和荊州之間隨時調整戰略重心，哪邊有事就把力量往哪邊傾斜。在漢中戰役結束後，劉備應該第一時間補充荊州方面的力量。即便是在關羽出兵襄樊後，劉備也可以選擇在漢中方向配合進攻，牽制曹操西線的兵力，或者選擇充實荊州的守備力量，防範孫權可能的偷襲。

總之，按道理來說他是應該做點什麼的。但他卻什麼有用的事都沒做。在漢中戰役結束後近兩年的時間裡，劉備在軍事上可以說是毫無作為、全程划水，不可靠到令人髮指。後世很多人讀史至此，都恨不得衝到劉備面前，發自靈魂地問上一句：皇叔啊，您這是在幹啥啊？

如果說諸葛亮是心有餘而力不足，那劉備就是徹徹底底的心不在焉。因為他此時心心念念的只有一件事，那就是稱王稱帝。劉備的前半生顛沛流離，瘋狂跳槽，始終沒有在漢末亂世中獲得屬於自己的一畝三分地，他實在是太渴望成功了。

剛拿下荊州南部的時候，劉備就成立了一個「宜都郡」，表達了「適宜建都」的內心獨白。攻占益州後，劉備先是縱容士兵哄搶國庫中的現金，然後又鼓勵群臣瓜分成都精華地段的不動產。最後是趙雲站出來用霍去病「匈奴未滅，無用家為」的例子才勸住了上頭的眾人。

拿下了漢中後，劉備迫不及待地自稱「漢中王」，然後回到成都準備享福。在這一刻，帝王夢、功名心、虛榮感、享樂欲已經占據了他的全部身心。

我劉玄德打了一輩子仗，就不能享受享受嗎？接著奏樂！接著舞！

荊州局勢緊張算什麼，現在劉備最關心的就是把稱王稱帝所需的硬件設施全都修起來。所以負責後勤的諸葛亮在短時間內為劉備修建宮殿樓閣、亭臺館舍等四百餘所，至於橋梁、道路等輔助設施更是數不勝數。

關羽在圍攻襄樊時，有兩個襄陽人自稱找到了丟失的玉璽，關羽還第一時間給大哥送過去了。這個「玉璽」也不知道真假，但劉備著急稱帝的心，很明顯一點都不假就是了。

如果我們用上帝視角觀察建安二十四年的華夏大地，就會看到一齣很黑色幽默的大戲：

當襄樊戰役剛剛發動時，曹魏忙著調派援軍救援樊城，劉備在忙著稱孤道寡，大賞群臣。

當襄樊戰役陷入僵持時，東吳開始祕密聯絡曹魏，緊鑼密鼓地部署偷襲荊州的兵力，劉備在忙著建造宮殿搞基礎建設。

當襄樊戰役突然逆轉時，東吳忙著派兵西進搶地盤，曹魏忙著招降孟達、奪取上庸，劉備在忙著籌備稱帝。

西元二二〇年十月，曹丕接受漢獻帝的禪讓，正式稱帝。第二年四月，劉備謊稱漢獻帝已被曹丕害死，於是在成都稱帝，改元章武，終於圓了自己的皇帝夢，史稱蜀漢昭烈皇帝。

然後，劉備終於想起來：哦，荊州丟了啊，二弟沒了啊，那我得替我兄弟報仇啊！於是他舉全國之兵，不顧諸葛亮、趙雲等文武群臣的一致反對，執意對孫權開戰，最終在夷陵之戰中被陸遜一個火燒連營打崩了，然後就是永安託孤，劉備謝幕。

就此可以看出，在劉備及其核心團隊看來，稱王稱帝瓜分勝利果實是第一要務，什麼開拓進取、布局未來統統靠邊站，咱還是先把眼前這點好處分完了再說吧。

魏、蜀、吳這三支創業團隊在人員構成、組織架構、業務風格上有很大的差異，借用《三國演義》裡常說的三個關鍵詞——天時、地利、人和：

曹操有天時，他的團隊以沛國譙縣宗族為連結，以潁川士族為骨幹，以「奉天子以令不臣」為號召，是組織架構完善且正規的國家隊。

孫權有地利，他們家「據有江東，已歷三世」，早就洗白了外來戶的身分，和江東世家豪族結為一體，是進可攻退可守的地頭蛇。

而劉備既沒有曹操那樣的官方頭銜加持，又缺乏孫權那樣的基層組織支撐，所謂的「皇叔」身分不過是說著好聽。這就決定了他凝聚團隊的方式只能靠「人和」，要麼是私情恩義，要麼是現實利益。簡單來說就是好兄弟，講義氣，跟著大哥混飯吃的有組織社團。

無論曹魏國家隊還是東吳地頭蛇，都能讓團隊的整體利益覆蓋成員的個人利益，以達到求同存異的效果。所以曹操手下的張遼和李典互相討厭，但這並不妨礙他倆精誠團結，在合肥城下「八百破十萬」，教孫權做人，止江東小兒夜啼；東吳這邊的凌統和甘寧有殺父之仇，可這也不耽誤他們在逍遙津並肩作戰，保護孫權逃出生天。

（孫權：咱能換個人舉例子嗎？……）

這種以大局為重，不因私怨而壞公義的事在蜀漢這邊就很稀罕了。前面提到的劉封和孟達的爭鬥，糜芳、傅士仁對關羽的背叛，包括後來李嚴給諸葛亮拖後腿，楊儀給魏延扣謀反的罪名等，全都說明了劉備團隊內部山頭林立，派系眾多，內耗嚴重。

安於現狀，不思進取，疏忽大意，主次不分，各懷鬼胎，是蜀漢丟失荊州的根本原因。這不是關羽一個人的「大意」造成的，而是整個劉備創業團隊的先天性不足所導致的。

甄宓之死：曹丕為何要殺正妻

西元二二一年，鄴城魏王宮中，魏文帝曹丕的正妻甄氏跪拜於地，平靜地聆聽著皇帝賜死自己的詔書。沒有害怕，沒有驚恐，她選擇坦然接受自己的死亡。無論是鴆酒一杯，還是白綾三尺，總歸是皇帝開恩，留自己一個全屍。

但甄氏不會想到，自己的皇帝丈夫遠比她想得還要狠毒。按照皇帝的旨意，甄氏死後不但不能舉行高規格的葬禮，甚至還要「被髮覆面，以糠塞口」，就是用頭髮蓋住臉，再用米糠把嘴給堵上。古人相信死後有靈，也遵循死者為大的觀念，曹丕賜死正妻不說，還對其屍體百般侮辱，究竟是什麼仇什麼怨啊?!

甄宓被賜死的原因說法眾多，一般認為可能是以下三個：

一、甄宓的兒子不是曹丕親生；

二、甄宓和曹植有曖昧關係；

三、甄宓這個「舊愛」得罪了「新歡」郭女王。

這三點到底可不可靠呢？我們先來看看子嗣問題。

甄氏，真實姓名不詳，史稱甄妃或甄夫人，但後世訛傳為甄宓，咱們姑且就這麼稱呼她。甄宓原本是袁紹次子袁熙的妻子。西元二〇四年八月，曹軍攻陷了袁家在河北的大本營鄴城。曹操的二兒子曹丕帶兵衝進袁家後宅時，對甄宓一見鍾情，然後就自己笑納了。這一年，曹丕虛歲十八，甄宓二十二。

不知道三國時代有沒有「女大三，抱金磚。女大四，福壽至」的順口溜，反正曹丕本人不介意甄宓嫁過人，一心想搞姊弟戀。當時的曹丕已經有了正妻任氏。只不過曹丕不喜歡這個正妻，所以甄宓一過門，他就把任氏給休了。

甄宓自幼博覽群書，見識廣博，婚後和曹丕有很多共同語言，倒也是恩愛，不久後她就給曹丕生下了長子曹叡，也就是後來的魏明帝。然後，就出事了。因為這個兒子的身世，有那麼一丟丟蹊蹺，也有那麼一絲絲懸疑。

《三國志》中有這麼一段記載：「（景初）三年春正月丁亥……即日，帝崩於嘉福殿，時年三十六。」這說的是魏明帝曹叡去世於西元二三九年一月二十二日，享年三十六歲。嗯，不到四十就去世了，的確是走得早了點。但這句話有什麼問題呢？

問題大了。因為如果按照曹叡三十六歲去世往回推，他就應該出生在西元二〇四年。但曹操是在這一年的八月才攻陷了鄴城，曹丕八月才遇見甄宓，四個月的時間也生不出孩子啊。那這孩子到底是怎麼來的呢？

後世主要有以下三種觀點：

一、陳壽算錯了數。古人計算時間比較燒腦，需要把這個年號多少年、那個年號多少年複雜相加，難免會有重複計算。比如歷史上的建安二十五年、延康元年、黃初元年，其實都是西元二二〇年，只不過是連換了三個年號。

二、後人抄錯了書。有人認為曹叡的實際歲數應該是三十三歲，而「三」字上面的橫寫得短一點，第三道橫寫得斷開一點，看起來還真有點像「六」，興許是後人抄寫的時候筆誤了。

三、曹丕喜當了爹。有人認為這是陳壽有些話不敢明說，只能暗地裡用「曲筆」來告訴大家事實的真相——甄宓在嫁給曹丕前，就已經懷孕了。曹叡實際上姓袁！

你還別說，從曹叡長大後的表現來看，還真有點像。

曹操一代奸雄，雄才大略，文采卓然，但顏值氣質這一塊卻沒有拿捏住，史稱其「姿貌短小」「自以形陋」，就是長相非常對不起觀眾，到了自己照鏡子看自己都鬧心的程度。

史書中對曹丕的外貌雖沒有具體記載，但按照古代對皇帝的各種吹捧神話的習慣來說，但凡長得還行都得大誇特誇一頓，之所以一個字都沒寫，估計是因為曹丕的長相也實在是拿不出手、誇不出口，所以乾脆跳過這一部分。

但是曹叡完全不同。史書記載其「天姿秀出」，就是長相秀氣、外形柔美，很明顯，他的顏值是在線的。

我們再看老袁家的長相。《三國志》中記載，袁紹「有姿貌威容」，袁紹的兒子也以「貌美」著稱，倒是和曹叡看著像一家人。

除了長相之外，曹叡對老曹家的祖上似乎也有點意見。簡單來說就是之前的曹操、曹丕都把周武王的弟弟曹叔振鐸當祖宗，包括曹植也是這個觀點。到曹叡這卻把祖先改成了舜帝有虞氏。但問題是舜帝根本就沒有曹姓後人，反而是袁姓的祖先。

得，破案了。曹叡就是袁熙的兒子吧？許多歷史大咖也都是這麼認為的。[1]奸雄曹操泉下有知一定會流下鱷魚的眼淚：完了，這輩子白折騰了，還不如官渡之戰讓袁紹直接滅了省心！

有人說，這就是曹丕痛恨甄宓的理由，所以才會對甄宓痛下殺手。而且曹丕始終看不上曹叡這個長子，一直不肯立他為太子，直到臨死前實在拖不下去了，才勉為其難地把皇位傳給了他。這些都說明了曹叡的血統有問題啊。

事實真的是這樣嗎？當陳壽寫下「三十六」這個數字時，究竟是算錯、筆誤還是暗示，只有他自己才知道。但歷史研究強調「孤證不立」，就和刑偵劇裡破案一樣，必須有多重證據構成完整合理的邏輯鏈。我們再仔細翻看其他證據細節，就會發現曹叡是袁熙之子的說法很難成立。

首先在《三國志》中關於曹叡年紀的記載還有一處，說他延康元年（二二〇）被封為武德侯時是十五歲，不管這個十五歲是虛歲還是周歲，反推可知曹叡出生的年份最早也是西元二〇五年，這就前後矛盾了。

其次就是曹操圍攻鄴城是從西元二〇四年的二月一直打到了八月，這期間甄宓老公袁熙在幽州，兩人也沒可能見面。如果甄宓在攻城戰開始前就懷孕了，城破時她應該懷孕六個月了，曹丕不

1 盧弼《三國志集解》、冒鶴亭《疚齋日記》、金性堯《三國談心錄》等。

會看不出來，曹操也不會允許自己家的兒媳婦懷著別人家的孩子進門。

所以曹叡的血統很大機率是沒有問題的，這並不是曹丕賜死甄宓的理由。

我們再看第二種推測：關於甄宓和曹植的緋聞到底是真是假？

曹植和甄宓，一直是老百姓茶餘飯後的談資，話題內容經常不外乎如下：我告訴你啊，曹植最開始寫的明明叫〈感甄賦〉，那就是向甄宓告白啊。後來是魏明帝曹叡忍不了，所以才把〈感甄賦〉改名叫〈洛神賦〉的。這不是不打自招，此地無銀三百兩嗎……

你看，〈洛神賦〉、曹植、甄宓，這三個關鍵詞湊在一起，一個男才女貌、求而不得的淒美愛情故事就呼之欲出了。

還有傳說曹植曾想娶甄宓，但是曹操沒同意，反而把甄宓嫁給了曹丕。曹植看著已經變成嫂子的甄宓是各種意難平，多少年都過不去這個坎。甄宓被曹丕賜死後，曹植進京朝見，曹丕就把甄宓貼身用過的枕頭送給了曹植。

本來就心有所屬的曹植睹物思人，在返回自己封國的途中經過洛水，遇到了甄宓的靈魂，有感而發寫下了〈感甄賦〉。[2]唐代李商隱著名的〈無題〉詩中就曾寫過「賈氏窺簾韓掾少，宓妃留枕魏王才」，說的就是這段緋聞。

抱歉，必須要給諸位的八卦之魂降降溫了。

古代男子以女性視角創作，借此抒發內心情感，表達政治觀點是常有的事。比如，唐代詩人朱慶餘非常有名的那兩句「妝罷低聲問夫婿，畫眉深淺入時無」，表面上看寫的是新婚小兩口在秀恩愛，其實這首詩的名字叫〈近試上張籍水部〉，是朱慶餘在考試前寫給主考官張籍的行卷詩。朱慶餘把自己比喻成新婚小媳婦，把主考官張籍比喻成丈夫，表面上問的是眉毛畫得好不好看，其實是在詢問自己這次考試能排多少名。

弱者或者下級，自喻為女子以表示恭敬，在文學創作中是很常見的事情。現存涉及女性角色的漢賦作品約六十五篇，其中六十篇的作者為男性，可見這個事有多普遍。

曹植的這篇〈感甄賦〉未必是寫給甄宓的，卻可能是因為甄宓才寫的。因為曹植和甄宓在命運上是有相似性的。他們都文采飛揚，心思細膩而感性；他們都曾擁有萬千寵愛，卻捲入了至尊之位的爭奪，被人誤解陷害，生命堪憂；他們也都或多或少不贊同曹丕的代漢建魏。

這諸多的共鳴疊加在一起，很難不讓人產生同病相憐的感覺。所以當甄宓被曹丕殘忍賜死之後，感同身受的曹植彷彿看到了自己的未來，他用文字為甄宓抱不平，實際上是在為自己的無辜和委屈而辯解，借此嘆一嘆命運的不公，寫一寫自身的苦悶，不是很正常的事情嗎？不一定非得扯到男歡女愛上面。

整件事最有意思的是，就連「甄宓」這個後世家喻戶曉的名字，也是後人強行腦補說〈洛神賦〉裡提到的「宓妃」就是甄氏，所以才給本來不知道真實姓名的甄氏安了個「甄宓」的名字，一直以訛傳訛到現在。

2〈感甄賦〉故事出自南宋尤袤刻本《文選》卷十九〈洛神賦〉題下李善注，有爭議。

更有觀點認為〈感甄賦〉其實應寫作〈感鄄賦〉。鄄城是當時曹植的封地，而「鄄」「甄」兩個字在當時是同音字，可以通用。這是曹植針對自己的封地寫的，被後人訛傳成給甄宓寫的了。歸根到底就是一句話，所謂的「緋聞」，不過是後人的腦補。

最後回到了第三點原因，甄宓之死是不是因為和郭女王之間宮鬥失敗呢？是，也不是。官方史書中對甄宓之死記載得非常簡單，大意就是曹丕稱帝後，後宮裡塞滿了美女，甄宓失寵後口出怨言，曹丕一生氣就把她給賜死了。

就這麼簡單，恰恰說明了事情不簡單。以曹丕的品性來說，幹出這種事倒不奇怪，因為他本來就是個報復心賊強的人。

曹丕沒上位之前，有一次手頭不寬裕，就找到叔叔曹洪想借點錢周轉一下。但曹洪是個吝嗇鬼，說啥也不借，這下子就讓曹丕給記恨上了。曹丕當上皇帝後，找了個罪名小題大做就要把曹洪抄家法辦，最後還是他的親媽卞太后出馬，曹丕才勉強網開一面，只是剝奪了曹洪的官職和爵位「而已」。

曹洪不僅是曹丕的親戚，還對魏國有功，更救過曹操的命，屬最應該被優待的元老宗親。不過就是一次拒絕借錢的小事而已，就能讓曹丕記恨那麼久，更別說其他人了。什麼「七步詩」迫害曹植，下毒害死另一個弟弟曹彰，雖然這些事件的真實性存在爭議，但曹彰在奪嫡大戰中傾向於曹植是真的，曹丕上臺後曹彰死得不明不白、曹植被折騰得半死不活也是真的。

總之，得罪了曹丕的人通常都沒有好下場。但是說甄宓口出怨言，就有點「欲加之罪，何患無辭」的意思了。

史書中記載的甄宓為人溫婉，從不嫉妒，還經常勸丈夫多納賢淑美好的女子，多生兒育女，開枝散葉。曹丕趕走原配正妻任氏時，甄宓哭著勸阻，完全沒有爭奪正妻之位的想法。曹丕出征在外時，甄宓就在家養兒育女，侍奉婆婆卞夫人，婆媳關係特別好。

無論怎麼看，甄宓都稱得上是一個合格的妻子、出色的母親、優秀的兒媳婦。這樣的人怎麼會突然變身怨婦，說話難聽到丈夫要弄死自己的地步呢？最合理的解釋就是，變的不是甄宓，而是曹丕的心。

曹丕當年娶甄宓，就是見色起意，而當甄宓年老色衰後，曹丕又找到了新的心頭好，就是前南郡太守郭永次女郭女王，後來的文德郭皇后。

郭氏叫什麼名，史書沒有記載。因為這姑娘從小就機靈，有領導力，父親郭永覺得「此乃我女中王也」，所以就給她取了這麼一個霸氣側漏的字。郭女王原本是東宮的侍女，比曹丕大兩歲，然後被熱衷於姊弟戀的曹丕給收入後宮了。

對於年輕時的曹丕來說，甄宓很好，長得漂亮，孝順婆婆，能在爹媽面前給自己增添不少好印象，是個良配。但那都是過去的事情了。

人到中年的曹丕最緊迫的就是拿下繼承人寶座，為此他可沒少耍心眼，搞事情。而甄宓走的是溫婉可人的好媳婦路線，在你死我活的奪嫡大戰中，這樣的甄宓的確能給曹丕加分，但沒法做到給曹植減分，功能太單一，幫助太有限。但郭女王就不一樣了，史稱她「有智數」，是個眼珠一轉就有主意的聰明人，這樣的人才能想得出陰謀詭計，幫曹丕爭奪權位。

所以後來甄宓失寵，郭女王成了曹丕最喜歡、最離不開的女人，經常是曹丕和郭女王整天出雙入對，而甄宓則只能窩在鄴城獨守空房。

曹丕寵愛郭女王，想弄掉甄宓。但問題在於甄宓沒犯過什麼錯誤，還生下長子曹叡，無論從禮法還是情理上來說都找不到整她的理由。曹丕只能先把甄宓丟在一邊不管，他繼承魏王的時候沒有立王后，而是讓郭女王掌管後宮事務。但是稱帝後就不能再拖了，皇后怎麼說都應該是正妻甄宓來當。

於是曹丕下詔封甄宓為后，但沒想到甄宓卻連連推辭，並明確表示皇后的人選必須嚴格篩選，必須得是賢淑有德之人來當，自己是不配的。表面上看這是甄宓的謙虛，其實這是她在表明態度。在代漢建魏的關鍵時刻，所有人都在幫著曹丕搖旗吶喊、添磚加瓦，而作為皇帝制度的標配——皇后，卻因為甄宓的拒絕始終無法確定。哪怕甄宓再清心寡欲，也不應該在這個時候潑曹丕的冷水，讓所有人都下不了臺。

她只是在用自己的方式告訴丈夫：這個「皇后」之位我不稀罕，但是那個郭女王嘛，她也不配！這說明甄宓既在政治上不認同丈夫代漢建魏的行為，不以成為新朝皇后為榮，同時她在私下裡也不認為郭女王是當皇后的料。

這才是甄宓真正惹毛曹丕的原因，再加上郭女王在旁邊煽風點火，她的死也就變成了順理成章的事情。甄宓一死，曹丕就不顧群臣的反對立郭女王為皇后，因而甄宓之死看起來就是為了給郭女王騰地方，史書也認可甄宓是死於郭女王的宮鬥手段的結論。

而且甄宓的失寵還連累了兒子曹叡。在甄宓被賜死後不久，曹叡也從齊公被貶為平原侯，並被過繼給郭女王撫養。曹丕並不喜歡曹叡，一直遲遲未立太子，就是想在其他兒子裡找繼承人。只不過人算不如天算，曹丕活下來的兒子本來就不多，他最寵愛的郭女王又一直沒有生育，所以曹丕直到生命進入倒數計時，才心不甘情不願地立了曹叡當太子。而曹叡也一直對母親的死耿耿於懷，經常逼問養母郭女王，自己母親是怎麼死的。

有一次，郭女王被逼急了，脫口而出道：殺你母親是你父親的主意，和我有什麼關係？難道你還能找你父親報仇？還能為了生母逼死我這個養母嗎？

你別說，還真能。西元二三五年，時年五十一歲的郭女王病逝，有史料記載她就是被曹叡逼死的，甚至郭女王死的時候也是「被髮覆面，以糠塞口」，熟悉的配方，相同的味道，和冤死的甄宓如出一轍。

郭女王在甄宓之死這件事上的確扮演了不光彩的角色，但她對曹叡說的那句話並沒有錯——真正殺死甄宓的是曹丕。在父權社會裡，後宮的爭鬥波譎雲詭，就算你清白無辜，也敵不過枕邊人的忘恩負義。

所以什麼血統懸案啊，不倫緋聞啊，都不過是後世訛傳的藝術加工。甄宓，不，歷史上的甄夫人，就是古代皇權之下的無數犧牲品之一，哪有那麼多有的沒的？總不能因為她死後被「以糠塞口」，看準人家不能出來闢謠，就玩命地消費死者，使勁地編派吧。

人不能，至少不應該這麼欺負人。

「背叛」的名將：魏延真的有「反骨」嗎

西元二三四年，蜀漢建興十二年秋，成都城內的皇宮裡，皇帝劉禪接到了一個壞消息和一個更壞的消息。

壞消息是——從今天開始，劉禪這個皇帝將正式就任，親自處理國家大事了。因為蜀漢政權的頂梁柱——丞相諸葛亮在第五次率軍北伐時病逝於五丈原。

對於一般的皇帝來說，朝廷大權都被臣子拿走是一件很痛苦的事情。但對於劉禪和諸葛亮這對亦君亦臣、亦師亦友、亦父亦子的特殊組合來說是不存在的。劉禪安於「政由葛氏，祭則寡人」，諸葛亮也「鞠躬盡瘁，死而後已」，正因為這對君臣的默契配合，這才讓三國中地盤最小、實力最弱的蜀漢成功地生存下來，甚至能和強大的曹魏打得有來有回。

但是這一切都是過去式了。從今往後再也沒有「相父」[1]為自己遮風擋雨、為蜀漢殫精竭慮了，所有的難題和困難都得劉禪自己面對。

比如，眼前這個比諸葛亮去世更糟糕的消息。

諸葛亮屍骨未寒，北伐軍孤懸前線，隨時都有全軍覆沒的風險。此時北伐軍高層內部卻發生了嚴重的內訌。大軍的臨時統帥楊儀和總參謀長魏延打起來了。

楊儀表示：魏延違反命令，燒毀棧道，讓主力部隊陷入危險，是謀反！

魏延聲稱：楊儀假傳命令，陰謀奪權，讓北伐大業毀於一旦，是謀反！

楊儀：你謀反！

魏延：你才謀反！你全家都謀反！

劉禪：啊，這……到底誰在謀反啊？

正當劉禪一頭霧水時，留守成都的侍中董允和丞相府留府長史蔣琬站了出來，他們全都支持楊儀，認為謀反的是魏延。

董允是皇帝的貼身助理，蔣琬是諸葛亮的親密夥伴，這兩位的表態劉禪當然得重視。所以劉禪罕見地調動守衛成都的禁衛軍，讓蔣琬帶領部隊北上平亂。

當然，這個被平的「亂」，指的就是魏延了。其實不用劉禪出手，魏延就完蛋了。魏延率軍在南谷口進攻楊儀的北伐主力，結果仗還沒打，討寇將軍王平衝魏延的隊伍喊了一嗓子：丞相剛死，屍骨未寒，你們就要鬧事，對得起丞相嗎？

諸葛亮雖然死了，但他在蜀漢軍中的威望實在是太高。魏延的士兵一聽這話全都放下了武器，秒變光桿司令的魏延只能選擇逃往漢中，結果在半路上被楊儀派來的馬岱追上，寡不敵眾的魏延被

1 特指國君對丞相的尊稱。《三國志．蜀書．諸葛亮傳》載，劉備詔敕後主曰：「汝與丞相從事，事之如父。」《三國演義》中劉禪稱諸葛亮為「相父」。

當場斬落馬下，身首異處。

事後楊儀不但把魏延的腦袋當球踩，還誅殺了魏延的三族，徹底坐實了魏延「謀反」的罪名。

如果今天我們到成都的武侯祠參觀，會發現其中供奉的蜀漢文武官員塑像中並沒有魏延。按照當地導遊的說法，魏延是叛徒，所以推崇忠義文化的武侯祠裡沒有他的塑像。《三國演義》裡更是把魏延描寫成「腦後長有反骨」的逆賊，當眾高喊「誰敢殺我」這種中二口號的腦殘。

但在真實歷史上，魏延是和關羽一樣獨當一面的軍區司令，是諸葛亮北伐的重要助手，更是蜀漢後期當之無愧的軍界大老。向來忠誠可靠、功勳卓著的魏延為什麼要謀反？而且就算他要謀反，為什麼不北上投奔曹魏，或者擁兵自重、割據漢中，反而是一邊為自己喊冤一邊往成都跑？那不是自投羅網嗎？

其實魏延的所謂「謀反」，不過是蜀漢內部的權力鬥爭，一場自己人之間的內訌罷了。

說魏延要「謀反」，恐怕劉備第一個就不同意。魏延投奔劉備的時間的確比較晚，但他是以「部曲」身分加入的。所謂「部曲」，類似於劉備最貼身的警衛部隊，這不只是職場上的上下級關係，更是一種具有人身依附性質的主僕關係，只有最親近、最信任的人才能擔任。所以魏延是劉備親信中的親信。如果魏延真有「反骨」，閱人無數、精明無比的劉皇叔怎麼可能把他放在身邊？

西元二一九年，建安二十四年，劉備稱漢中王。漢中既是進取關中的前進基地，也是守衛四川的門戶之地，更是諸葛亮《隆中對》中興復漢室的主攻方向，戰略位置十分重要。

當時所有人都以為劉備會把鎮守漢中的重任交給張飛，就連張飛自己也是這麼認為的。但劉備卻越級提拔魏延為漢中都督、漢中太守，並將魏延從牙門將軍升為鎮遠將軍，讓所有人都大吃一驚。

在魏延就任時，劉備當著文武群臣的面問魏延打算如何守衛漢中這塊戰略要地。魏延的回答就一句話：若曹操舉天下而來，請為大王拒之；偏將十萬之眾至，請為大王吞之。翻譯過來的意思就是，敵人來得多，我就擋住他；敵人來得少，我就滅了他。總之一句話：我辦事，您放心；有我在，沒問題！

在魏延獨立鎮守漢中的七年裡，他充分利用當地的地形特點，採用「禦敵於國門之外」的戰略，構建起完整的防禦體系，既挫敗了敵人對漢中的進攻，又保障了漢中盆地內正常的社會生產與生活，這套行之有效的防禦體系也被後來的歷任漢中都督所繼承。蜀漢內部也給予了他「折衝外禦，鎮保國境」這樣的高評價。

劉備去世後，諸葛亮主持蜀漢國政，任命魏延為丞相司馬兼涼州刺史，督前部軍馬，魏延一躍成了北伐軍司令部的總參謀長，同時也是開路先鋒。

此後魏延一直作為諸葛亮北伐的重要助手，參與了無數場戰鬥。尤其是在西元二三〇年，面對曹魏方面的反撲，魏延受命率領一支部隊深入羌中地區，大敗曹魏雍州刺史郭淮和後將軍費曜。後來魏延又會同友軍大破司馬懿率領的曹魏主力，斬首三千級，繳獲大量物資，取得了豐碩的戰果。

魏延因功官拜前軍師、征西大將軍，假節，領漢中太守，受封南鄭侯——前軍師僅次於諸葛亮所擔任的中軍師；南鄭侯，相當於縣侯，也是蜀漢侯爵系統中的最高級別。

翻開魏延的履歷就能發現，他一直奮戰在抗擊曹魏的第一線，對蜀漢的忠誠向來無可置疑，什麼「腦後有反骨」完全是胡編亂造。所以哪怕魏延恃才傲物，誰也不服，同事關係處得一塌糊塗，很多人還是認為他就是諸葛亮的接班人。

但很多人，並不代表所有人。比如同為諸葛亮左膀右臂的楊儀，就和魏延勢同水火。

楊儀做過關羽的功曹、劉備的尚書，後擔任諸葛亮的丞相參軍，主要負責籌備北伐的後勤工作。楊儀辦事能力強，把後勤安排得明明白白，是諸葛亮最信任的幕僚官員之一。楊儀自認為資歷老，能力強，覺得應該由自己來接諸葛亮的班，所以他可從來不慣著魏延的毛病。那真是一見面就掐，不見面也罵，你看我來氣，我瞅你著急。

每次這二位湊到一塊兒，肯定是吵個沒完沒了。激情內訌到高潮時，魏延就拿著刀劍在楊儀腦袋上比比畫畫，楊儀打不過魏延，就只能蹲在牆角哭得鼻涕眼淚一大把。每次都是費禕坐在兩位冤家中間，左邊勸右邊哄，這才不至於讓局面鬧得太難看。

楊儀和魏延的矛盾在當時幾乎是家喻戶曉，甚至都傳到東吳孫權的耳朵裡了。諸葛亮也是一直到死都沒能成功調解他倆的矛盾。對於諸葛亮而言，他既需要楊儀的後勤調度，又離不開魏延的前線指揮，只能化身端水大師，哪邊也不偏袒，哪邊也不得罪，只求這兩位活寶不耽誤北伐就行。

但一切都因為一場詭異的祕密軍事會議而改變了。

西元二三四年，蜀漢建興十二年秋，傳說中「六出祁山」的諸葛亮病逝於五丈原。[2]臨終前，諸葛亮祕密召集長史楊儀、司馬費禕、護軍姜維等人安排撤軍問題，卻單單把衝在戰鬥第一線的魏延給落下了。諸葛亮留下了一個很神奇的遺命，簡單概括就是兩句話。

第一句，傳令先鋒魏延斷後，主力撤退。

第二句，如果魏延不聽話，主力照樣撤退，在事實上造成魏延的斷後。

總而言之就是，無論如何主力都是要撤的，至於魏延嘛，你愛怎樣就怎樣。

這就很奇怪了。此時無論是楊儀、費禕還是姜維，在官階地位上都不如魏延高，事關北伐主力撤軍的重大問題，為什麼魏延這個軍界二號人物會被排除在參會名單之外？甚至連魏延抗命不遵的預案都安排好了？難道諸葛丞相神機妙算，已經預料到了魏延有「謀反」之心？

其實諸葛亮也不想這樣，可是他卻必須這麼做。因為在這一刻，諸葛亮的主觀意願和蜀漢的客觀實際產生了嚴重的錯位——從資歷、軍功、地位上來說，魏延都是最有希望繼承諸葛亮權力的人，但諸葛亮卻從來沒把魏延當作自己的接班人。他心目中的合格接班人是蔣琬、費禕、姜維那樣能領會自己戰略意圖，能體會自己良苦用心的人。

魏延，從來就不是諸葛亮戰略路線的追隨者，甚至可以說兩個人的思路完全就是南轅北轍。最能說明問題的案例就是諸葛亮第一次北伐時，魏延提出的「子午谷奇謀」。

當時從漢中北伐曹魏要穿越秦嶺，其中最東邊的一條路線叫「子午道」，是通往關中政治、經濟中心長安最便捷的一條路。魏延主張率領精兵五千快速穿越子午谷，長途奔襲，奪取長安，然後

2 史書記載諸葛亮從祁山出兵伐魏僅有兩次，而「六出祁山」的說法出現於小說《三國演義》，但實際上諸葛亮對魏發動的進攻戰是五次。由於《三國演義》在民間的影響力較大，「六出祁山」也漸漸成為諸葛亮北伐的代名詞。

諸葛亮帶領主力部隊跟進，進而占領關中西部。

但身為主帥的諸葛亮卻認為魏延的提案太過兇險。子午谷雖在長安的正南方，但山路狹窄，路況堪憂，非常容易遭遇意外。不如老老實實走西邊的祁山，平推隴右地區，這樣「十全必克而無虞」，穩紮穩打才更安全。

大總管否決了自己的提案，這要是換作一般人，肯定舉雙手贊成，再也不提了。但向來自視甚高的魏延，卻始終認為自己的策略才是正確的。之後的每次北伐，魏延都想帶領一支偏師搞一波閃擊戰，但每次都被諸葛亮給否決了，對此魏延也是諸多怨念，多次對諸葛亮的「過於謹慎」表達了自己的不滿。

嗯，敢噴諸葛丞相打仗不太行的，也就只有魏延了。

其實在這一刻，魏延的「反」就已經注定了。只不過不是謀反，而是相反、逆反和違反。魏延啊，終究是不懂丞相的心。

後世也有很多人認為，如果一開始就聽魏延的「子午谷奇謀」，大漢沒準早就復興了。其實諸葛亮不用魏延的「子午谷奇謀」，並不在於這個冒險的計畫能不能實現，而是即便「子午谷奇謀」成功了，北伐也不會成功。

這就是戰役目標和戰略目標的區別了。

諸葛亮的北伐，是以弱攻強，以外安內，以攻為守，甚至說得難聽一點，就是為了北伐而北伐，不北伐都不行。

蜀漢不但國土狹小，而且內部派系林立，矛盾叢生，想靠被動防禦是守不住的。與其抱頭挨打，不如主動出擊，總比讓敵人打進來划算。北伐是諸葛亮最後的旗幟和口號，能最大限度地強化蜀漢立國的正統性和合法性，將所有人都調動團結起來。

蜀漢真正能用來北伐的兵力大概只有八萬。這八萬人，就是諸葛亮手中唯一的，也是最後的籌碼。魏延的「子午谷奇謀」對他來說太冒險，就這五千人他也損失不起啊。而且即使魏延賭成了，長安拿下了，那又怎麼樣呢？這意味著諸葛亮將不得不帶著蜀漢最後的八萬主力，在一馬平川的關中平原上迎擊曹魏的主力兵團，勝算基本上無限趨近於零。

如果採用魏延的「子午谷奇謀」，失敗了，賠的是魏延的五千精兵；成功了，賠的是諸葛亮的主力部隊。這筆穩賠不賺的買賣，是個人都不會同意啊。

如果我們梳理諸葛亮的五次北伐路線就會發現，他幾乎總是往西邊走，以奪取隴右高原為首要目標，就是想利用隴右高原的地形優勢，最大限度地抵消曹魏的兵力優勢。

先保證自己「不敗」，然後再去考慮「獲勝」的問題。強者可以犯錯，而弱者卻沒有選擇。這才是「諸葛一生唯謹慎」的原因，也是弱者最大的悲哀。

魏延的軍事能力的確一流，但在政治上顯然有點幼稚。在諸葛亮活著的時候，自然不擔心魏延擅自行動，破壞大局，但到了諸葛亮生命的最後時刻，他心裡估計只有一個想法——必須把全部的北伐軍安全地帶回去，必須讓自己為蜀漢制定的戰略延續下去。

顯然，魏延就成了整個目標的最大阻礙。這就是關於撤軍問題的祕密軍事會議沒有叫上魏延的原因。因為諸葛亮清楚魏延不會同意，所以他只能逼魏延就範。

只能說在生命的最後時刻，號稱「不偏不倚」的諸葛亮還是將權力的天平傾斜到了楊儀一邊。為了蜀漢的未來，為了堅持已有的國策，諸葛亮只能選擇楊儀。

但楊儀和魏延這對八字不合的冤家，怎麼可能合作呢？在諸葛亮明顯拉偏架的情況下，魏延的最終結局也就注定了。諸葛亮去世後，楊儀等人祕不發喪，派遣費禕去魏延那傳達命令。費禕此前多次調解過楊儀和魏延的衝突，也算得上是兩邊都信得過的人。

果然，魏延是反對撤兵的。魏延當仁不讓地表示：丞相死了不還有我嗎？你們該怎麼治喪我不管，北伐還是要繼續的啊。再說我魏延是什麼人，他楊儀也配讓我給他斷後？來，咱倆聯名發一個公告，把指揮權轉移給我，你看我怎麼暴揍曹魏。

費禕則非常狡猾地表示自己先回去勸勸楊儀，魏延就答應了，結果費禕跑回大營就幫著楊儀張羅撤軍，把對魏延的承諾丟到了一邊。

魏延還在前線傻等呢，後來才發現主力部隊已經準備撤退了。魏延一氣之下先撤了，他帶的前鋒部隊人數少，動作快，反而跑到主力部隊前面去了。這時候魏延做了件非常不理智的事情，他來了個過河拆橋，直接把撤退用的棧道給燒了。這個做法相當於陷蜀漢主力部隊於危險境地，這也成了後來判定魏延謀反的重要證據。

當皇帝劉禪陷入楊儀和魏延的相互指控中不知所措時，是董允和蔣琬的關鍵發言坐實了魏延「謀反」的罪名。

有人說這是因為魏延平時人緣太差，所以在關鍵時刻沒人替他說好話。這就有點想當然了，要知道無論是留守成都的董允、蔣琬，還是隨軍出征的楊儀、費禕，他們都屬後勤外交型技術官僚，他們才是和諸葛亮一個陣營，能體會諸葛亮精神，堅持諸葛亮戰略的同路人。

董允、蔣琬認定魏延「謀反」並不是出於私人恩怨，而是為了國家戰略，這是路線之爭、未來之爭，所以魏延這個「謀反」的帽子是戴定了。其實當時的人都清楚，魏延只是爭權而已，所謂「謀反」不過是內訌失敗的副產品罷了。魏延至死都沒有背叛蜀漢的念頭。反而是大義凜然指責魏延「謀反」的楊儀，最後卻因為疑似謀反被拿下了。

因為諸葛亮指定的繼承人是蔣琬，而楊儀卻什麼好處都沒撈到。這讓向來以諸葛亮繼承人自詡的楊儀非常不滿。有一次，楊儀跟費禕抱怨說：當初我要是在諸葛亮剛死的時候，直接帶著大軍投降曹魏該多好啊！真後悔當時沒這麼做啊！於是，他就被費禕舉報了。楊儀被免職，流放到漢嘉郡，最終因滿腹牢騷而入獄並自殺。

等一下，怎麼又是費禕？

當初調解楊儀、魏延矛盾的是費禕，在前線哄騙魏延的是費禕，事後讓楊儀身敗名裂的也是費禕。

仔細回想楊儀和魏延的這場內訌，魏延固然沒有好下場，但楊儀作為北伐軍的臨時領導、處理魏延的主要行動人，最終卻變成了給別人作嫁衣的工具人，豈不是白忙活一場？

所以也有一種觀點認為，諸葛亮臨死前其實根本就沒有留下什麼遺命，是楊儀、費禕、姜維等人偽造命令，目的就是除掉魏延。而這一切的背後主導者就是費禕、蔣琬和董允這些後勤派技術官僚，而楊儀不過是被推出來幹髒活兒的替死鬼罷了。當然，這種觀點並沒有確鑿的證據，只是一種猜想。

但不管怎麼說，魏延並不是叛徒，這位蜀漢後期功勳卓著的一代名將，不應該被貼上一個「腦後有反骨」的標籤。

詩仙身世之謎：李白為什麼不考科舉

唐玄宗開元初年，一個十八歲的少年躡蹤到四川梓州長平山安昌岩，拜訪了一位叫趙蕤的隱士。

趙蕤是蜀中有名的雜家，寫過一部叫《長短經》的書。這是一部集縱橫家之大成的謀略書，內容涉及內政、外交、軍事等各個方面，非常具有實用性。而這個少年從小就有濟世安邦的理想，特別喜歡《長短經》這個調調的奇書，所以他慕名而來，想要拜趙蕤為師。趙蕤也喜歡年輕人的灑脫直率，兩個人雖然年紀差了二十多歲，但處得像同齡人一樣，算是亦師亦友的忘年交。

少年跟著趙蕤一起學習，一起修行，一起搞行為藝術——在山溝裡找棵樹搭了個樹屋，一住好幾年，連城都不進。他們還馴養了上千隻不怕人的飛鳥，最喜歡的就是站在人身上要吃的。

在今天的人看來，這不就是類似廣場上餵鴿子的行為嗎？但在古人眼裡，飛鳥和人如此親近是非常神奇的事，所以廣漢太守聽說後第一時間趕來參觀，並且強烈表示願意推薦二人報考制舉「有道」科，就是針對有道行、會道術的人所舉辦的考試。

年近半百的趙蕤是出了名的隱士，每天的日常就是躺平、撫琴、遛鳥、看風景，故有「趙徵君」的雅號，意思就是連朝廷招聘都敢頂撞的狠人，所以他淡定地拒絕了廣漢太守的推薦，這倒也算是常規操作了。但這個少年竟然也下巴一抬，瀟灑拒絕了這個一般人求都求不來的考試名額。

要知道，廣漢太守說的制舉考試是由皇帝本人親自主持的招聘會，稱得上是唐代版的「大老闆直聘」。一旦順利通過了制科考試，就可以直接獲得大唐的公務員身分，還是有正式編制的那種。今天的人或許對考試這個發明深惡痛絕，但對於古人來說，這已經是能通過個人奮鬥改變人生命運、實現階層跨越的最佳選擇了。這個少年為什麼要拒絕這麼好的機會？他到底是誰？

此人就是後世大名鼎鼎的詩仙李白。

在燦若繁星的大唐詩人圈裡，有王維那種隨手一考就考出個狀元的科舉大神，也有孟郊那種考了幾十年依然初心不改的逆襲達人。不管考得上考不上，至少大家都去考過。但李白卻是唯一的那個例外，文采風流、詩情萬丈的他就是一輩子都沒進過考場，這到底是為什麼呢？

很多人第一反應一定是詩仙「不屑」於參加考試。畢竟他寫過「安能摧眉折腰事權貴，使我不得開心顏」。做人哪，開心最重要。

其實還真不是。所謂「不屑」，是一種站在階層頂端瞧不起別人的心態。李白的確沒參加過科舉考試，但他也沒有瞧不起參加科舉的人。

李白最推崇的孟浩然就報名考過進士科，可李白依然瘋狂表白孟浩然——「吾愛孟夫子，風流天下聞」。李白的好友高適，覺得以自己的水準參加常科是欺負人，卻也參加了制科考試，並就此成功出道。這也沒耽誤李白和高適做朋友啊。

不僅如此，李白還會讚賞那些應考的舉子，「我非彈冠者，感別但開襟」——雖然我和你不是一起去考試的同路人，但也因為你的赴考而感到開心；或者是送上最美好的祝福，「欲折一枝桂，還來雁沼前」——等你考中了，哥兒們我負責帶你玩個夠！可以看出，李白對科舉考試和參加科考的人並沒有瞧不起的意思，所謂「不屑」完全站不住腳。

那是李白不敢考，怕考不上嗎？

這個可能性還是存在的。畢竟也有很多詩人才華橫溢，但就是死活考不上，或者經歷了無數次復讀才考上，如杜甫、賈島、韓愈、溫庭筠等等。

唐代的科舉考試分常科和制科兩大類。常科是朝廷定期舉辦的大型考試，一般以進士科和明經科的報名人數最多。尤其是進士科，那可是所有讀書人的終極夢想，一旦考中那絕對可以吹一輩子。進士科競爭相對激烈，錄取率一般在百分之二左右，明經科的錄取率則高達百分之二十，所以才有「三十老明經，五十少進士」的說法。

就算考不上常科也不用灰心，還有制科這條路。作為唐代針對特殊人才舉行的招聘考試，制科考試科目往少了說有七八十種，往多了算得有近百種，幾乎涵蓋了德智體群美所有領域，無論你是業務好還是德行高，不管是能帶兵打仗，還是會煉丹修道，只要有一技之長，都能找到適合自己的那條賽道。而且你還可以同時報考多個科目，廣泛撒網，重點培養，總有考中的那一天。

這麼看來，科舉之路雖然人山人海，但並不是毫無希望。而且以李白的驚世才華，考中的機率很大。那為什麼我們的詩仙大大，連下場試試水的意思都沒有呢？

如果我們仔細看一下李白童年的成長經歷就明白了。李白曾經寫過一份個人簡歷，是這麼說的：

「五歲誦六甲，十歲觀百家。」——六甲指用天干地支計算時間的一種算法，百家則指的是諸子百家的著作。也就是說，李白小朋友的啟蒙教材不是儒家經典，而是初級代數和先秦諸子散文，這個雖然有點非主流，倒也說不上多奇葩，但之後李白的畫風就有點奔放到狂野了。

「十五觀奇書，作賦凌相如。」「十五遊神仙，仙遊未曾歇。」「十五好劍術，遍干諸侯。」——今天十五歲的學生在忙著中考，而當年十五歲的李白也很忙，忙著看課外閒書，忙著學習劍術，忙著隱居，忙著修仙，忙著旅遊，忙著追星，忙著不務正業……一言以蔽之，除了正事什麼事都幹。

為什麼李白小朋友這麼特立獨行呢？很簡單，科舉這條路對他來說根本就走不通。

是的，李白不能參加科舉。因為他是個戶籍不明、身分成謎、家庭關係含混不清的「黑戶」，既不具備科舉的報名資格，也不符合考試的審核流程。

唐代科舉考試為廣大讀書人提供了一個階層躍升的管道，但這個賽道也不是每個人都能跑的，至少有兩種人是明確被禁止報名的，一個是「刑家之子」，一個是「工賈異類」。

簡單來說，就是罪犯以及某些受歧視職業的後代都不能報考公務員。罪犯的後代不能報考，這個很好理解，屬一人犯法，全家倒楣。就像今天誰犯法留下了案底，也會影響子女的前途一樣。

當時受歧視的職業主要指「商人」和「吏員」。古代商人在「士農工商」的四民體系中排名墊底，一方面是以讀書人為主的官僚階層覺得渾身銅臭的商人不配成為「士大夫」，另一方面也是為了避免官商勾結、以權謀私等腐敗現象的出現。所以在古代一般都限制從政者參與商業活動，也不允許商人透過科舉進入公務員隊伍。「吏員」指朝廷裡的單位臨時工，在當時也受到身分歧視，不但自己不能參加科舉，就連後世三代子孫都不能走科舉之路。

而李白同學的身世和這幾條全都沾上邊。

按照李白自己的說法，他的先祖是漢代著名的「飛將軍」李廣，屬隴西李氏。後來到了十六國時代，隴西李氏又出了一位狠人，就是西涼的開國國君，武昭王李暠。巧合的是，李暠也是唐朝皇室認定的先祖。唐朝開國皇帝李淵自稱是李暠的七代孫，而李白則自稱是李暠的九世孫，相當於李白和李唐皇室都是親戚。

不過雖然都是親戚，後來的境遇可不一樣。在隋末的天下大亂中，李淵這一支乘勢崛起，建立了李唐王朝；而李白的祖上則犯事了，以至於「一房被竄」，被流放到遙遠的西域碎葉（編按：碎葉位於今日吉爾吉斯共和國境內）。

這種直接把一家子男女老少全都打包趕走的罪名，可不是個小罪過，基本得是「謀反」「謀大逆」這種級別的大罪。犯了這種大罪的人，家裡的親戚有一個算一個，全都按「反逆緣坐罪」處理，會被流放到邊疆地區，未經允許不能返回。

慘遭流放、背井離鄉的李白先祖只能在絲綢之路沿線輾轉求生，甚至被迫改名換姓，連「李」這個姓都不用了。碎葉一帶不具備發展農業的條件，想要養活家人最好的辦法就是經商。所以很多人都認為李白他們家就是經商的，甚至在哪裡有開過分店，哪裡有經銷點都推測出來了。好傢伙，一次性就湊齊了「刑家之子」和「工賈異類」這兩個負面標籤，鐵定是要影響後人科舉的。

多年之後，大唐的政局風雲突變。曾經代唐稱帝的女皇武則天退出了歷史舞臺，唐中宗李顯重登皇位。在這新舊政權交替的特殊時期，由於局勢不穩，各地對人口流動的管理和限制也出現了暫時的鬆動。李白的父親趁機帶著家人跨越萬里，從西域回到了中原。不過他們沒有回到祖籍所在地隴西成紀，而是轉頭南下進入了四川，定居在四川綿州昌隆縣青蓮鄉。

回到四川後，李白的父親才拋棄了原來的姓名，恢復了「李」這個姓氏，並給自己取名叫「客」，大概是為了貼合自己「異鄉客」的身分。而李白母親懷李白的時候，夢見金星鑽進了自己的肚子裡，所以才給孩子起名叫「白」，字太白，就是太白金星的那個太白。

此時距離隋末已經過去了幾十年，就算李白他們家祖上犯的是「十惡不赦」的大罪，也在無數輪的赦免中慢慢淡化了，從這個角度來說李白已經不算是罪犯的後代。而且李白本人又不經商，他求學訪友，煉丹修道，怎麼看都是個文化人，似乎他報名科舉的障礙已經不存在了啊。

可惜，李白還是不能考科舉。因為舊的罪名沒了，新的罪名卻又出現了——李白的父親李客未經允許私自返回中原，這個在當時也是犯罪。

按照唐代的戶籍管理制度，地方政府每隔三年就得搞一次人口普查和戶口整理，以確定所在地的人口居住情況。這關係到朝廷的稅收，半點都馬虎不得。李白祖上離開隴西那麼多年，原有的戶口早就注銷，碎葉就成了他們家的新戶口所在地，這個是不能隨便更改的。如果擅自逃離戶籍所在地，就會被當成「逃亡者」或「逃戶」，要判三年以下有期徒刑。

而李客是「潛還」「逃歸」中原的，很明顯是在沒有合法手續的情況下偷跑回來的。所以他不敢回到祖籍所在地隴西，只能南下四川綿州。之所以選擇這個地方，是因為四川相對封閉偏僻，躲在這裡不容易引起朝廷注意。另外，李氏的重要先祖之一，唐高祖李淵的爺爺、被追封為唐太祖的李虎就埋在這裡。此地有很多李氏族人居住，李客帶著家人來投奔這些親戚也是再正常不過的選擇。雖然血緣離得有點遠，但俗話說一筆寫不出兩個「李」字，大家好歹都是一個祖先的子孫，互相幫扶一下也是正常的。

李客到了四川後，各種低調做人，隱藏得非常好，沒有引起不必要的法律麻煩。但他違規返回這件事始終是個隱患，成了李白從政道路上躲不掉的一個定時炸彈。還有史料記載，李白在離開四川前，似乎曾經當過一段時間的「吏員」，這段臨時工經歷也可能影響李白的考試報名。[1]

李白的「歷史遺留問題」，雖然並不會影響他大部分的日常生活，但卻在底層邏輯上決定了他的人生選擇。

比如，李白曾兩次入贅宰相之家，雖然當贅婿在當時是件非常不光彩的事，但對於李白來說這卻是快速提升自己社會階層的好方法。唐代講究「同類相求，不得抑取」，就是禁止不同階層的人之間通婚。李白當了宰相家的贅婿，變相證明他已經打入了上流社會的外圍圈子。

可能有人會問，既然李白能入贅宰相之家，那報名科舉應該也不是啥難事吧？或者找找人，辦個假證、撒個謊什麼的，古代又沒有今天的大數據聯網功能，我就睜眼說瞎話，只要能報名成功就行唄。如果你這樣想，只能說你既低估了李白的人品，也小瞧了古代科舉制度的嚴謹性。

1《唐詩紀事》引《彰明逸事》。有爭議。

驕傲如李白，怎麼可能通過偽造身分的方式來換取仕途？更何況古代人也不是傻子，對這種違規違紀行為查得非常嚴。

比如在報名的時候，要查驗考生的戶籍。如果是客居他鄉的人，也要有戶口原籍所在地的證明文件。這個可能類似於今天防止「高考移民」的意思，因為各地的教育水準不一樣，錄取名額不一樣，競爭壓力就有大有小。為了防止有人故意跑到錄取率高的地方擠占正常考生的名額，所以才要強調原籍所在地。

考生申報的個人資料，還要經過各級政府層層核對，一旦發現戶籍資料有問題，即便是考上了也會有成績作廢的風險。

即便能在報名環節僥倖蒙混過關，李白還缺一樣重要的證明文件，那就是「家狀」，也稱「譜牒」。類似於個人檔案中的家庭成員調查表，需要把考生家祖孫三代、家庭成分、個人情況之類的資料都交代清楚。有點像學生時代入黨，或者參加工作入職前的背景調查。

這個文件非常重要，不但填寫的資料要準確無誤，就連範文格式也有嚴格要求，一旦填錯了就會被直接取消考試資格。而李白則完全拿不出戶口原籍文件，因為他就沒有正經戶口，只有四川綿州的暫住證。他也不敢拿什麼「譜牒」，因為他們家祖上是被流放碎葉的罪犯，他親爹是潛逃回國的嫌疑人，他要是有什麼說什麼那就相當於具名舉報自己親爹。

想像一下，如果你是負責高考報名登記的工作人員，面對的是一個需要核實身分資料的考生。你跟他要身分證戶口名簿他沒有，唯一能證明身分的只有所住社區的門禁卡；你問他家庭情況，他說自己的爸爸現在的名字是假的，真名字不能告訴你；你又問他祖上是誰，他說自己是炎黃子孫、龍的傳人。只要是腦回路正常的人，都會覺得面前這貨肯定有問題。還報名呢，不報警就不錯了。

而且李白的家世之謎，似乎遠比人們想像的更複雜。

比如，他們家如果是在隋末犯罪被流放的，那在唐朝建立的時候，這個罪名不應該就此翻過嗎？李白總強調自己是飛將軍李廣之後，卻對隋末以來的先祖閉口不談，你問他要身分證明、戶籍原件，他就說時間太長，弄丟了找不到了。李白活著的時候自稱「布衣」「逸人」或「山人」，也就是普通人的意思，卻在臨死前透露自己和皇帝有親戚關係。

李白一生都在拜碼頭，求推薦，如果他真和當今皇帝沾親帶故，這麼好的身分標籤他為啥不用？你倒是學學劉備劉皇叔啊。唐玄宗在位時曾發布詔書，專門補錄了一批遺漏的皇室宗親，李白為什麼不趁機恢復自己皇室血脈的身分？

這實在是反常，非常反常。李白說得不清不楚，逼得後人只能拚命腦補。一般認為，李白先祖犯罪的時間並不是「隋末」，而是「唐初」。在唐朝建立後還得在碎葉蹲著，是因為整他們的不是已經滅亡的隋朝，而是剛剛建立的唐朝。

至於李白先祖具體犯了什麼罪，大家也是各發奇想。有人說李白的祖先是曾和李淵爭奪天下的涼王李軌，有人說是在玄武門之變中被唐太宗幹掉的太子李建成，還有人說是曾起兵反對過武則天的某個李唐王爺，等等。

雖然具體人選有不同，但大家都認同一點，那就是李白的先祖一定是把唐朝皇帝得罪慘了，所以哪怕這麼多年過去了，這個身分之謎還是不能曝光，是字面意義上的「見光死」。這樣的隱祕家世決定了李白只能當一個身分資料缺失的「黑戶」，唐代的科舉考試覆蓋面再廣，選擇自主性再大，錄取率再高，對他來說都是「死路一條」。

所以李白才會在〈蜀道難〉中慨嘆：「大道如青天，我獨不得出。」翻譯過來就是，別人都有路走，只有我無路可走。其實不只是李白，就連李白的子孫後代也沒有參加科舉的記載，可見這個身分問題帶來的影響有多巨大。

李白從一開始就知道，想要入仕為官，唯一的辦法就是走流量巨星路線，由皇帝親自給自己安排工作，這樣就不需要查戶口、走資格審查環節了。

這個方案並不是李白的異想天開。在古代，因才華或名聲被帝王賞識並越級提拔的成功者一抓一大把。比如開元二十二年，唐玄宗在封禪泰山的路上曾兩次派專人「恭請」方士張果入宮，還差一點把妹妹玉真公主嫁給他。只不過張果一心修道，既不想當官，也不想結婚，這事才沒辦成。但玄宗還是下旨封張果為從三品的銀青光祿大夫，賜號玄通先生。這個張果，就是傳說中「八仙過海」裡的那個張果老。

除了這些神神道道的宗教人士，讀書人中也有不經過考試就被皇帝相中的案例。比如精通《老子》的尹愔、文字雙優的李邕、博古通今的呂向，他們都是和李白同時代的人，也都是沒經過考試就被直接授予了官職。所以對自身才華足夠自信的李白，認為只要有足夠大的流量、足夠高的關注度，就必然能引起皇帝的興趣，進而獲得入仕的資格。

現在你能明白他為啥從小愛看課外書，還對趙蕤的《長短經》特別有興趣了吧？因為這才符合李白對自己人生道路的規畫。

李白的前半生過得相當單純，要麼隱居修道攢名聲，要麼干謁名人求推薦，要麼呼朋喚友到處走，要麼揮毫潑墨發網文。他的驚世才華帶來的超高的流量和關注度，讓他獲得了「謫仙人」的稱號，這名聲大到一定程度的時候，自然就傳到了皇帝的耳朵裡。

天寶元年，唐玄宗召李白進京「待詔翰林」。這一年，李白已經四十二歲了。他用了二十多年才終於摸到了入仕的門檻。

玄宗皇帝是個顏控，對長得好看的人沒什麼抵抗力。而李白不但文采風流，辯才無雙，還一副仙風道骨、世外高人的造型，可以說是結結實實地擊中了玄宗的審美點。

在李白待詔翰林的這段時間裡，唐玄宗對李白禮遇有加，恩寵無比，甚至打算任命李白為中書舍人，也就是皇帝貼身的文字祕書。這個職位負責起草詔令、傳達皇帝旨意，雖然品級不高，但是職責重大，很多當過宰相的名人都幹過。但李白並沒有就此封侯拜相，走上人生巔峰。很快他就被「賜金放還」，說白了就是拿遣散費走人了。

對於李白這次失敗的從政，一般認為他是被小人所陷害。當然這個「小人」不是段子裡說的給李白脫靴子的高力士，所謂「貴妃捧硯，力士脫靴」本來也不是事實。李白的才華太過驚豔，被妒忌的同事所構陷是正常現象。甚至不排除有人拿李白的身世問題做文章，借機清除異己，黨同伐異。

但更應該注意的是皇帝的態度。李白想當一個經天緯地的治國之才，但唐玄宗似乎只把李白當成一個搞宣傳工作的文字工作者。而且多年來李白自由散漫慣了，沒什麼工作紀律和保密意識。偶爾的曠工、翹班，皇帝還能忍，但李白愛喝酒，更愛喝多，喝多了就什麼都敢往外說，這樣的人放在中央政府裡實在是不太穩妥。

李白是真想當官，但也真不適合當官，這個事從一開始就注定了。即便唐代的科舉教育再靈活、再自由，依然會禁錮人的思想，限制人的個性，規訓人的行為。

李白撲朔迷離的身世逼著他逃離了科舉考試和儒家經學的束縛，可以充分發展自己的個性。他可以「讀奇書」「觀百家」，可以學劍術、求仙道，可以標新立異，可以灑脫不羈。他是賀知章口中的「謫仙人」，是杜甫最崇拜的「飲中八仙」，是光耀千古的「詩仙」，卻唯獨不是精密運作的政治體系中一個「合格」的零件。

這是李白個人最大的不幸，卻是整個中國文學史上最大的幸運。

馬嵬之變：楊貴妃身死之謎

西元七五六年，大唐天寶十五載[1]六月十四日，馬嵬驛大門口。一個鬚髮皆白、身形佝僂的老人，拄著拐杖緩緩走出大門。他的衣著華麗卻污漬滿身，神情威嚴，眼神中卻又透著驚恐。因為此刻門外站著裡三層外三層的禁軍士兵，個個眼露凶光，殺氣騰騰，很多人的盔甲、兵器上都沾滿了鮮血——那是被士兵殺死的前宰相楊國忠留在這世界的最後痕跡。此刻楊國忠的腦袋正掛在大門外，用自己的死亡宣告了兵變的發生。

就在此時，就在此地。

而這個老人正是執掌天下三十多年的唐玄宗李隆基。唐玄宗本人就是搞兵變的高手，只不過以前都是他搞別人，現在輪到他被別人搞了而已。精通此項業務的皇帝太清楚兵變的可怕了，這些造反的士兵一旦殺紅了眼那是什麼事都能幹得出來。所以唐玄宗第一時間選擇承認既成事實，表示楊國忠我早就想殺啦，你們這可是幫我省事了。既然如此，大家就散了吧。

1《爾雅》：「夏曰歲，商曰祀，周曰年，唐虞曰載。」唐玄宗自認為可比肩堯、舜等上古賢君，所以就在天寶三年，改「年」為「載」，直到唐肅宗繼位後才恢復舊稱。

沒人回應，也沒人說話，氣氛有點尷尬。上千人粗重的呼吸，伴隨著兵器的撞擊、盔甲的摩擦，隱隱匯聚成有規律的噪聲，像一道道湧浪，不斷拍擊著逼仄的驛站，也一下下撞擊在老皇帝的心上。

這只能說明一件事——士兵們的要求並沒有被滿足，這場兵變還遠沒有結束！

饒是經驗豐富、見識過無數大風大浪的唐玄宗此刻也有點慌了，他趕緊讓心腹宦官高力士去問：為什麼皇帝都發話了，大夥還拒絕執行命令啊？

不一會兒，高力士就替皇帝找到了答案，四個字——「禍本尚在」。翻譯過來的意思就是，引發這場兵變的罪魁禍首還活著。此人是誰？正是鼎鼎大名的楊貴妃楊玉環[2]。

不得已，唐玄宗只能命高力士將楊貴妃勒死在驛站佛堂前的梨樹下，一代絕世美人就此香消玉殞。貴妃死後，兵變平息，仿佛一切都恢復了正常。這場深刻改變唐玄宗個人命運和大唐王朝歷史走勢的離奇兵變，史稱「馬嵬之變」。

白居易的〈長恨歌〉裡說：「馬嵬坡下泥土中，不見玉顏空死處。」泥土中為何不見「玉顏」，是因為後來唐玄宗派人改葬楊貴妃時，不見完整屍骨，只有一個香囊猶存。所以這兩句詩，就引發了後世的無限遐想。

民間傳說當時死的其實是楊貴妃的侍女，真正的楊貴妃出家當了道士；甚至有人說她一路東行，最終到了日本。[3]二十世紀八〇年代有一位著名的日本影星山口百惠就自稱是楊貴妃的後代。

那麼，楊貴妃有沒有死在馬嵬之變中呢？答案是肯定的。馬嵬之變是必然中的偶然，但楊貴妃的死卻是偶然中的必然。

西元七五五年，唐天寶十四載十一月初九，身兼范陽、平盧、河東三節度使的安祿山，以「討伐楊國忠」為藉口在范陽起兵，迅速攻占了東都洛陽等大片地區，兵鋒直指大唐都城長安東面的門戶潼關。

楊國忠，是楊貴妃的遠房堂哥，靠著裙帶關係上位。此人是太子李亨的鐵桿反對派，也可以說是逼反安祿山的催化劑。盛唐的崩塌當然不是楊國忠一個人的責任，但從安史之亂爆發到馬嵬之變發生，他就是公認的罪魁禍首。

本來安祿山被擋在潼關之外，只要大唐的邊防軍及時回防，還是有希望在短時間內撲滅叛亂的。但守衛潼關的老將哥舒翰是楊國忠的政敵，所以楊國忠就慫恿唐玄宗逼哥舒翰主動出擊，寧可敗壞整個平叛戰爭的局面，也要實現他借刀殺人的私欲。

最終的結果就是，哥舒翰敗了，潼關失守了，長安也保不住了。這種拉著所有人一起倒楣的混帳操作，讓朝中上下都對楊國忠恨得牙癢癢。

負責唐玄宗護衛工作的右龍武大將軍陳玄禮早就看楊國忠不順眼了，恨不得殺之而後快，只不過還沒來得及動手，他就被另一項緊急工作給耽擱了，那就是護送皇帝跑路。

沒錯，唐玄宗雖然表面上裝得英勇無畏，高喊著要御駕親征與叛軍決一死戰，其實卻瞞著所有

2 新舊《唐書》及《資治通鑑》裡並未記載楊貴妃真名。《明皇雜錄》稱：「貴妃小字玉環。」後人沿用至今。

3 見南宮博《楊貴妃》、渡邊龍策《楊貴妃復活祕史》等。

人，祕密調動禁軍護衛自己逃亡四川。

雖然唐玄宗提前派人通知沿途官員準備接待，但皇帝都跑了，還能指望著底下的官員能盡忠職守地在原地待著嗎？所以從六月十三日離開長安，到十四日抵達馬嵬驛，短短兩天時間，平日裡養尊處優的那些皇室成員、高官顯貴、禁軍將士，那真是全方位無死角地體會了一把什麼叫人間疾苦。吃的是不管飽的雜糧糙米飯，睡的是硬梆梆的野地，那真是狼狽如喪家之犬，慘得不能再慘。於是大家把自己遭遇的所有不如意都算在了楊國忠的頭上，這倉皇出逃的一路上，恨楊國忠、想殺他的人與日俱增。

尤其是負責護衛的那幾千禁軍士兵，他們本來就因為家人和產業被丟在長安而怨聲載道，這兩天，一路走來又累又餓，憤怒和不滿已經到了爆發的邊緣。統領禁軍近半個世紀的陳玄禮敏銳地發現了軍隊的騷動。這位經驗豐富的老將迅速做出了判斷——兵變是必然要發生的事情，無非就是在什麼地方發生、在什麼時間發生的區別而已。

既然無法避免，唯一能做的就是給士兵們找一個情緒發洩對象，這樣才能最大限度地減少附帶傷害。這個目標很好找，眼下還有誰比楊國忠更適合來當這個活靶子呢？

但陳玄禮身為禁軍將領，還是擔不起挑動兵變、誅殺當朝宰相這麼大的罪名。俗話說天塌下來有個子高的頂著，陳玄禮也需要找一位大老為自己背書。於是他祕密聯繫太子李亨的心腹宦官李輔國，向太子傳達了自己的意思。而太子李亨對此的反應很有趣，史稱「太子未決」。

未決，就是沒有決定，沒有回應。表面上看似乎是太子拒絕了陳玄禮。但政治上的事並不是非黑即白、非此則彼的。看破不說破，朋友還能做。太子的確沒同意，但是他也沒反對啊。默認，也是一種態度。

陳玄禮當下心領神會，立刻開始引導情緒帶節奏，表示咱們今天混成這個慘樣那都是楊國忠的鍋，是男人就應該有怨報怨，有仇報仇！士兵們一聽，紛紛表示同意。至此，陳玄禮成功地把士兵的怒火指向了楊國忠，盡可能地避免了讓皇帝唐玄宗陷入危險之中。

楊國忠並不知道，自己的生命已經進入了倒數。

當時正好有幾個吐蕃的使節攔住楊國忠投訴待遇問題，這時突然有人喊了一嗓子：「楊國忠勾結胡人謀反啦！」

當年是誰在馬嵬驛喊出了這句話，現在已經沒人知道。唯一可以明確的一件事就是——喊出這句話的人真的太懂拿捏人心了。安史亂起，馬嵬驛中，此時此刻，此情此景，還有什麼比「胡人」「謀反」更炸裂的關鍵詞呢？

這就像是一顆火星掉入了火藥桶，瞬間就引爆了所有人的情緒，士兵們一擁而上，把楊國忠砍頭分屍，甚至連楊國忠的肉都被割下來吃光了。同時被殺的，還有楊國忠的兒子、姊妹、情婦和一眾黨羽，可以說是一鍋端。

對於馬嵬之變是否有人主使，史學界歷來有爭論。陳玄禮、太子李亨、宦官高力士，甚至皇帝唐玄宗本人，都成了被懷疑的對象。一般認為，這是陳玄禮和太子李亨達成默契後，在明知兵變不可避免的情況下，順水推舟，因勢利導地將兵變的矛頭對準了當時的全民公敵楊國忠。這是面臨突發狀況時的緊急應對，而不是什麼深謀遠慮的精心策畫。

既然如此，殺了楊國忠之後這事不就結束了嗎？為什麼還要包圍驛站，逼皇帝殺死楊貴妃啊？只能說，楊貴妃雖然有點躺著中槍，但也不是完全無辜。在傳統史書裡，楊貴妃被描述為敗壞大唐江山的「紅顏禍水」，她死於馬嵬之變不能說罪有應得，也算是死有餘辜。

到了近現代，隨著史學理念的更新，男女平等觀念的普及，人們對楊貴妃的評價又走向了另一個極端——認為她只是古代父權社會的犧牲品，是一個從不干政的無辜女子。

很遺憾，這兩種觀點都不夠準確。楊貴妃的確沒有政治野心，但不代表她沒有干政行為。楊國忠這麼一個人品敗壞、無德無才的小人能當上一朝宰相，固然和他會溜鬚拍馬、討皇帝歡心有關，但全天下會鑽營、不要臉的人多了，楊國忠要不是靠著楊貴妃的裙帶關係，恐怕就是想當奸臣也輪不上吧。所謂一人得道雞犬升天，楊國忠的發跡，就是楊貴妃參與政治的體現。

也因為楊貴妃集「三千寵愛在一身」，那些想要升官發財的人都想方設法地討好貴妃，也因此獲得了夢寐以求的高官厚祿。所以當時老百姓都傳唱歌謠：「生男勿喜女勿悲，君今看女作門楣。」意思就是生兒子有啥用，你看老楊家不就是因為生出楊貴妃才飛黃騰達的嗎？

還有著名的安祿山，為了討皇帝歡心各種裝傻充愣，賣力表演。年長十幾歲的他甘願認楊貴妃為乾媽，而楊貴妃還真配合他，甚至整出了一場嬰兒「洗三」[4]的儀式。

你想想安祿山一個將近二百公斤的胡人大胖子，渾身橫肉，滿臉褶子，毛髮濃密，卻被包在錦緞製成的繈褓裡，嘟著大嘴捏著嗓子學小孩哭鬧，那畫面要多辣眼睛有多辣眼睛。

安祿山這麼做無非是想借討好楊貴妃來博取皇帝的寵信，實現個人的野心。但楊貴妃如此配合安祿山的表演，從某種程度上來說也助長了安祿山的勢力擴張，這難道和政治無關嗎？

如果說以上行為還可以解釋為楊貴妃的無心之舉，那她深度介入楊國忠和太子李亨的權力鬥爭，怎麼也不能算是「毫不干政」了吧？

自從太宗李世民搞出了「玄武門之變」後，大唐宮廷內各種父子相殘、兄弟反目的皇室內鬥就沒停過，兵變奪權之類的戲碼也跟連續劇一樣演起來沒完。

人都說「虎毒不食子」，但對於唐玄宗來說，兒子再親也親不過皇帝寶座。他廢過一個太子，還在一天之內弄死過三個親兒子。現任太子李亨也被他無數次地敲打過，以至於李亨不得不兩次主動離婚來自保，人到中年就滿頭白髮，未老先衰，精神狀況比七十多的唐玄宗還萎靡。

在安史之亂前，唐玄宗對太子李亨非常防範。但隨著戰局惡化，他不得不放權給兒子。畢竟還有一句俗話叫「打虎親兄弟，上陣父子兵」嘛。安祿山剛起兵時，唐玄宗的打算是自己御駕親征，讓太子李亨留守長安監國。但這讓一直和太子李亨有矛盾的楊國忠如臨大敵。楊國忠清楚自己已經把太子得罪慘了，如果太子掌權，那自己的下場恐怕比安祿山打進長安來還慘。

所以楊國忠立刻找到妹妹楊貴妃去做公關，最終楊貴妃「銜土請命於上，事遂寢」。翻譯過來的意思就是楊貴妃嘴裡含著泥土去求皇帝，唐玄宗這才收回了讓太子監國的命令。

4 「洗三」，指古代嬰兒出生後第三日，要舉行沐浴儀式來祈福。

「銜土」在古代是臣下請求死罪的一種表態，就像負荊請罪是請求他人原諒的道歉一樣。楊貴妃「吃土」，就是用自己的性命相威脅，那意思就是您要是不改主意，我今天就死給你看。

此前有關太子監國的任命已經正式頒發，這不僅是涉及平叛戰爭的重大布置，也是有關大唐最高權力歸屬的嚴肅問題。但這麼重要的政治決策，卻在楊貴妃的以死相逼下被取消，朝令夕改，如此兒戲，可見楊貴妃的政治影響力有多巨大。

這件事太子知道，百官知道，天下人都知道。楊國忠是禍害，但他之所以能獲得荼毒天下的權力，恰恰是因為楊貴妃。如果楊國忠是病症，那楊貴妃就是病根，只殺楊國忠，那就是治標不治本，所以兵變士兵們在殺死楊國忠這個禍首後並不能安心，他們還必須除掉楊貴妃這個禍本。因為這些士兵也害怕，他們害怕遭報復，被翻舊帳。

聚眾嘩變，以下犯上，不經請示就誅殺當朝宰相和皇親國戚，無論哪一條拿出來都是謀逆大罪。就算皇帝迫於現實，親口認可了兵變的合法性，但只要楊貴妃還留在皇帝身邊，一旦風頭過去，她憑藉著自己的寵信吹點枕邊風，分分鐘就能翻案。到時候楊國忠就成了為國捐軀的烈士，參與兵變的人誰也活不了。這是事關所有人身家性命的大事。所謂斬草除根，除惡務盡，哪怕楊貴妃沒有主觀上作惡的意願，但只要她具備客觀上作惡的條件，那她就必須死！

唐玄宗雖然是皇帝，但此刻的他已經別無選擇。無論是禁軍統領陳玄禮，還是服侍自己多年的老奴高力士等人，全都勸他答應士兵們的要求，那話說得都已經不能再直白了。

殺貴妃，意味著最大限度地避免了事後追究的可能性，士兵們也能相信皇帝不會翻案的誠意；

不殺貴妃，那就代表皇帝在未來依然有可能舊事重提，士兵們又怎麼可能老實聽話，繼續效忠？到時候，被逼到絕路的士兵們只剩下一種選擇：

換一個不會追究的皇帝。（太子李亨在鏡頭外默默地按了個讚。）貴妃有沒有罪重要嗎？不重要。安撫將士們的不安才重要。否則，不「安」的可就是唐玄宗自己了。要麼捨了貴妃，要麼把自己和貴妃一起捨了，就這麼簡單。

楊貴妃是被唐玄宗親口下令勒死的，行刑的就是高力士。然後皇帝把以陳玄禮為首的禁軍士兵叫進來驗屍。不久後傳來消息，說楊國忠其他逃走的親屬和黨羽也都被誅殺，兵變的禁軍這才跪倒請罪，高呼萬歲，重新恢復了應有的秩序，繼續護衛著皇帝西去。三十八歲的楊貴妃，就這樣殞命於馬嵬驛，被草草埋葬於路邊。

兩年後，隨著局勢的好轉，唐玄宗一行人踏上了返回長安的路途。當又一次路過馬嵬驛時，唐玄宗睹物思人，令人祭奠楊貴妃，還下令要為她改葬。畢竟當初掩埋得太匆忙，該有的哀悼環節和喪葬儀式全都沒有，現在也該補上了。

但禮部侍郎李揆立刻表示了反對：當初楊國忠謀反，被禁軍將士誅殺，現在要是大張旗鼓地改葬貴妃，恐怕將士們會有別的想法啊。簡單來說就是，改葬楊貴妃很容易被人理解為要對「馬嵬之變」翻案，別忘了，當初搞兵變的那群人和現在護送咱們回家的可是同一群人啊！

這說明哪怕楊貴妃已死，有關她的問題仍然是極度敏感的政治事件，處理不好就會導致政局動盪。貴妃都死了兩年多了，這事的後勁還這麼大。這說明了楊貴妃之死不是對不對的問題，而是該不該的問題。也可見在馬嵬之變時，如果唐玄宗等人敢在楊貴妃生死這件事上搞小動作，將面臨多大的風險。

在貴妃不死、兵變不止的情況下，有沒有可能發生奇蹟呢？要弄清這個問題，就要從兩個角度來思考。

首先，唐玄宗愛楊貴妃嗎？

當然愛。原本唐玄宗的後宮中有一項持續多年的博彩遊戲，那就是大家下注賭皇帝今天會寵幸哪個妃子，就跟今天買彩票一樣，有莊家，有賠率，有人輸，有人贏。但自從楊貴妃入宮，這個娛樂活動就取消了。因為沒什麼可猜的，每次都是楊貴妃陪皇帝，連個意外爆冷都沒有，那還賭什麼啊？

但唐玄宗最愛的是楊貴妃嗎？

未必。唐玄宗一生中最愛的女人應該是武惠妃。武惠妃死後，唐玄宗鬱鬱寡歡，高力士把當時的壽王妃楊玉環推薦給唐玄宗，而唐玄宗也就臭不要臉地收下了自己的兒媳婦，從此才又振奮了精神。從某種意義上來說，楊貴妃有點武惠妃平替的意思。當然，在武惠妃死後，唐玄宗的後半生中，最愛的女人無疑就是楊貴妃了。

唐玄宗愛楊貴妃不假，但他卻更愛自己。

今天的文藝作品中描繪楊貴妃死前夫妻倆又是難捨難離，又是撕心裂肺的，什麼「君王掩面救不得」「不忍見其死，反袂掩面」，各種生離死別，感人至深。其實史書裡的記載超級簡單，就六個字——「不獲已，與妃詔」。

皇帝不得已，所以貴妃你就老實去死吧。所謂的夫妻深情，所謂的神仙眷侶，應該只存在於文學描述裡。唐玄宗對楊貴妃的愛，沒有超過對帝王權力的眷戀，也沒能超越對個人生命的貪求，遠沒濃烈到能冒著把自己搭進去的風險去搞小動作的地步。

其次，在當時的情況下，楊貴妃有機會假死逃走嗎？很遺憾，沒有。有史料記載，楊貴妃被勒死後並沒有死透，而是陷入了一種類似昏迷的假死狀態。當纏繞在脖頸處的錦帛鬆開後，氣道重新打開，楊貴妃又恢復了呼吸。然後，她又被勒死了一次。

從現代醫學的角度來說，人在窒息後的確有很小機率能恢復呼吸。但這麼小的機率下，就算恢復了呼吸，再被勒一次，你覺得她再復甦一次的機率有多大？更何況，第一次沒勒死，第二次難道不應該下手再利落點，確定對方沒有生還的可能嗎？

至於楊貴妃東渡日本的說法，也只能說是胡扯。要知道著名的鑒真東渡，耗時十多年，東渡六次才成功，那真是九死一生，差點把命都搭上，足見當時海上交通的危險。楊貴妃就算活了過來，一個弱女子要如何跨越千里、遠渡重洋呢？

所以楊貴妃應該是死了，死得透透的。民間之所以有那麼多她假死的說法，其實更多的是人們出於對楊貴妃的同情而產生的聯想。在唐朝時，楊貴妃就已經成了故事傳說中的熱門人物，自帶流量和吸引力。

據說馬嵬驛的一個老婦人曾撿到了楊貴妃穿過的一隻花襪子，她就靠出租這隻花襪子給過路遊客參觀發家致富了。可見楊貴妃在百姓心目中的知名度有多高。

而楊貴妃的形象也隨著各種詩歌文藝作品的流傳，逐漸從一個在亂世中無辜殞命的薄命紅顏，變成了後人追憶大唐盛世的精神象徵。甚至不只是中國人有這種情懷，就連一衣帶水的日本人也對楊貴妃的故事產生了共鳴。

人們用最樂觀的態度、最善意的想法，傳唱著楊貴妃逃出生天、遠走天涯的故事。雖然可能性不大，但還是有很多人希望她真的在某個不被人知曉的角落，安靜從容地度過了自己的餘生。因為這個天下的苦難，不應該由她來承擔。

千古疑案陳橋驛：是誰導演了這場「溫柔」的兵變

西元九六〇年，後周顯德七年正月初一，剛歡度完除夕的開封市民就感受到了新一年的暴擊：前線發來緊急軍報——契丹人即將大舉南侵，盤踞在河東的北漢小朝廷也將聯合出兵。

面對這樣一份「亡國滅種」的拜年大禮，後周朝廷立刻召開緊急會議，宰相范質、王溥決定派遣檢校太傅、歸德軍節度使、殿前都點檢趙匡胤率軍北上，迎擊即將南下的契丹——北漢聯軍。

軍情緊急，正月初二一大早，趙匡胤便派自己的副手、老將慕容延釗帶領前鋒軍北上，為主力部隊開闢北上道路，探查前方敵情。但詭異的事情發生了。城內突然出現一個傳言：「將以出軍之日，策點檢為天子。」翻譯過來的意思就是大軍出發時將發動兵變，擁立趙匡胤當皇帝。

五代十國時期兵變頻發，老百姓幾乎每隔幾年就要經歷一波亂兵的燒殺搶掠。尤其開封城裡的居民，很多人都經歷過十年前後周太祖郭威發動的兵變，對當年的慘狀記憶猶新。所以當傳言在朋友圈裡瘋狂轉發後，心有餘悸的開封人立刻開啟了逃難模式。但奇怪的是老百姓哭爹喊娘鬧出了這麼大的動靜，後周朝廷卻毫不知情，還是按照原計畫準備出兵。

正月初三，趙匡胤親自率領禁軍殿前司主力出發。臨行前朝廷賜予趙匡胤金帶、銀器、鞍馬、鎧甲等出差補助，又派大臣在開封城郊外為老趙舉辦隆重的歡送會，這福利待遇簡直不是一般的好。

但就在儀式快結束時，怪事又發生了。吏部侍郎兼翰林學士承旨陶穀突然拽住了老趙的衣角，非要給趙匡胤行大禮。都是同殿稱臣的同事，趙匡胤當然受不得陶穀的大禮參拜，所以就再三推辭。但陶穀卻堅持要行禮，還莫名其妙地來了一句：「您先受我兩拜吧，等您回來，咱再想彼此作揖行禮，坐一塊兒喝酒可就難了。」[1]

兒臺，話裡有話啊。氣氛已經烘托到這個地步了，好像不出點什麼事都有點說不過去了，所以這次出兵就不出意外地出意外了。

趙匡胤率軍行進到開封城東北的陳橋驛，準備過夜，沒想到手下的士兵突然發生了兵變，把一件「黃袍」披在了醉得不省人事的老趙身上，「逼」著趙匡胤做了皇帝。這就是改變中國歷史進程的「陳橋兵變」，民間俗稱為「黃袍加身」。

趙匡胤從受命出兵到改朝換代，一共只用了四天時間，但在這四天裡卻有許多難以解釋的謎團。比如契丹軍到底有沒有南下？後周朝廷為何對兵變劇透無動於衷？趙匡胤為何恰巧喝醉？關鍵道具「黃袍」又是誰準備的？

所有的疑點全都指向了一個核心問題：這場「黃袍加身」的大戲，究竟是臨時起意，還是蓄謀已久？

宋代官方史書給出的解釋是這樣的——老趙有功勞，有人緣，有威望，所以大夥才真心實意、發自內心、不約而同地「逼」他當了這個皇帝。哎呀，咱們的宋太祖有什麼辦法呢？他也很無奈啊。

這個說法是事實，但卻不是全部的事實。在趙匡胤之前，類似的兵變已經發生了不知道多少次。

無他，唯手熟耳。但並不是說每一個「被迫造反」的上司都會選擇就範，也有堅持原則拒絕合作的案例。

比如後晉大將楊光遠率軍到滑州時，有將校跳出來想要推舉他為帝，楊光遠暴怒，大聲呵斥：「天子豈汝等販弄之物？」把這些企圖裹挾自己的手下給罵回去了。而後唐大將符彥饒則更狠。他駐守瓦橋關時有部將慫恿他稱帝，符彥饒先假裝同意，轉頭就招呼手下把這些造反者全給殺了。所以即便趙匡胤事先不知道兵變會發生，他也可以選擇拒絕啊。

宋朝人會告訴你，咱們太祖拒絕了啊，他狠狠地罵了兵變的人，但是沒有用啊，大家實在是太熱情、太有誠意、太讓人無法拒絕了啊。

這個說法也有問題。趙匡胤的確有軍功，也有自己的支持者，但他的功勞既沒大到「功高不賞」的地步，他的勢力也沒強到「大權獨攬」的程度，比起篡位界的前輩大老那差得都不是一星半點。就比如魏武帝曹操「奉天子以令不臣」，一統北方，封魏王，受九錫；晉太祖司馬昭出兵滅蜀，封晉王，加九錫。就這樣曹操和司馬昭都沒敢在生前稱帝，而是把改朝換代的任務交給了後人。

代漢建新的王莽和開創南朝的宋武帝劉裕倒是親自操刀完成了篡位大業。但王莽是欺騙了天下人的超級影帝，攝政天下，加號宰衡，加封九錫，萬人景仰。而劉裕雖然出身不高，但他平南燕，亡譙蜀，滅後秦，封宋王，加九錫，名震天下，專治各種不服。

1 見《畫墁錄》《甕牖閑評》。有爭議，有觀點認為是後人為突出陶穀的見風使舵而附會。

相比之下，你老趙有滅國之功嗎？有封王之爵嗎？有九錫之禮嗎？什麼都沒有也好意思上位，你行不行啊？

要放在別的朝代肯定不行，但放在五代十國卻行得不能再行。因為這是一個秩序崩塌、道德崩盤、底線崩壞的超級亂世。亂世之人活得現實又直接，就是簡單粗暴的一句話：「天子，兵強馬壯者當為之，寧有種耶！」

通俗的說法就是：皇帝算個啥，這年頭誰拳頭大，誰當老大。硬生生把以往需要臥薪嚐膽、苦心經營的高端燒腦篡位局，玩成了不服就幹的街頭鬥毆。沒有秩序，全憑大力出奇蹟。沒有規則，崇尚絕對硬實力。這就是五代時期的權力遊戲。在這樣殘酷的黑暗森林裡，光有一個皇帝的頭銜可鎮不住場子。

周世宗柴榮[2]這位五代時期最有作為的明君什麼都好，就是死得太早，不到四十歲就英年早逝，只留下一對字面意義上的「孤兒寡母」。

周世宗死於顯德六年（九五九）。正常來說繼位的小皇帝柴宗訓應該改個新年號，但後周卻選擇繼續沿用「顯德」這個年號，恐怕就是希望能借周世宗的餘威來營造一種天下無事的氛圍，儘量把權力交接的負面影響降到最低。

當然，那並沒有什麼用。比如，當時駐紮在上黨的昭義節度使李筠，在周世宗活著的時候就「倔強難制」，擅自截留賦稅，招攬亡命之徒，謀殺朝廷派來的監軍，圖謀不軌的事幹了不是一件兩件。可就算是周世宗也只能下旨把他罵一頓而已，你還指望後面繼位的七八歲小皇帝能把他怎麼樣？野心家那麼多，哪是用一個舊年號就能唬住的呢？

其實周世宗針對「主少國疑」的危險局面也做了相應的預案，他在生命的最後時刻為兒子的皇位設置了三重保險。

第一重保險是尋找外援。周世宗在臨死前十天立第三任妻子符氏為皇后，她是周世宗第二任妻子（大符皇后）的親妹妹，更是後周名將、時任天雄軍節度使符彥卿的女兒。這樣符彥卿就成了小皇帝的外公，當然要為自己外孫的皇位保駕護航了。

第二重保險是分割軍權。周世宗把中央禁軍分成殿前司和侍衛司兩套系統。兩支部隊的指揮官都是周世宗信得過的自己人。殿前司戰力強，侍衛司地位高，兩邊互不統屬，誰也管不了誰，正好可以相互制衡。

第三重保險是託孤宰相。在周世宗的設想中，要用王著、范質、王浦、魏仁浦四人組成一個「輔政團隊」。這四個輔政文臣都不完美，但組合在一起卻很完美。周世宗就是需要他們相互配合，互相牽制，既防止某一個人大權獨攬，又能形成一套相對穩固的決策機制。

當然，這四個人總得有一個人來當領頭羊。周世宗心目中的宰相是王著，所以他在臨死前對范質等人說，等我死了，就讓王著來當宰相吧！

周世宗的安排很周密，唯一可惜的就是在執行的時候，出了那麼一丟丟的小偏差——王著並沒

2 柴榮為後周太祖郭威養子，正式的稱呼應為「郭榮」，但習慣上多稱其為「柴榮」。

有當上宰相。因為范質也想當宰相。他對另一位顧命大臣表示，王著一個酒鬼，怎麼能當宰相呢？皇帝最後的遺言，千萬別告訴別人啊！然後，周世宗就死了。范質當上了宰相，趙匡胤的權力得到了進一步提升。

等等，這跳躍幅度是不是有點大？范質頂替王著當上了宰相，和趙匡胤有什麼關係啊？關係可大了。幫范質保守祕密、沒有洩露皇帝遺言的那位顧命大臣是誰？北宋司馬光在《資治通鑒》裡沒敢寫，可元朝人寫的《宋史》卻沒有這方面的顧慮，直接給出了一個關鍵訊息：「及世宗疾大漸，（宋）太祖與范質入受顧命。」

沒想到吧，替范質保守祕密、共同謀取宰相之位的那個關鍵人物，正是趙匡胤。趙匡胤頂著「矯詔」的罪名幫了范質這麼大一個忙，范質自然也要投桃報李，付出相應的回報。

於是在周世宗去世後不久，後周禁軍高層的人事安排就發生了變動。

顯德六年七月十七，周世宗去世僅二十八天，侍衛步軍都指揮使袁彥就被外放為陝州節度使，原有職務由霸州部署張令鐸接任。兩天後，侍衛司都指揮使李重進外放為淮南節度使，雖然名義上依然是侍衛司的一把手，但實際上的指揮權已經移交給副都指揮使韓通。除此之外，原馬軍都指揮使韓令坤官升一級，擔任侍衛司三號人物都虞候，空出來的馬軍都指揮使由高懷德接任。而趙匡胤所在的殿前司內，慕容延釗升任殿前副都點檢，殿前都指揮使石守信職位不變，王審琦升任殿前都虞候。

如果我們把這些人事調整都匯總到一張表裡就是這樣的。[3]

禁軍系統	具體職務	周世宗去世前	周世宗去世後
殿前司	殿前都點檢	趙匡胤	趙匡胤
	殿前副都點檢	空缺	慕容延釗
	殿前都指揮使	石守信	石守信
	殿前都虞候	不詳	王審琦
侍衛司	都指揮使	李重進	李重進（名義統領）
	副都指揮使	韓通	韓通（實際統領）
	都虞候	空缺	韓令坤
	馬軍都指揮使	韓令坤	高懷德
	步軍都指揮使	袁彥	張令鐸

這張表裡所涉及的人事變動，其背後的訊息量可是非常有講究的。

趙匡胤作為殿前司的一把手，副手慕容延釗是他「兄事」已久的故交，三號人物石守信和四號人物王審琦是他「義社十兄弟」的核心成員。也就是說，整個殿前司的高級將領都由趙匡胤本人，以及他的好兄弟們擔任，這支部隊已經牢牢掌握在趙匡胤的手中。

和殿前司實力相當的侍衛司中，李重進和韓通是趙匡胤的政敵，袁彥也和趙匡胤沒什麼交情，

3 整理自王育濟：〈世宗遺命的廢置和陳橋兵變〉，《史學月刊》一九九四年第一期。

甚至很可能也是趙匡胤的反對者，只有韓令坤是趙匡胤的人。按理說侍衛司原本應該是趙匡胤搞事最大的障礙。但神奇的是，李重進和袁彥突然被外放出去當節度使了，這擺明了是調虎離山。

雖然李重進還保留著侍衛司都指揮使的頭銜，但畢竟人不在朝中了，於是韓通就成了侍衛司的實際領導者。韓通是忠心後周的老將，無論從軍功還是資歷上都壓老趙一頭，是禁軍中真正說話好使的大老，而且韓通和趙匡胤的關係非常緊張。

但光有韓通一個人有啥用？侍衛司中的韓令坤、高懷德、張令鐸都是趙匡胤的人，韓通已經成了被架空的光桿司令，整個禁軍系統都成了趙匡胤的勢力範圍。這明顯有利於趙匡胤提升權力地位的人事安排，很明顯是在宰相范質的縱容或默許之下發生的。

既然如此，那老趙為何不在城裡就把事給辦了，非得把隊伍拉出城去晃一圈再回來？這不是畫蛇添足、多此一舉嗎？

還真不是。因為無論是殿前司還是侍衛司，平時都分散在各自的崗位上，並不是所有人都聚成一堆的。所以趙匡胤團隊需要一個合情合理又合法的理由，把手中的部隊集結起來。那麼，還有什麼比敵軍入侵更好的理由呢？

於是，契丹人就非常配合地入侵了，然後趙匡胤就取得了軍隊的指揮權，然後他就遇到了陳橋兵變，然後他就開創了新王朝。

誒？說好要入侵的契丹人呢？答：契丹人退兵了。這樣恰到好處地出現，又悄無聲息地消失，如此配合又善解人意的存在，放在今天有個專門的稱呼，叫「托兒」。

宋代的史書都言之鑿鑿地說當時契丹人的確是入侵了。不過後來元朝人修的《遼史》裡卻並沒有契丹南下的記載，反而說這一年契丹內部叛亂頻發，局勢一塌糊塗，無暇他顧。你品，你細品。放出假情報，觸發緊急軍事動員，進而掌握部隊的指揮權，這麼大的動作，根本不可能是有人瞞著趙匡胤做的。還有一個細節可以證明趙匡胤才是幕後總導演。

就在大軍出發前，兵變的計畫不知怎麼就在民間傳得沸沸揚揚。這把趙匡胤也嚇得夠嗆，忙問家裡人該怎麼辦。這時老趙的大姊正在廚房做飯，直接拎著擀麵杖就把趙匡胤一頓捶。趙大姊邊打邊罵：大老爺們要辦大事，辦不辦自己說了算！跑來嚇唬我們婦道人家有什麼出息！

趙匡胤頂著滿頭包，默不作聲地走了。是啊，要辦「大事」的是自己，問別人又有什麼用？補充一下，此時趙匡胤的家人並沒住在自己的房子裡，而是寄宿在仁和門附近一座叫定力院的寺廟裡。[4] 趙匡胤之所以把家人安排在寺廟裡，就是因為兵變在即，需要提前把家人保護起來。而趙大姊知道弟弟要做什麼，所以才用擀麵杖幫弟弟下定決心。

接下來的劇情就很順理成章了。

大軍行進到陳橋驛，這是北上途中的第一個休息點，類似於高速公路的服務區。陳橋驛距離開封約二十公里，剛好是半天就能走到的距離，在這裡搞事既可以擺脫城內的監控，又可以在最短時

4 《揮麈後錄》記載杜太后等人寄居在內城東北角的封禪寺，《曲洧舊聞》中則記載為內城東南角的定力院。查當時內城東南仁和門為趙匡胤心腹所控制，安置家人必在附近，所以本書採信「寄居於定力院」一說。

間內回軍。

然後，趙匡胤按照劇本把自己「喝」斷片了。現在還不到他這個主演上臺的時候。配角一號苗訓，日常喜歡占卜觀星，在士兵中很有威望。他故意指著天上說有兩個太陽，引起大家的注意。然後配角二號楚昭輔馬上捧哏說一日剋一日，這是要出新天子啊。兩人一唱一和，一問一答，既形象又生動，很快士兵們就開始議論紛紛。然後就有人開始帶節奏，說皇帝太小，我們立了功勞他也不知道，不如擁立趙匡胤當皇帝，咱們也能跟著升官發財！

如果說到這一步，還看不出人為操弄的痕跡，接下來的一幕就真心有點過於刻意了。兵變的士兵衝進趙匡胤的大營，給他披了件黃袍，「逼」他當皇帝。這一幕其實是在致敬後周太祖郭威的澶州兵變，當時士兵給郭威披上了一面撕下來的黃旗，而趙匡胤就是那場兵變的見證者和參與者。

不過讓你致敬，也沒讓你超越啊。郭威扯的是旗子，而此時士兵給趙匡胤披的竟然是一件軍中日常根本不應該有的黃袍子，你要說這個不是提前準備好的，那實在是有點太把人當傻子了。不只是今天的我們覺得有問題，明代詩人岳正就曾發出過相關的靈魂拷問：「黃袍不是尋常物，誰信軍中偶得之？」

算了，劇情上的邏輯問題不重要，趕緊辦「大事」才是關鍵。趙匡胤率軍返回，準備完成改朝換代的最後步驟。然後就尷尬了——他發現自己進不去城。

開封城共有三層城牆，最裡面的是皇城，皇城外是內城，內城外是外城。每層城牆上都開著數量不一的城門，有點類似俄羅斯套娃。對於趙匡胤來說，最節省時間的方法就是從外城、內城、皇城的北門走一個直線，儘快拿下宮裡的小皇帝。

從陳橋驛回開封，距離最近的是外城的陳橋門。可是老趙帶著大部隊來到陳橋門時，守門的士兵卻拒絕開門。老趙不得已帶著大部隊趕到了旁邊的封丘門，封丘門的守軍比較有眼力見兒，直接開門投降，放趙匡胤進了外城。

進入外城後，趙匡胤沒有走最近的內城北門，而是帶著大部隊沿著內城順時針繞了大半圈，從東南角的仁和門進去。這次進門非常順利，因為趙匡胤的好兄弟王審琦就是仁和門的負責人，趙匡胤家人避難的定力院也在這附近，王審琦既負責保護趙家人，也負責開城門，立下了大功勞，所以在北宋建立後也是升職加薪，備受恩寵。

從仁和門進入內城後，眼前就是皇城南邊的左掖門。巧了，左掖門的負責人是老趙的另一位好兄弟石守信，所以趙匡胤又順利通過左掖門，進入了皇城的核心辦公區。

穿過宰相辦公的外朝區域，趙匡胤直奔小皇帝所在的內廷，在這裡他才算是遇到了一點抵抗。守衛宣祐門的士兵用弓箭逼退了趙匡胤，趙匡胤只能又從北邊繞了個路，這才徹底控制了整個皇城。多說一句，後來宣祐門守軍的正副統領全都自殺殉國，以此來表達對後周的忠心。可惜個別守軍的忠於職守，並不能改變兵變的結果。

直到這時，得到消息的宰相范質才如夢初醒，發現自己犯下了大錯。他雖然有私心，但並不想背叛後周。他只是把趙匡胤當成自己人，默許了趙匡胤的很多小動作，沒想到最後卻斷送了後周的江山。

范質只能用力抓住王溥的手說了句：倉促之間派兵出征，是咱們的錯啊。說這話的時候，范質把王溥的手都給抓出血了。范質是悔恨的，但他也只能承認現實。後來范質還在北宋幹了幾年的宰相，並總結出了一條當宰相的祕笈——「人能鼻吸三斗醋，斯可為宰相矣！」

鼻子嗆水有多難受，不少人都有體會。更何況嗆的還是醋，那滋味有多酸爽真是難以想像，可見范質的悔恨與自責了。他甚至在臨死前叮囑兒子不要請謚號，也不要刻墓碑。因為他覺得自己不配。

范質、王溥是手無縛雞之力的文官，小皇帝和符太后是沒存在感的孤兒寡母，唯一有能力反抗的韓通，也在趙匡胤入城的第一時間被誅殺，而且是全家成年男子被定點清除的那種有預謀殺害。此時的開封城內已經沒有人能阻擋改朝換代的發生，接下來就是走程序，讓小皇帝退位讓賢，由趙匡胤接手政權了。這時大家才發現，事情辦得太快，小皇帝的禪位詔書還沒寫呢，總不能現場脫稿即興發揮一段吧？

莫著急，有人想到前頭了。吏部尚書兼翰林承旨陶穀第一時間從袖子裡抽出一份墨蹟未乾的禪位詔書，替老趙補上了這個關鍵文件。對，就是出兵前堅持要給老趙「磕一個」的那位陶穀。陶尚書這堪稱頂級預言家的神操作，再次說明了老趙要兵變這事早就有跡象，根本就瞞不住聰明人。

總的來說，陳橋兵變在五代多如牛毛的政變中顯得格外溫柔。退位的小皇帝、太后得到了優待，高級官員都留任原職，開封城的市民也沒有遭殃，似乎一切都井然有序，波瀾不驚。哪怕之後有一些後周的殘餘勢力跳出來反抗，也被宋太祖輕鬆搞定。似乎是一夜之間，五代十國的亂世就結束了，新的秩序就建立了一樣。

所以後人讀史時，往往把這種順利過渡解讀為宋太祖的「天命所歸」。其實這並不是歷史的全部，借用京劇中的一句名言：「臺上一分鐘，臺下十年功。」「陳橋兵變」是一場節奏緊湊、劇情連貫的三幕劇，分為「籌備宣發」「被迫營業」和「成功出道」三部分，每個環節都是精心策畫、事先籌備，提前寫好劇本的。

這場大戲要想演好，真正的功夫都在戲外。從大幕拉開的那一刻起，歷史的走向就已經發生了不可逆的改變。

燭影斧聲：北宋版「密室殺人案」

西元九七六年十一月十四日，北宋開寶九年的第一場雪，比以往來得要早一些。宋太祖趙匡胤夜裡睡不著，跑到閣樓上看夜景，對著漫天飛雪突然來了興致，把自己的弟弟、時任開封府尹的晉王趙光義叫進宮裡來喝兩盅。

親兄弟的酒局不希望有外人叨擾，所以宋太祖就把所有人都攆到屋外去了。站在外面的宮女太監離得遠，也聽不清屋裡的哥兒倆在聊啥。只是隱約透過映在窗戶上的影子，看到晉王趙光義好像離開了桌子，揮舞著雙手，在推辭什麼一樣。

雪越下越大，在地上堆了厚厚的一層。趙匡胤不知道是喝嗨了還是怎麼的，竟然跑到門外，拿著柱斧戳雪玩，還邊戳邊說道：「好做，好做！」這句話明顯是對弟弟趙光義說的，可以理解為「好好幹啊」，也可以理解為「幹得好啊」。說完趙匡胤困勁上來了，回屋倒頭就睡，呼嚕聲打得震天響。

兄弟間喝頓酒本來是再普通不過的事情，但這頓酒卻注定要載入史冊。因為就在喝完酒的幾個小時後，剛滿五十歲的宋太祖趙匡胤突然死亡。然後趙光義就繼承了哥哥的皇位，成了北宋的第二位皇帝宋太宗。

而那一夜的酒局也被稱為「燭影斧聲」，在後世引發了巨大的爭論。元代詩人張憲就在詩中寫道：「深宮燭影夜無人，漏下嚴更天四鼓。寡婦孤兒不敢啼，戳地有聲金柱斧。」《遼史》中也說：「宋主匡胤殂，其弟炅[1]自立。」

詭異的酒局，隱祕的談話，搖曳的黑影，手中的柱斧……這些關鍵詞湊到一起，很難不讓人聯想到密室殺人案的情節。也正是因為「燭影斧聲」這件事本身就有太多說不清道不明的地方，所以宋太宗繼位的合法性一直被人質疑。

那麼，宋太祖趙匡胤到底是怎麼死的，趙光義真的是殺兄奪位的兇手嗎？

明眼人一看，趙光義的殺人動機簡直不要太充足，畢竟哥哥一死，大宋的皇位就歸他所有，還能有比這更大的好處嗎？還真未必，畢竟哥哥不死，這個皇位也可能是趙光義的。

自唐末五代以來，大家都默認一個「潛規則」——如果哪位宗室能同時湊齊開封府尹加親王爵位這兩個頭銜，那他就是皇位的繼承人。巧了，趙光義的頭銜就是晉王兼開封府尹，是字面意思上的「一人之下，萬人之上」，更是習慣上默認的下一任皇帝。

但趙匡胤為什麼放著親兒子不傳，偏要把皇位傳給弟弟呢？這也算亂世的特殊國情，動盪的局面需要成熟的繼承人來保證權力過渡的穩定。所以五代中的皇帝選擇立弟弟、立侄子、立養子的案例比比皆是，立兒子的反而不常見。趙匡胤稱帝後也延續了這個傳統，他一開始就是把弟弟當繼承人來培養的。

1 宋太宗原名趙匡義，宋太祖登基後為避兄長之諱被賜名趙光義，繼位為帝後改名趙炅。但後世習慣上仍稱其為趙光義。

有了這個前提，不管趙光義怎麼積攢力量，招攬人才，組建團隊，趙匡胤都聽之任之。也曾有人給趙匡胤打小報告，說應該提防趙光義過於做大做強。但趙匡胤的反應卻是勃然大怒，說你怎麼敢離間我們兄弟的感情？然後直接把打小報告的人給宰了。

按現在的標準，趙匡胤絕對算是個「弟控」。弟弟的房子供水困難，他親臨施工一線，監督工程進度；弟弟生病臥床，他親自給弟弟做艾灸理療；弟弟喝醉了，他特許弟弟在宮中騎馬，還親手把弟弟「扶上馬」「送一程」，甚至逢人就誇弟弟「龍行虎步」，一看就是「太平天子」……各種暗示明示的跡象都讓人覺得趙匡胤是要把天下傳給弟弟的。

但是，人是會變的。血緣繼承的特性，人性自私的本能，都必然導致皇帝更傾向於「父死子繼」，而不是「兄終弟及」。趙匡胤也是人，必然無法逃脫這個基本規律。

當王朝初立、危機四伏之時，選擇弟弟當然是最優方案。但隨著北宋局勢逐漸穩定，各項制度逐步確立，趙匡胤已經看到了結束亂世的曙光。既然如此，一個念頭就不受控制地在他的腦海裡瘋狂滋生——似乎，大概，也許，把皇位傳給兒子，也不是不行吧？

雖然史書裡盛讚趙匡胤是多麼毫不利己、專門利人，兄弟倆是如此感情深厚、兄友弟恭，但那都是官方的通稿，並不能代表事實的真相。實際上，兄弟倆之間的明爭暗鬥一點都不少。

比如，趙匡胤小時候有個啟蒙老師，被稱為「陳學究」。趙匡胤對這位老師有點感冒，而趙光義卻偷偷把陳學究招攬到自己的業務團隊，很多事情都讓陳學究參與決策。趙匡胤知道後非常生氣，把弟弟臭罵了一頓，逼著他把陳學究給攆走了。

還有一次，趙光義的貼身宦官申請把宮中儲備的大塊木料拿來做小家具，趙匡胤直接在批語裡飆髒話：破大為小這個餿主意你也能想得出來，信不信我分分鐘砍了你的狗頭啊？

有的官員在工作上犯了大錯，眼看就要被皇帝處理，但只要找到趙光義出面，就能把事情擺平。甚至就連趙匡胤下旨要逮捕的罪犯，趙光義也敢庇護，完全不把皇帝的旨意和律法的尊嚴放在眼裡。

這些雖然都是小事，但某種程度上可以證明趙匡胤和弟弟的關係並沒有說的那麼融洽。多年來，趙光義利用手中的權力和海量的資源，招攬了一批文武幕僚，其有名可考的核心團隊成員就有六十六人之多，整個團隊每年的活動經費更是高達「數百萬計」。史書上有這麼一個段子，非常能說明情況：

太尉党進是趙匡胤的愛將，平時囂張跋扈，誰都不放在眼裡，最大的愛好就是放生猛禽。有一次，党進看到一個下人正在調養一隻鷂鷹，衝上去就要繼續自己偉大的慈善事業。但那個下人卻說：這是晉王（趙光義）養的，你要是敢亂動我就去告訴晉王！一聽說是晉王的，党進的態度立馬來了個一百八十度轉變，自掏腰包給了那個下人一筆錢，讓他趕緊去市場上給這隻鷂鷹買點肉吃，並細心囑咐他千萬得好好養啊，可別被貓啊狗啊給傷著了喲！看看，這一國軍隊總司令，還有兩副面孔呢。

事實上，當時的北宋已經形成了趙匡胤和趙光義兩個政治中心。趙匡胤發現弟弟的實力已經壯大到無法隨意拿捏的程度，自己想改弦更張也不是那麼容易的事情。老趙說到底也是個重感情的體面人，讓他親自下場和弟弟撕破臉，這個他是做不出來的。

但老趙做不出這種事，不代表別人不能。當朝宰相趙普就是個心思通透的「體己人」。作為一起創業的元老重臣，趙普和趙匡胤、趙光義兄弟都非常熟悉，他一早就看出了趙匡胤心裡的彆扭，所以「善解人意」的趙普自然要替皇帝分憂，強烈反對傳位給趙光義了。[2]

朝堂上，他和趙光義互為政敵，沒少給趙光義打小報告。趙光義想任用親信，趙普就給他拆臺；朝中誰和趙普關係好，趙光義也是各種打擊報復。他們之間的衝突已經到了不可調和的地步。就連趙光義都承認，只要趙普在宰相的位置上坐一天，自己就沒希望繼承皇位。

可是，趙普雖然是當朝宰相，但趙光義羽翼已成，他的支持者不斷攻擊趙普，最終逼得趙匡胤不得不拿掉趙普，以此來緩和與弟弟的關係。西元九七三年，開寶六年八月，趙普被罷相外放，被踢出了中央決策層。

也就是在這件事發生的一個月後，趙光義封晉王，獲得了大家心中默認的「儲君之位」。其親信盧多遜升參知政事，楚昭輔升樞密副使，他的勢力已經開始控制中樞。

此時距離趙光義擔任開封府尹已經過去了十二年。如果沒有他十二年來的苦心經營，這個「儲君之位」又怎麼可能落到他頭上？史書中總是強調趙匡胤傳位弟弟的主觀意願，卻忽略了趙光義這個弟弟實際上已經強大到繼承人非他莫屬的地步。

對於趙匡胤來說，正面壓制弟弟已經不可能，只能側面迂迴，培養自己兒子的勢力。

就在趙普罷相、趙光義封王後不久，趙匡胤也一改之前對兩個兒子的「吝嗇」，封長子趙德昭為興元尹、山南西道節度使、檢校太傅、同中書門下平章事，封次子趙德芳為檢校太保、貴州防禦使，讓兩個兒子正式參與政務。尤其是進入開寶九年（九七六）後，趙匡胤明顯加大了動作。

二月，他派長子趙德昭出面接待了來訪的吳越王錢俶。這種高規格的國事訪問，以往都是趙光義負責的，但這次趙匡胤卻把這個露臉的活交給了兒子趙德昭，分明是有意地抬高兒子，打壓弟弟。

三月，趙匡胤帶著趙光義巡遊洛陽，突然提出想遷都洛陽。而洛陽的最高地方長官正是趙匡胤次子趙德芳的岳父。

雖然趙匡胤為「遷都洛陽」找了一大堆國防軍事、政治民生之類的理由，但明眼人都看得出來，這就是趙匡胤想脫離趙光義經營多年的開封，為後續可能的動作提供一個相對寬鬆的環境。

趙光義當然也看得出來。所以他強烈表示反對，最終逼得皇帝哥哥放棄了這個想法。精明如他，又怎會察覺不到氣氛的微妙變化？借用一句經典臺詞就是：留給趙光義的時間不多了。除非，哥哥趙匡胤剩下的時間更少。

所以，是時候做點什麼了。

就在「燭影斧聲」發生的前一天，一樁靈異事件引起了趙匡胤的注意。有個叫張守真的道士稱自己得到了「神諭」，趙匡胤派心腹宦官王繼恩去找張道士，卻得到了這樣一句話：「天上宮闕已成，玉鎖開。晉王有仁心。」

2 明末清初學者王夫之在《宋論》中提出：身為宰相的趙普正是因為看出了皇帝不願傳位給弟弟的心理，所以才強烈反對趙光義上位。

這話什麼意思呢？

高情商說法：恭喜陛下拎包入住天上宮闕，人間的鬧心事交給有帝王仁心的晉王就好啦！

低情商說法：陛下您趕緊死吧，好給你弟弟騰位置……

趙匡胤：?!

後人普遍認為，這個張守真是趙光義的人，企圖用神鬼預言為趙光義的上位製造輿論。也就在這個所謂的「神諭」出現後，趙匡胤就把弟弟叫進宮裡來喝酒了。

在那個兄弟密談的大雪之夜裡，到底發生了什麼呢？

首先要明確一點，那個引人遐想、怎麼看怎麼像兇器的「柱斧」，它就不是個斧頭，而是用水晶或金屬做成的擺件裝飾品。還有觀點認為所謂的「柱斧」，其實是「柱拂」。對，就是道士手裡的拂塵，是古人用來驅趕蚊蟲的，反正和「兇器」就沒有一毛錢關係。

而趙匡胤是在喝酒幾個小時後，在睡夢中突然死亡的，連遺言都沒有留下。這樣的猝死通常只有兩個可能：一是中毒身亡，二是突發急病。

如果趙光義想在酒桌上給哥哥下毒，從操作層面上來說是完全可以實現的，因為宋代已經出現了相應的作案工具——一種設有機關的「陰陽酒壺」，一半裝毒酒，一半裝正常的酒，可以神不知鬼不覺地給受害者下毒。據說趙光義的二兒子就是這麼被人毒死的。而趙光義又有疑似下毒害人的「黑歷史」——南唐後主李煜過生日，趙光義給李煜送了杯壽酒，當晚李煜死了；吳越王錢俶過生日，趙光義派人陪錢俶喝酒，然後錢俶也死了。

咱也不知道為什麼，反正和趙光義喝過酒的人，特別容易把生日變成忌日就是了。但考慮到趙匡胤的身體情況，也不能完全排除疾病的原因。

看流傳下來的皇帝畫像就能發現，北宋的前六位皇帝——太祖、太宗、真宗、仁宗、英宗、神宗全都是大胖子。現代醫學已經證明，肥胖人群是心臟腦血管疾病的高危險人群。北宋九位皇帝中的四位——真宗、仁宗、英宗、神宗都確診了腦血管疾病，從家族遺傳的角度來說，趙匡胤也患有遺傳性高血壓和腦血管疾病的可能性非常高。

再加上趙匡胤當上皇帝後還有一個奇葩愛好，就是半夜不睡覺，到處瞎溜達。比如被當成美談的「雪夜訪趙普」和被當成疑案的「燭影斧聲」，全都是發生在三更半夜。這很可能就是心理壓力過大導致的神經衰弱，不然正常人誰半夜不睡覺總往外跑啊？甚至不能排除趙匡胤患有恐懼症、憂鬱症或狂躁症之類疾病的可能。

趙匡胤愛喝酒，年輕的時候喝斷片是經常的事，稱帝後雖有所節制，但沒事也總是愛喝兩口。在「燭影斧聲」發生的當天，老趙拿著柱斧跑到門外戳雪的童真行為，怎麼看都有點喝多了耍酒瘋的意思。人在喝酒後吹冷風，酒勁會上頭得特別快，所以他立刻就回屋睡著了，並且「鼻息如雷」。

愛喝酒，身體肥胖，神經衰弱，有家族遺傳病史，睡覺打鼾嚴重……如果你去醫院跟大夫如此描述自己的身體狀況，估計大多數醫生都會懷疑你有高血壓或腦血管疾病，建議你做個詳細的體檢了。

但在趙匡胤猝死前的一個月裡，他看起來又精力充沛，到處出訪，頻繁參加各種公開活動，並沒有留下任何身體不適或者求醫問藥的記錄，也不像是個要病死的人。這是怎麼回事呢？

結合現代醫學去考慮，腦血管疾病的特點就是事先沒有明顯徵兆，發病突然，病程發展迅速，致死率極高。就在趙匡胤去世前一年，即開寶八年（九七五）九月，向來弓馬嫻熟的趙匡胤在一次狩獵活動中突然遭遇意外——趙匡胤胯下的御馬「馬失前蹄」，把趙匡胤甩到了地上。這給老趙氣得不行，抽出佩刀就把馬給殺了。

但是當氣消了之後，趙匡胤立刻開始了反省，他表示這次意外和馬沒有關係，是我身為天子卻玩心太大導致的，從此以後老趙就把打獵這個愛好給戒了。

這個故事聽起來完全是一個明君聖主知錯能改的典型案例。但《邵氏聞見錄》在此處卻比官方史書多記了一筆，那就是趙匡胤抽刀「殺馬」前脫口而出的一句話：「吾能服天下矣，一馬獨不馴耶？」翻譯過來就是，老子連天下都能搞定，還擺不平你這匹臭馬？

一個人下意識說出的話，往往最能反映內心的真實情緒。趙匡胤的這句氣話雖然顯得霸氣十足，但細細琢磨一下，總是有一種略顯無奈的憋悶感。「吾能服天下矣，一馬獨不馴耶？」身為皇帝真的能隨心所欲地「服天下」嗎？不馴的真的只有這匹馬嗎？用反問的語氣來表示肯定的意思，可以強調事實，也可以是宣洩不滿。

趙匡胤的這次當眾失態，更像是焦慮過度引發的情緒失控，甚至有觀點認為此時的趙匡胤很可能已經出現了輕微的腦溢血或腦梗塞，進而引發了肢體運動功能的損傷。而這種身體的細微改變，只有當事人自己最清楚。

另外，在「燭影斧聲」發生之前，趙匡胤曾出京祭拜自己的父母，哭墳的時候莫名其妙地來了一句：我以後就不能再來看你們二老啦！

按理說這也不是什麼遠隔千山萬水的距離，「不能再來」這個結論又從何而來？也是在這次出行中，趙匡胤非常莫名其妙地給自己選定了陵寢地址，甚至連陵寢的名號都定了。也許，此時的趙匡胤已經感到了自己即將走向生命的終點，所以他需要做點什麼。

在宋朝的官方史書裡，當「晉王有仁心」事件發生後，趙匡胤就立刻把弟弟趙光義叫進宮「囑以後事」。字裡行間給人這樣一種感覺：太祖知道自己要死了，所以叫弟弟來交代後事。

但是這也說不通啊。如果是這樣類似立遺囑的行為，為什麼只有兄弟倆在場？按理說應該找個第三方當公證人才對，不然這個所謂的遺囑根本就不作數啊。

如果我們把官方史書中刪掉的一個訊息加回來，就會獲得一個全新的思路。那就是當趙匡胤聽到張守真說「晉王有仁心」之後，第一反應是「要砍了這個胡說八道的玩意兒」，只不過當晚趙匡胤就死了，這事就沒來得及辦。[3]

也許「燭影斧聲」發生的那一夜，事情的發展是這個樣子的。

張守真：陛下，晉王有仁心啊！

3《續資治通鑑長編》主要依據《國史符瑞志》編纂並補充《談苑》部分內容，但未取《談苑》「太祖聞守真言，以為妖，將加誅，會晏駕」之語。

趙匡胤：你過來，看我不打死你！

趙光義：我的好哥哥，別激動，別激動！來，咱倆喝一杯哈！

趙匡胤：我的好弟弟，你幹得好，幹得好啊！這個小風一吹有點暈，我先睡，剩下的事醒來再說！

趙光義：好嘞，我先撤了。

趙匡胤：呼嚕，呼嚕，呼嚕——卒。

嗯，情況就是這樣。

當趙匡胤聽說了所謂的「神諭」後，第一反應是要把發「神諭」的人弄死，第二件事就是叫弟弟來「聊聊」，然後他當晚就死了。按照這個邏輯，趙匡胤有可能是被弟弟氣成腦溢血或心肌梗塞的。甚至所謂的「下毒」也不一定非得是致命毒藥，只要是能導致發病的藥物，就能有同樣的效果。

哥兒倆喝酒的這天正好是宋代的法定休息日，官員都不上班。而且趙匡胤的軍中親信也大多隨軍出征北漢，正是皇帝身邊守備空虛的時刻，實在是很適合搞點陰謀。

當然，這所有的一切都只是猜測。除非我們能看到趙匡胤的驗屍報告，否則就永遠無法百分百確定他死亡的原因。但我們可以確定的是，趙匡胤此時的猝死，對趙光義來說是最有利的。因為夜長夢多，如果趙匡胤再多活十年八年，事情可能就完全是另一種局面了。

在這樁「燭影斧聲」的千古謎案裡，趙光義的「弒兄」雖然存疑，但「奪位」卻是實錘，如果不是他事先準備充分，臨場反應及時，這個皇位還真不一定能輪到他來坐。

當侍寢的宋皇后在後半夜發現皇帝去世後，她做的第一件事就是派趙匡胤的心腹宦官王繼恩去找趙德芳進宮。注意，是小兒子趙德芳，而不是長子趙德昭。

宋皇后這麼做可能是因為趙匡胤生前就打算傳位給趙德芳，也可能是因為趙德芳是宋皇后撫養長大的。宋皇后沒有子嗣，作為養母，她當然希望和自己更親近的趙德芳繼位。

但宋皇后的心路歷程，跟宦官王繼恩並無關係。按照官方史書中的說法，王繼恩「早就知道」皇帝真正想傳位的是晉王趙光義，所以他根本就沒聽宋皇后的吩咐，而是出宮後直奔開封府去找趙光義了。

這就是趙光義的「事先準備」——王繼恩雖然是皇帝的貼身宦官，但他早就是趙光義的人了，之前配合張守真發布「晉王有仁心」的也是他。能收買皇帝的心腹宦官，趙光義的用心自然不單純。

更神奇的是，當王繼恩頂著風雪趕到開封府時，發現趙光義的幕僚之一、傳說中擅長醫術的程德玄正哆哆嗦嗦地蹲在門口，就好像知道有人要來一樣。

程德玄有醫學知識，這種知識可以用來下毒，也可以用來預判趙匡胤的發病，但不管怎麼說這位老兄的確是成功預測了「燭影斧聲」的發生，所以才提前守在門口。

但當程德玄帶著王繼恩找到趙光義把事一說，趙光義卻猶豫了半天也沒決定要不要入宮。因為半夜入宮本來就是一件很犯忌諱的事。當年武惠妃騙唐玄宗的太子李瑛說宮裡出了盜賊，李瑛信以為真，帶著三個兄弟全副武裝地衝進宮裡來抓賊，卻被誣陷為造反，最終落得個廢黜賜死的下場。如果這也是哥哥趙匡胤設下的局怎麼辦？趙光義必然要考慮這種可能的風險。

趙光義猶豫不決，王繼恩卻急得直跳腳，催促著趙光義趕緊走吧，不然就讓別人搶先了啊！是的，雖然趙光義是大家默認的「儲君」，但畢竟沒有正式的法律文件，一旦讓大哥的兒子搶先進了宮，就可能導致皇位繼承出現不可控的變數。

王繼恩的話終於讓趙光義下定了決心，於是他和王繼恩、程德玄三人頂著風雪，三更半夜悄悄步行入宮。走到宮門口時，王繼恩還習慣性地想按照程序，先通報再進門。程德玄直接一嗓子喊道：都什麼時候了，還在乎這個啊，直接往裡闖就完了！

趙光義一想也是，那也就不客氣了，跟在王繼恩身後就往宮裡闖。那邊宋皇后還在等回信呢，聽到王繼恩的腳步聲後，很自然地問了一句：是德芳來了嗎？王繼恩卻回答道：不，是晉王到了。接下來發生的一幕非常值得玩味。

宋皇后見到闖進來的趙光義，又是吃驚又是害怕，但她馬上就明白是怎麼回事了，立刻脫口而出：我們母子，以後就全靠官家啦！

官家，是宋代對皇帝的稱呼。宋皇后的這聲「官家」直接表示放棄了對皇位的爭奪。作為皇帝的枕邊人，宋皇后非常清楚趙匡胤的真正想法，也瞭解趙光義在朝中的勢力。原本皇帝死後，如果趙德芳能第一時間到現場，也許她們母子還有翻盤機會，但現在來的是趙光義，她就一絲機會都沒有了，所以她只能屈服。

而趙光義也心領神會地應下了這聲「官家」，並表示不要擔心，以後一家人都好好過。掌控了局面之後，趙光義迫不及待地開始了繼承皇位的操作。

開寶九年十月二十日，宋太祖趙匡胤駕崩，死因不明。

二十一日，趙光義在哥哥的靈柩前接受了繼位的遺詔。當然，遺詔只是用已故皇帝的語氣寫的遺書，大部分都不是死者本人寫的。但不管怎麼說，這也算趙光義即位的合法手續。

這之後趙光義還率領大臣舉行了一個小規模的遺體告別儀式。大臣們看到趙匡胤的遺體「玉色溫瑩，如出湯沐」，顯然屍體是經過處理的，至少從表面上看不出什麼兇殺謀殺的痕跡，但特意把人叫來看這事總讓人有種「此地無銀三百兩」的感覺。

二十二日，趙光義改年號為太平興國，這也不是個常見的操作。因為按照傳統，新皇帝出於對先帝的尊重，都是到第二年才改年號。只有極特殊情況，比如當年唐肅宗靈武繼位第一時間改了年號，就是為了逼老爹唐玄宗提前退休，造成政權更替的既成事實。但趙光義卻在即位第二天就改年號，這裡面就有很強烈的搶班奪權味道，好像迫不及待要讓局面穩定下來一樣。

以上的種種不尋常，都說明趙光義的繼位並沒有他說得那麼理所當然。所以他才選擇了快刀斬亂麻，生米變熟飯，在最短的時間走完全部流程，坐實自己的皇帝身分。

正因為趙光義的繼位過程如此曲折，才會有那麼多的流言蜚語。而這份壓力在皇帝生涯中也始終伴隨著趙光義，對他的執政作風乃至整個北宋的歷史走向都產生了重大影響。趙光義即位後對內強化重文抑武，對外兩次北伐遼國，都是這一底層邏輯的體現。

有趣的是，當北宋滅亡、南宋建立後，宋高宗趙構因為沒有生育能力，只能從宗室子弟中選擇一個繼承人。最終趙構選擇了宋太祖趙匡胤七世孫趙昚為繼承人，即宋孝宗，此後南宋的皇帝從血脈上來說都是趙匡胤的後代。

兜兜轉轉百多年，皇位沒了又回來。但那個風雪交加的夜晚留下的謎團，卻依然讓每個讀史至此的人都抓心撓肝。

真想回到那一夜，聽一聽趙家兄弟倆在酒局上到底說了啥啊。

最熟悉的陌生人：真假帝姬案

西元一一二九年，南宋建炎三年冬，一個叫韓世清的將領在江西蘄州剿滅了一夥土匪。這本是一次普通的剿匪行動，但在戰後清點戰俘時，一個土匪的家眷卻突然表示自己的真實身分是柔福帝姬，當今官家趙構的親妹妹。

韓世清雖然是個粗人，但也知道「帝姬」這兩個字代表著什麼。在宋徽宗時代，帝姬就是對公主的特殊稱謂。

柔福帝姬本名趙多富，又名趙嬛嬛或趙環環。[1]她是宋徽宗趙佶的第二十一女。[2]兩年前靖康之變，開封城破，北宋徽欽二帝和趙宋宗室幾乎全被金國人打包綁回了東北老家，其中自然就包括時年十七歲的柔福帝姬。但是現在，這位被擄走的帝姬竟然出現在一個土匪窩裡，這劇情實在是有點魔幻。韓世清等人立刻給宋高宗打報告，請求帶兵護送柔福帝姬前往皇帝的所在地。

不過這個報告卻被宋高宗給打回來了。宋高宗聽到這個消息的第一反應是：你這帝姬，保證真

1 《開封府狀》與《宋俘記》中記載為：趙多富、趙嬛嬛。《三朝北盟會編》中記為：趙環環。

2 《開封府狀》與《宋俘記》中記為第十女。《宋史》記為第二十女。《三朝北盟會編》《皇宋十朝綱要》記為第二十一女。

貨嗎？事關皇室血脈，宋高宗就先把這個不確定真假的「妹妹」安置在越州，然後派內侍省押班馮益、宗婦吳心兒前往越州「驗貨」。

馮益曾服侍過柔福帝姬的母親王貴妃，他一見面就覺得眼前這個女子長得很像柔福帝姬。馮益又和吳心兒一起問了眼前女子很多宮裡的往事，類似生活起居啊，人際關係啊，八卦趣聞什麼的，這位自稱「柔福帝姬」的女子也能答得上來，甚至能叫出宋高宗的小名。看起來這帝姬身分是八九不離十了。

但他們也發現一個問題，北宋末期宮廷中很流行纏足，雖然宋代的纏足還沒變態到明清時期那種摧殘健康的程度，但一般貴族家的女子都以腳「弓」「窄」「小」為美，而眼前的女子卻是一雙大腳，這個怎麼解釋呢？

只見「柔福帝姬」皺著眉頭悲傷地說道：當年我們被金人像牛羊一樣驅趕著，長途跋涉走了上萬里路，這腳就是走路走大的啊。這話說得，帶著一分入情入理的解釋，二分不堪回首的悲傷，三分委曲求全的追憶，四分劫後餘生的哀涼，反正是令人十分地信服，基本上可以確定為真了。

接到消息的宋高宗開心地封柔福帝姬為福國長公主，欽賜豪宅一座，並選中了宋神宗之母宣仁太后高滔滔的侄孫——永州防禦使高世榮為駙馬。柔福帝姬出嫁時，宋高宗還特意包了一個大紅包給這個妹妹當嫁妝，足足有一萬八千緡，緡就是一千文銅錢的意思，這可不是筆小錢。之後宋高宗還隔三岔五地給妹妹發錢發福利，雜七雜八加起來高達四十七萬九千緡。

如果沒有接下來發生的事，可能這段兄妹相認的感人故事就能一直演下去了。然而，意外就是來得那麼猝不及防。

西元一一四一年，在宋高宗和秦檜君臣持之以恆的屈辱求和下，南宋和金朝簽訂了《紹興和議》，結束了多年的戰爭。

西元一一四二年，金朝同意遣返高宗母親韋氏，以及宋徽宗、徽宗鄭皇后、高宗原配妻子邢皇后的梓宮。梓宮指盛殮皇帝、皇后或重臣遺體的棺材。但金朝的風俗是實行火葬，連棺材都不用，所以送回來的實際上只是死者的骨灰盒，而且這盒裡都未必有骨灰，可能就是在火葬現場隨手抓的一把土，甚至乾脆就是個空盒。但宋高宗卻並不在意這些細節，只要母親能活著回來就行。可母子相見後韋氏卻帶來了一個令人震驚的「真相」。

韋氏說：兒啊，你知不知道你被金國人恥笑了，說你錯認了一個冒牌貨當妹妹？你好吃好喝好招待的那個柔福帝姬是冒充的啊。其實柔福一直和我待在一起，我回來之前她剛死，還是我給她操辦的後事。你看，我連她的遺骨都帶回來啦！

宋高宗聽完震驚了。好傢伙，詐騙都詐騙到皇帝頭上了，這還得了？於是他立刻把這個所謂的「柔福帝姬」交由司法機關調查，最終揭穿了詐騙犯的真面目。

原來這個「柔福帝姬」是開封乾明寺的尼姑，本名李善靜[3]。她和其他女子一起在靖康之變中

3 姓名有爭議。《建炎以來朝野雜記》《文獻通考》作「靜善」，《建炎以來系年要錄》《中興小紀》作「善靜」，《宋史》兩者並存。本文作「李善靜」。

被金人擄走。在北上的路上，李善靜認識了一個叫張喜兒的宮女。張喜兒曾經服侍過真正的柔福帝姬，見李善靜和柔福帝姬長得很像，就和她說了很多宮中的事情。李善靜不停打聽和柔福帝姬相關的資訊，用心記憶，刻意模仿，在這時候她就已經以「柔福帝姬」自居了。

後來李善靜趁著金人不注意，逃離了北上的隊伍，被三次拐賣後落到了流寇的手裡，這夥流寇就是本文開頭提到的被韓世清剿滅的那群土匪。土匪被剿滅，李善靜害怕遭受牽連，就謊稱自己是柔福帝姬，後來又騙過了層層查驗，冒充柔福帝姬達十二年之久。

事已至此，案情真相大白。大理寺經審理後判處李善靜死罪，宋高宗親自下旨將李善靜亂棍打死。受此案牽連，當年負責查實李善靜身分的馮益、吳心兒被免職流放。最無辜的是那個駙馬都尉高世榮，他又沒做錯什麼，只是因為娶了個假公主，當了個假駙馬，之前朝廷給的所有的官職和福利都被「追奪」，落了個竹籃打水一場空。當時的臨安人還特意編了個段子笑話他：「向來都尉，恰如彌勒降生時；此去人間，又到如來吃粥處。」

至此，震驚朝野的「柔福帝姬冒充案」，就在不到一個月的時間裡迅速地結案了。對於此事史書中的記載大概就是：親媽回家，你妹有假，啟動調查，結案拿下。怎麼看都是一個犯人罪有應得，真相得到揭露，正義得到伸張的正面案例。

當然，只是在「官方層面」的結案而已，仍有人暗中替「柔福帝姬」鳴不平，說這個可憐的女子根本就不是冒名頂替，恰恰因為她是真的柔福帝姬，知道韋太后很多不願意被別人知道的祕密，所以韋太后才逼著兒子宋高宗殺柔福帝姬滅口。

這就是發生在南宋初年，直到今天還讓人爭論不休的「真假帝姬案」。那麼，柔福帝姬到底是真是假？

可能有人會奇怪，公主還能冒充？宋高宗怎麼連自己妹妹都認不出來，還得通過別人來辨認，又是看長相又是問過往的，宋高宗這個哥哥當得也有點太不上心了吧？

這個事還真不能怪宋高宗，不是他不認真，實在是他爹宋徽宗太會生了。宋徽宗是中國古代皇帝中有名的「超生游擊隊」。他嬪妃眾多，生下的子女也多。在被金國人俘虜到東北後，這位老兄還在那樣屈辱惡劣的環境下生下六個兒子和八個女兒，全加起來有過八十多個孩子。

宋代對宗室子弟的管理又很嚴格，出門要報備，回宮有門禁，社交有限制，行動不自由。說是錦衣玉食的天潢貴胄，其實不過是形同軟禁的囚犯而已。從輩分上來說，柔福帝姬應該叫趙構九哥，趙構應該叫柔福二十一妹。但兩人畢竟不是一個媽生的，平日裡可能都沒見過幾次，堪稱最熟悉的陌生人，認不出來才是正常的。

事實上，南宋初年假冒皇親國戚的案子很多，只不過大部分冒充者要麼被現場拆穿，要麼在查驗環節露餡。比如就在「柔福帝姬」回歸兩年後，有一個冒充欽宗親妹妹榮德帝姬的女子來認親，宋高宗派去老宮女一檢查就查出來是冒名頂替的。

所以柔福帝姬能通過重重審核，平平安安地當了十二年皇帝妹妹，說她是冒名頂替確實有點不可思議。但從另一個角度來說，柔福帝姬的回歸也存在著很多不可思議的地方。

靖康之變時，被俘的宗室女子被逼跨越崇山峻嶺，穿過沙漠沼澤，朝不保夕，食不果腹，疾病纏身，風餐露宿，還要隨時忍受金兵的侵犯，很多人就這樣死在了北上的路上。經歷了地獄般的三個月後，僥倖活下來的韋氏和柔福帝姬等人被帶到了金朝的上京會寧府，然後被安排在洗衣院[4]，一待就是好多年。如果「柔福帝姬」是真的，她是怎麼從看守嚴密的上京逃離的，又是怎麼從東北一路南下江南的？這也是個謎。

無論真相如何，總之，韋太后一口咬定真正的柔福帝姬一直和自己生活在一起，從未離開過東北，去年就已經死在了五國城。

內侍李愕是跟著韋太后一起南下的隨行人員，他也證明真正的柔福帝姬後來嫁給了一個叫徐還的漢人，並最終死在了五國城。而徐還的父親內醫徐中立也在南下的名單中，他也可以證明李愕說的話，柔福帝姬就是他那死去的可憐兒媳婦。幾個人的證詞相互印證，形成了完整的邏輯鏈，看上去應該是確鑿無疑的鐵案。

但是在這樁案件背後似乎還隱藏著更大的祕密，比如揭發柔福帝姬假冒案的關鍵人物韋太后，身上就有很多說不清的謎團。

第一個說不清的就是，韋太后到底多大歲數。按照《宋史》的說法，韋太后以八十歲高齡壽終正寢。反推可知，靖康之變時韋太后四十八歲，是個年近半百的老太太。但是在《開封府狀》中卻白紙黑字記載著韋太后當時的年齡是三十八歲，是個風韻猶存的半老徐娘。

這十歲的年齡差，可就太有資訊量了。試想一下，面對如狼似虎的野蠻侵略者，四十八歲婦女遭受侵犯的機率肯定比年輕少婦要低得多，這是再明顯不過的道理。

《宋史》是嚴肅的官方史書，按理說是可信的。《開封府狀》雖然記載於私人著作，但這個史料的來源可不簡單，它實際上是當時金國人接收戰利品的收貨單。開封城外城被攻破後，金國人提出賠償軍費黃金一百萬錠、白銀五百萬錠，限十日內付清的無理要求，還「體貼」地給了一個「通融」的辦法——錢不夠，人來湊，明碼標價，有多少算多少。

於是徽欽二帝就按著戶口名冊順下去，將宮廷、宗室、官宦人家的妻女，還有城內的民間女子，哪怕是已經嫁人的、剛成年的、出家為尼的……總之，只要是女的，就全都綁來送給金國人。《開封府狀》上共記錄妃嬪八十三人，王妃二十四人，帝姬、公主二十二人，嬪御九十八人，王妾二十八人，宗姬五十二人等，共計一萬一千六百三十五人。像韋氏這樣有封號的妃嬪，其姓名、年齡等個人資訊都要嚴格核對，仔細記錄，被錯誤記錄或篡改的可能性很小。再者說面對侵略者，女子謊報年齡也是盡可能往老了說，哪有明明四十八歲卻偏說自己三十八歲的，這是生怕自己不被人盯上嗎？

還有史料記載，韋氏是被退休宰相蘇頌送進宮當宮女的。結合蘇頌的退休時間以及宋代招收的宮女不能超過十三歲的規定來推測，韋氏在靖康之變時也應該是三十八歲。

所以有史料稱韋氏到了北方後，先入洗衣院為宮奴，後來可能和柔福帝姬一起嫁給了蓋天大王完顏宗賢，甚至有人說韋氏還生過兩個孩子。這個事如果屬實，那絕對是驚天醜聞。韋氏是絕對不

4 洗衣院，又稱浣衣院，是供金國皇族及貴族挑選女子以淫樂的地方，也作收容、懲罰宮女之用。

會允許任何人洩露這個祕密的，不然她哪還有臉當什麼太后啊？

史書中有這麼一段記載：

紹興十二年（一一四二）八月二十二日，韋氏第一天入住臨安慈寧宮。宋高宗好不容易和母親重逢，開心地陪著母親說話到半夜，但韋氏卻表示自己有點累了，反覆催促兒子回去睡覺。宋高宗不得已，就聽話地回去了。

可是兒子走後，韋氏雖然已經換了就寢的睡衣，卻盤腿坐在床上，不知道在想些什麼，一直尋思到後半夜才躺下入睡。史書在這裡寫了一句「太后聰明有遠慮」。

韋太后的「聰明」和「遠慮」，指的是什麼？

反正我們只看到回歸後的韋太后先是表示要出家，被勸阻後也終身穿著道袍，一副方外之人的造型，似乎在努力淡化自己作為「女性」的身分。而就在韋太后回歸一個月後，「柔福帝姬」被舉報了。而且出面舉報的宮女楊氏，作為關鍵證人的內侍李愕和內醫官徐中立，全都是韋太后的身邊人。

更神奇的是，被金國人抓走的皇室宗親那麼多，死在北方的帝姬公主也不是一個兩個，可她卻偏偏帶回了剛好可以作為證據的「柔福帝姬」的屍骨。這個女子究竟有什麼特殊之處，能和宋徽宗本人、宋徽宗皇后和宋高宗原配妻子的屍骨一個待遇，被千里迢迢地運回南宋呢？

總之，我們只看到能指證「柔福帝姬」的人證、物證一次性全都湊齊了，並且全都和韋太后有關，這難道不是太湊巧了嗎？而且除了柔福帝姬之外，還有一些有可能知道韋太后過往經歷的人，也都疑似遭到了打擊。

比如和金朝對接韋太后南下事宜的參知政事王次翁，被韋太后找藉口告了一狀，差點被皇帝當場宰了。幸虧他是秦檜的親信，最後免於一死，直接被強制退休了。王次翁的手下、隨員等，也因「妄造言語，動搖人心」之罪被發配邊疆了。

還有被扣留在金朝十五年的洪皓，他忠於宋朝，在北邊不斷搜集金朝的消息情報，是被高宗譽為「蘇武不能過」的大忠臣，卻在韋太后回來後被冷落，因「造為不根之言，簧鼓眾聽，幾以動搖國是」的罪名被發配。

紹興十七年（一一四七）四月，韋太后朝拜景靈宮，這裡是存放趙宋皇室成員牌位的地方。但韋太后的弟弟韋淵卻對姊姊「出言詆毀」，然後也被收拾了。韋淵也是迎接韋太后南歸的團隊成員，他到底「詆毀」了什麼，史書上一個字都沒寫。但如果韋太后曾在北方嫁過人，又回來祭拜前夫的牌位，這在知情人眼裡，的確是值得說道說道的話題吧？

總之，不管是秦檜的黨羽、國家的重臣，還是皇親國戚，好像只要和韋太后南下沾上點關係的人，要麼被棄用冷凍，要麼被流放遠方，而且都是因為「誹謗」這類的罪名。

更耐人尋味的是，韋太后是南宋接受的第一批被俘家屬，也是最後一批。從此之後南宋再也沒從金朝那兒接回過任何皇室宗親。如果宋高宗不想讓哥哥宋欽宗這樣的男性成員回來，是怕動搖他的皇位，可那些被俘的女子對他又沒有什麼威脅，接回來幾個也算家人團聚吧？

但韋太后回來之後，這種事就再也沒有發生。不管是臨走前最好的姊妹喬貴妃叮囑她「莫忘了此中不快活」，還是曾經的皇帝宋欽宗哀求她「吾若南歸，得為太乙宮使足矣」，反正這之後宋金之間再也沒有發生過類似的俘虜送還。

有的人上岸後就砍斷了身後人手裡的救生繩，你說這又是為什麼呢？最合理的解釋就是韋太后不希望以後再有人從北邊回來，至於在她之前回來的嘛，嗯，也不是沒有處理的辦法。所以從邏輯上來說，韋太后有撒謊的動機，柔福帝姬有含冤的可能。

我們再來看「柔福帝姬」逃離金朝的可能性。

在金朝分批押送的過程中，的確有個別皇親成功逃脫的案例，比如濮安懿王的曾孫趙士珸等人。不過這些成功案例大多是宗室男性成員。嫁給完顏宗翰的順德帝姬在沒有報告的情況下私自離開，結果就被守軍給抓住了，這說明金朝對北遷趙宋宗室的看管還是很嚴格的。柔福帝姬一個年輕女子，不但要逃過金朝守軍的追捕，還要孤身一人從東北跨越萬里之遙，穿越宋金交戰的戰場成功抵達江南，這操作難度的確是有點過高。而且記載柔福帝姬死於北方的《呻吟語》和《宋俘記》這兩本書都是金朝人寫的，肯定沒有篡改事實配合南宋的必要。

但換一個角度來想，所謂的「李善靜」在招供時承認，她逃離隊伍時是被人連續拐賣了三次，這才流落到南邊的，這不是反過來證明如果柔福帝姬隻身逃亡，也不一定是憑藉自身的力量跑到南邊的，完全有可能是被「拐賣」過來的嗎？

同樣的史料，從正反兩方面似乎都可以解釋得通。除非有人能拿出「柔福帝姬」的DNA檢測報告來，不然永遠都沒法得到一個科學的結論。但我們可以換一個思路。也許「柔福帝姬」是真是假並不是最重要的，最重要的是宋高宗需要的是「真」還是「假」。

南宋初年的宋高宗除了要面對金兵的軍事壓力，還要擔心來自國內的政治壓力。他這個皇位從法理上來說其實是「自立」，畢竟他既不是太子，也不是先帝指定的繼承人，只不過因為有繼承資格的都被一網打盡了，這個皇位只能輪到他來坐。

對於這時的宋高宗來說，迫切需要獲得趙氏宗親的拱衛和認同，所以南宋初年取消了對宗室成員的諸多限制，允許老趙家的人廣泛參與政治。而對於可能南歸的皇親，南宋方面也是抱著一種寧可認錯、也不放過的心理。哪怕假冒案頻發，宋高宗依然下令地方如有自稱皇親的人，一定要鄭重招待、及時上報。

那些低劣的冒充者，自然是該怎麼收拾就怎麼收拾。但是像「柔福帝姬」這種各方面都沒法完全「證偽」的人，其實處在「可真可假」的模糊範圍。

既然如此，那就乾脆讓她變成真的！多養個妹妹能花多少錢、費多少勁？但由此帶來的政治收益卻是巨大的。畢竟有太多人罵宋高宗不出兵北方解救家人了。現在有一個送上門的「家人」，自己當然得好好對待，並且還得弄得舉國皆知，這樣才能盡可能地減輕宋高宗因為苟且求和而面對的輿論壓力。

但是隨著宋金合約的簽訂，宋高宗皇位也坐穩了，母親也回來了，一切都步入正軌了。這個妹妹是真也好，是假也罷，對於高宗來說都沒有區別。

既然母親說她是假的，那她就得是假的。一個連岳飛都能冤殺的人，就算殺了個有血緣沒感情的妹妹，又算得了什麼呢？

曹雪芹《紅樓夢》中有一副著名的對聯：「假作真時真亦假，無為有處有還無。」放在這裡，還真是貼切。

致命的「免死金牌」：朱元璋為何血洗功臣

西元一三八四年，大明洪武十七年，駐守北平的魏國公徐達背疽發作。作為大明開國功臣之首、帝國北部防線的最高負責人，徐達戎馬一生的赫赫戰功背後，是飽受傷病折磨的身體。

朱元璋聽說徐達的病情後，立刻派徐達長子徐輝祖攜帶皇帝敕書前往北平慰問，並且把徐達接回氣候相對溫暖、醫療條件也更好的南京療養。但是一年後徐達的病情卻突然加重，隨後病逝於南京，享年五十四歲。

徐達死後，朱元璋悲痛萬分。他不但輟朝哀悼，還親自到徐達家弔唁，親筆為徐達撰寫神道碑文，下詔追封徐達為中山王，配享太廟，極盡榮寵。但是，卻有人說朱元璋所做的一切都是貓哭耗子假慈悲。因為徐達就是他害死的——徐達背上長了毒瘡，這種病最忌諱吃「發物」，但朱元璋卻故意賜給徐達一隻肥膩的蒸鵝，徐達流著淚吃完，不久就病發身亡了。

卸磨殺驢、上房抽梯、過河拆橋、兔死狗烹……這就是朱元璋的真實嘴臉，僅「洪武四大案」[1]就殺了至少十萬人，其他零敲碎打弄死的人更是不計其數。哪怕是戰功赫赫、忠心不二的徐達也沒能躲過老朱的屠刀。

事情真的是這樣嗎？

先鬬個謠，徐達的死和蒸鵝無關，而且朱元璋壓根兒沒給徐達送過蒸鵝。用現代醫學的觀點來說，徐達所患的背瘡可能是因為金黃色葡萄球菌侵入毛囊而引起的急性化膿性感染，鵝肉並不會造成病情的惡化。從史料實證的專業上講，「賜蒸鵝」這個故事最後本來有一句「本故事純屬虛構」，明明是古人用來闢謠的聲明，沒想到傳著傳著竟成了謠言本身。

有人可能會說，朱元璋就算沒有殺徐達，但也沒少殺其他的功臣啊。

沒錯，如果不算事後追封的爵位，明朝建立後，能活著拿到公侯封爵的功臣共五十九人，其中有二十六人被朱元璋殺了，剩下的不是死得早就是被廢掉，保全到最後的僅有長興侯耿炳文和武定侯郭英而已。可以理解為朱元璋在自己走之前，把跟著自己打江山的老兄弟們幾乎全給送走了。以至於後來連參與修《明史》的徐乾學都具名吐槽，說在朱元璋手下幹到三品官的大老有三百多人，但能留下詳細記載的卻只有十分之一，不是其他人沒功勞可記，而是他們都被老朱宰了，導致史官們無從下筆，只能語焉不詳或一筆帶過了。

中國古代有很多君主自毀長城、屠戮功臣的案例。但論殺人數量之多，持續時間之長，清洗程度之徹底，明太祖朱元璋絕對是笑傲全場。清代史學家趙翼說朱元璋的殘忍程度在歷史上都是獨一份的存在，本質上就是個變態殺人狂。

但我們細看史書就會發現，其實朱元璋最開始完全沒有殺功臣的打算，甚至是打算和這幫老兄弟「朋友一生一起走」的。

早在朱元璋剛起兵時，他的首席智囊李善長就建議他學習「老鄉」劉邦的成功經驗。[2]所以朱元璋處處以劉邦為榜樣，效仿這位老鄉兼前輩的知人善任、仁義愛民。但朱元璋對劉邦的成功經驗並不盲從，他是取其精華去其糟粕，既有繼承，也有發揚。

西元一三六六年，這時候老朱還沒當上皇帝，有一天，他問了大臣們一個問題：「漢高祖、唐太宗誰更優秀？」有大臣表示漢高祖更優秀，但老朱顯然不認可這個觀點，他表示劉邦哪哪都好，但是太愛猜忌，殺了不少功臣，這樣做太不講究了。唐太宗不殺功臣，讓老兄弟們都能善終，顯然更優秀啊。

西元一三六八年，朱元璋在南京稱帝，年號洪武，立十四歲的長子朱標為太子，然後第一時間公布了一份非常長的東宮僚屬名單，包括太子少師李善長，少傅徐達，少保常遇春，諭德資善大夫鄧愈、湯和，贊善大夫劉基，等等。

這份名單囊括了大明開國時的頂級文臣、超級戰神，還有天下第一的聰明人，基本上是把朝堂上的中堅力量都派到太子東宮當兼職了。這其實並不是皇帝培養接班人的主流方式，正常的做法是皇帝和朝廷大臣主持一線工作，太子帶著預備幹部在旁邊觀摩學習。

朱元璋卻希望太子接班後還能接著任用這幫老兄弟，所以才從一開始就讓功臣們直接兼任太子的屬下，一套班子兩塊牌子，以後發生權力交接時也能無縫對接。

1 洪武四大案，又稱明初四大案，即「空印舞弊案」「郭桓貪腐案」「胡惟庸謀反案」「藍玉謀反案」。後兩個案子也常合稱為「胡藍案」或「胡藍之獄」。

2 劉邦是沛郡豐邑人，朱元璋祖上是沛郡人，生在濠州。

朱元璋還特別注意培養功臣的下一代。尤其是那些大老粗的武將，朱元璋不但希望他們能多讀書，還要求他們必須把孩子送到國子學裡接受教育。這幫年輕人畢業後，朱元璋還負責分配工作，授予他們相應的官職，把功臣的孩子當作人才第二梯隊來培養，讓他們逐漸參與到國家管理中來。而且除了讀書和工作，朱元璋還操心這群「功二代」的婚姻大事。皇帝陛下大手一揮，直接給年輕人當場發對象。朱元璋有十六個女兒，其中的八個嫁給了開國武將的子弟，而他的兒子也大多娶了功臣的女兒為妻。這種大規模的聯姻讓皇室和功臣們結成了緊密的關係，朱元璋在建國初的種種做法都表明，他是想讓開國功臣以家族為單位，一代一代接力地給老朱家打工。

為此他還專門設計了鐵券制度。鐵券是君主賜予臣子世代保持特權及免罪免死的一種信物，也就是老百姓俗稱的「免死金牌」。這也是朱元璋對偶像劉邦的致敬，因為鐵券最早就起源於西漢。

只不過這個事沒有形成固定的典章制度，一開始朱元璋也不知道該怎麼弄。後來有人說台州的錢氏家族收藏有當年唐朝賜予吳越王錢鏐的鐵券，朱元璋立刻派人去現場考察，參考實物，結合實際，在洪武三年（一三七〇）設計出一套大明版的「鐵券」，並頒發給六位公爵、二十八位侯爵，基本涵蓋了明初開國功臣集團的第一梯隊。

不同爵位的功臣所領取的鐵券材質、等級、尺寸等細節各有不同。鐵券上刻有賜券日期、持有者的姓名、爵位、工資待遇、工作簡歷等資訊。鐵券持有者及子孫只要不謀反，一般的違法行為都可以免死。這個鐵券還可以世襲繼承，讓這些功臣可以永荷祿位，長受寵榮，「永將延祚子孫」。

這些持有鐵券的功臣家族在政治、經濟等方面享受各種優待，已經成了明朝統治階級最高層的核心部分。朱元璋的想法就是用特權與財富來換取功臣們的效忠，既保全了共同創業的兄弟之情，又延續了奔赴未來的君臣之義。

一石二鳥，一舉兩得，一箭雙雕，一槍兩眼兒……還是老朱我高明，既不傷兄弟間的和氣，又能給子孫後代提供源源不斷的好幫手，這可把我給厲害壞了啊。在這一刻，朱元璋一定覺得自己英明神武得不行，恨不得又會兒腰顯擺顯擺才過癮。

朱元璋自以為做得已經夠講究了，理應換來臣子們的遵紀守法和忠心報效。但他似乎忘了一個詞叫「欲壑難填」。很多鐵券在手的功臣不但不感恩戴德，反而加大力度為自己和家族攫取利益。畢竟只要不謀反，法律就管不到我，這簡直就是無敵的存在啊。他們縱容家人巧取豪奪、殺戮無辜，嚴重地妨礙了法律的執行，甚至已經到了影響賦稅徵收、激化社會矛盾的程度。

朱元璋一看這麼搞不行啊，所以他就緊急給自己開的口子打補丁。西元一三七二年，朱元璋頒布〈鐵榜文〉，規定仗勢欺人、侵奪財產、干預行政等嚴重違法犯罪行為都屬「死罪」。而一些小的犯罪行為也會被記錄在案並持續累積，集齊三個「小罪」就可以免費兌換「死罪」一次，免罪次數一旦用完，鐵券自動作廢，以後這家人再犯罪就該怎麼判怎麼判了。

通俗來說，就好比把一個殺不死的不死族，變成了一隻有九條命的小貓咪，或者相當於打遊戲時多給了幾張「復活卷軸」。鐵券依然是開國功臣們的特權，但不能「特」得太過分。

這個時候，朱元璋雖然對功臣們的違法亂紀感到不滿，但他又是苦口婆心，又是威脅暗示，針對的只是做得太過分的個別人，並沒有清洗整個功臣集團的意思。但有些事並不以人的意志為轉移，朱元璋最後還是「不得不」對功臣舉起了屠刀。

如果說痛恨貪官污吏是朱元璋早年成長經歷帶來的肌肉記憶，當了皇帝之後，朱元璋格局打開了，才發現這世界上原來還有一種比貪官更可恨的存在，那就是權臣。準確地說，是功臣集團中的那些文官。

朱元璋是個權力欲和控制欲都極強的人，無法容忍任何人分享他的權力，但以丞相為首的文官卻注定要在一定程度上分享、制約甚至侵犯皇帝的權力。這是天然存在且不可消除的矛盾，自秦始皇開創皇帝制度以來，歷朝歷代都是這麼過來的啊。

什麼？不可消除？朕怎麼就不信呢？

西元一三八〇年，洪武十三年，「胡惟庸案」爆發。朱元璋不但殺了「結黨擅權」的丞相胡惟庸，他甚至還直接廢除了存在了上千年的宰相制度。

胡惟庸被殺後，明太祖廢除丞相，取消中書省，並嚴格規定後代子孫不得再立丞相。丞相廢除後，具體事務由六部分理，皇帝直接統管六部，實現了字面意義上的「一言九鼎」。

在朱元璋看來，消滅相權的方式很簡單，直接把行使相權的人和職位幹掉不就完了？此後胡惟庸的罪名也逐漸從「擅權」過渡為「謀反」，並且一「反」就是十年。是的，胡惟庸雖然已經死了好多年，但他的「謀反大業」卻沒有停止。

西元一三九〇年，洪武二十三年，退休在家的李善長等人被指控與胡惟庸謀反案有關。正好當時天象有變，說有災星出現，需要獻祭一個大臣來消災，於是朱元璋就非常貼心地賜死了已經七十七歲高齡的李善長。可能是怕老人家一個人上路太孤單，就順便把老李家的妻女弟侄等七十多口人一起打包全送走了。

當時就有人給李善長喊冤，說他沒有理由也沒有道理參與一場十年前的謀反。向來暴脾氣的朱元璋卻罕見地拒絕回應，顯然他也清楚自己在做什麼。所謂謀反案不過是個藉口，徹底把文官手中的相權打下去、實現皇權的唯我獨尊才是他的目的。

在長達十年的胡惟庸案中，共牽連到一位公爵和二十一位侯爵，被殺者超過三萬人。本案中雖也有一些武將丟了命，但總體上來說朱元璋的重點打擊對象是文官。

這是因為在朱元璋的認知裡，武將就是要比文官更可靠。這和他奪取天下的方式有關。如果是和平奪權的改朝換代，文官在其中發揮的作用就更大，在新政權中的話語權自然更高。而朱元璋是亂世起家，以武力統一天下，你看他老人家的年號就叫「洪武」，渾身上下都洋溢著豪橫的氣息。對於功臣團隊中的武將和文官，朱元璋不能說是雙重標準，也稱得上是厚此薄彼。

雖然大明開國功臣中排名第一的韓國公李善長是文官，但受封公侯伯爵的主體是武將，朱元璋更信任、更親近的是武將，他著力培養、打算留給兒子接著用的也是這些武將家族。

老朱是苦孩子出身，從小到大沒少被貪官污吏欺壓，他雖然在建國稱帝的過程中重用了李善長、劉基和宋濂等讀書人，但從骨子裡對這幫知識分子是沒啥好感的。

比如，當時有個大臣叫茹太素，學問一流，滿腹經綸，給朱元璋寫奏摺，隨隨便便都是一萬字起步，而且各種引經據典，旁徵博引，鋪墊半天也不說正事，看得朱元璋十分頭疼，於是朱元璋就讓人把茹太素抓來打了一頓。

沒錯，把大臣摁地上當眾打屁股的廷杖制度，也是在朱元璋手上發揚光大的。後來有一次宮中舉辦宴會，朱元璋和茹太素喝酒時來了一句：「金杯同汝飲，白刃不相饒！」翻譯過來就是，工作做得好，美酒配佳釀；工作幹不好，砍你沒商量。

如此嚴苛的績效管理制度，再黑心的資本家看了都要流淚。這就是朱元璋，對你好的時候絕對要好透，讓你死的時候也絕對得死透。高情商的講法叫愛憎分明的真性情，低情商的說法就是左右橫跳的二極管，給這樣的老闆打工實在是再恐怖不過的事情了，據說當時很多官員上班都跟上刑場一樣，把每一次通勤之路都走出了黃泉之路的既視感。

朱元璋殺人雖多，但也是為了達到某種目的，並不是單純地為了殺人而殺人。隨著朱元璋改革中央官制的目標實現，隨著有威脅的文官大老的凋零，「胡惟庸案」似乎也可以結案了，朱元璋也準備封刀了。畢竟事情已經辦得差不多啦，太子朱標也成長起來了，等朕一閉眼，這江山就交給太子囉。

只是沒想到，這接力棒還沒交，跑下一棒的人就提前退賽了。西元一三九二年，洪武二十五年，三十八歲的朱標去世，一下子打亂了朱元璋所有的安排。

朱元璋首先要思考一個問題——大明的新繼承人選兒子還是選孫子，如果選兒子要選誰，如果選孫子又要選誰？

明代的史料一直說朱元璋本來想立燕王朱棣，只不過被小人攪黃了。這個說法雖然有往朱棣臉上貼金的嫌疑，但不可否認的是在洪武二十五年的時候，朱棣的確是朱元璋剩下兒子裡最有能力、最有威望的一個，如果朱元璋想在兒子中選一個新太子，很大機率是會選朱棣的。

不過朱元璋最終沒有選擇任何一個兒子。因為朱元璋需要形成規矩，而嫡長子繼承制就是他這個開國之君必須給後人立下的榜樣。玄武門之變中奪權上位的唐太宗的確是個難得的好皇帝，但他也給唐朝樹立了一個非常糟糕的榜樣，唐代後來出現那麼多奪嫡爭位的爛劇情，光類似「玄武門之變」這樣的宮廷政變就有四次之多，這就是因為一開始的規矩沒立住。

朱標雖然早死，但他畢竟留下了後代，嫡長子的血脈並未斷絕。如果朱元璋在其他兒子中挑一個立為新太子，本質上也是廢長立幼，這既壞了規矩，也容易引起其他兒子的不滿，埋下內亂的隱患。所以他在大臣們的建議下決定還是立嫡長孫為繼承人。

好的，到這一步似乎問題已經明朗了。但其實並沒有，因為誰才是嫡長孫，這也是一筆亂帳。朱標的原配妻子常氏是開平王常遇春之女，次妃呂氏是太常寺卿呂本之女。常氏在洪武七年（一三七四）生下了長子朱雄英，呂氏在洪武十年生下了次子朱允炆。

一年後，常氏在生產時遭遇難產，母死子存，朱標的第三個兒子朱允熥出生。四年後，嫡長子朱雄英夭折，按理說他弟弟朱允熥就應該是嫡長子。可是問題在於常氏死後，次妃呂氏就成了正妻，所以朱允炆也算是嫡長子。

朱允炆和朱允熥這兩兄弟，到底誰才算是朱標的嫡長子，這個問題讓朱元璋頭疼了許久。此時朱元璋已經六十多歲，沒有更多的時間留給他從容安排一切了，所以他最終立年紀更大的朱允炆為皇太孫，也就是下一任的皇帝。

看著孫子那沒被成年人世界毒打過的天真模樣，朱元璋只覺得心好累。兒子朱標在他眼裡是個讀書讀得有點過頭的軟性子，但怎麼說也是年近四十的成年人，在老朱的鍛煉下有豐富的治國理政經驗，有威望，有團隊，能控制得住朝堂和軍隊，稱得上是一個合格的繼承人。

但眼前的這個少年郎那真是經驗、閱歷、威望一樣也沒有，完全就是看成敗人生豪邁，只不過是從頭再來。可惜，留給朱元璋的時間不多了啊。他只能緊急調整原有的計畫安排，爭取在最短的時間內為孫子的接班搞定一切隱患。所以胡惟庸這個案子，還遠沒到徹底結案的那一天啊。

洪武二十五年（一三九二）四月，太子朱標去世。

八月，靖寧侯葉升因捲入胡惟庸案而被殺。

九月，朱允炆被立為皇太孫。

洪武二十六年（一三九三）二月，錦衣衛指揮蔣瓛告發藍玉謀反，「藍玉案」爆發。

這幾件事表面上看起來風馬牛不相及，但被牽連的靖寧侯葉升還有一個身分，那就是藍玉的親家。

而藍玉也有一個特殊的身分，他是開平王常遇春的小舅子。朱標娶了常遇春的女兒，所以從輩分上來說朱標也可以叫藍玉一聲舅舅。朱標和藍玉不但在輩分上親近，私人關係也比較好，朱標很信任藍玉，有什麼事情都願意和他商量。在開國第一代戰神徐達、常遇春相繼離世的情況下，藍玉已經是明軍中最有戰鬥力的名將，也是朱元璋留給太子朱標安定天下的大殺器。所以不管藍玉之前如何囂張跋扈、違法亂紀，朱元璋也睜一隻眼閉一隻眼當沒看見。因為他知道朱標能治得住藍玉，也用得好藍玉。

但是朱標一死，這事就變得尷尬起來了。朱元璋立朱允炆為皇太孫後，還把朱允熥給軟禁了。從血緣上來說，藍玉恰恰是朱允熥的舅姥爺，對皇太孫朱允炆不怎麼親近。從君臣關係來說，囂張跋扈又有戰鬥力的藍玉就更不會服朱允炆這個小屁孩了。

所以此時的藍玉，已經從大明的未來守護者變成了不穩定因素，甚至原本朱元璋重點培養、打算留給太子的整個武將集團，都已經變成了不可控的危險因素。用來防範敵人的利刃，突然變成了扎向手心的倒刺，唯一的解決辦法自然是全都拔掉！

西元一三九三年，大明洪武二十六年二月九日清晨，涼國公藍玉在上班路上，被一群侍衛以「意圖謀反」的罪名當場逮捕。

藍玉的確囂張跋扈，經常在皇城裡都邁著六親不認的步伐。但「謀反」這個罪名實在太大，他聲嘶力竭地喊冤——我為朝廷立過功！我為大明流過血！你們不能這樣！我要見陛下！

但是並沒有什麼用。藍玉被捕入獄後，大規模的抓捕和審訊隨即開始。僅僅一天時間就完成了立案調查、口供搜集、提起公訴、結案判決的全過程。最終藍玉被判「謀反罪」成立，判處死刑並立即執行，並附帶沒收個人全部財產、滅三族。所有捲入「謀反案」的相關人等全都得死，而且一死就是一整本戶口名簿，因株連而被殺者約一萬五千人。

朱元璋還特意把此案的結案報告編輯成《逆臣錄》，以此來警示天下，史稱「藍玉案」，即「洪武四大案」中最後一案。但這份記載藍玉謀反罪證的《逆臣錄》中，卻有很多看起來非常滑稽的供詞。

比如藍玉謀反之前跟個小喇叭廣播站一樣到處發表謀反言論——「做一場」「有機會做一場」「要謀一件大勾當」……並且藍玉的謀反還非常接地氣，很注意發動群眾，什麼打魚的、賣貨的、種地的、打更的、當臨時工的……只要是個喘氣的活人就全在他的招攬範圍之內，看起來屬實有點草率過度了。

如果單純從法律角度來看，「藍玉案」在程序正義方面不能說是一場糊塗，也稱得上是一地雞毛。但朱元璋已經沒有那個時間和精力把這個案子辦成完美無瑕的鐵案了。太子朱標的早逝讓老皇帝不得不快刀斬亂麻。管案子辦得漂不漂亮呢，先辦了再說！

可以說如果朱標不死，歷史上只會有「洪武三大案」，根本就不會有最後的「藍玉案」。但歷史不能假設，發生了就是發生了，而朱元璋這個人向來是要麼不做，要做就做絕的。

洪武二十七年（一三九四），潁國公傅友德被賜死。

洪武二十八年（一三九五），宋國公馮勝遭到無罪賜死。

史料中並未記載這兩位功勳卓著的公爵犯了什麼罪過，此時的朱元璋已經到了殺人都懶得編理由的地步了，只要是他認為的潛在威脅，管他什麼罪名不罪名的，先弄死再說。唯一合理的解釋，可能就是因為傅友德和馮勝都有個藩王女婿，有可能會威脅到皇太孫的皇位吧？

不管怎樣，此時的朱元璋就是一路殺殺殺。延續十幾年的所謂「胡藍之獄」最終牽連了近五萬人，無數高官顯貴、軍中故舊，全都在朱元璋的屠刀下身首異處，整個明朝開國的功臣集團幾乎團滅。

從某種意義來說，朱元璋也算守住了自己「朋友一生一起走」的初心——反正我要走了，走之前先送你們「走」！

曾經的朱元璋，看不起劉邦屠殺功臣的不講究行為。但打臉來得就是那麼快，最後的最後朱元璋才發現，劉邦殺的功臣連自己的一個零頭都不到。這可能就是俗話說的「笑話人不如人」吧。

朱元璋沒有想到，他竟然最終活成了自己最討厭的樣子。

生死不明的皇帝：建文帝下落之謎

西元一四〇二年，大明京師南京應天府歷經幾十年修建、擴建、完善、改造而形成的四重城垣防禦工事，終於迎來了第一次實戰檢驗的機會。諷刺的是，這次攻城的是明軍，守城的也是明軍。這場戰爭就是史上著名的「靖難之役」。攻城的是燕王朱棣，守城的是建文帝朱允炆。

明太祖朱元璋精心修築的南京城依山臨水，城高牆厚，易守難攻，堪稱古代攻城者的噩夢。但堡壘往往都是從內部被攻破的。當燕王朱棣的主力部隊出現在金川門外時，守城的谷王朱穗與曹國公李景隆第一時間開城投降。京師陷落，這場皇族內戰也終於迎來了最終的落幕。

好吧，並沒有。因為接下來的事才是真正的重頭戲。

當燕王的軍隊潮水般湧入城中時，皇宮大內突然燃起大火，滾滾濃煙直沖天際。等到燕王朱棣趕到失火現場，只看到一片狼藉的宮殿廢墟和燒得面目全非的屍體。

據參與救火的太監們說，建文帝本來是想親自迎接叔叔朱棣的，但又覺得沒臉見人，就拉著妻子馬皇后以及七歲的太子朱文奎自焚而死了。朱棣聽完後哭著說：這傻孩子，怎麼那麼想不開呢！我是來幫你的啊，你怎麼還走極端了呢！傷心表演完畢，朱棣就在群臣的勸進下稱帝，改年號為永樂，史稱明太宗，後在嘉靖時改為明成祖。

對於建文帝的結局，明代官方給出的說法大概就是建文帝接了太祖朱元璋的班後，被奸臣所蒙蔽，幹出各種壞事，結果英明神武的朱棣一出手就成功挽救了誤入歧途的大明，建文帝受奸臣逼迫再加上沒臉見人，所以就拉著老婆、孩子自焚了。朱棣第一時間派人去救火，但可惜來遲一步，沒能阻止建文帝做傻事。

這不只是大明內宣的專用版本，在明朝對朝鮮等附屬國所頒布的詔書中也是這麼說的。當然，說是這麼說的，真不真就是另外一回事了。

靖難之役雖然從軍事上來說是結束了，建文帝在法律意義和政治層面上也被官宣為「死亡」了，但有關他的傳說卻一直撲朔迷離。有人說他在城破時自焚殉難，也有人說他是詐死出逃。

不只是今天的人們在爭論建文帝的死活，古人也普遍不相信建文帝真的死在了那場大火中。許多年後，年幼的萬曆皇帝曾問過自己的老師張居正：建文帝到底是死了還是跑了？博學多才的張居正老師也只能說這個事咱大明的國史裡沒寫，但老人們都傳說建文帝當年是落髮為僧，從暗道跑掉了，具體去哪兒了誰也不知道。

可見張居正也傾向於認為建文帝沒死，這應該是當時人的普遍觀點。所以後來清朝修《明史》的時候，也說建文帝是「宮中火起，帝不知所終」「或云帝由地道出亡」，並沒有一口咬定建文帝死於自焚。於是這就引發了一場持續千百年的大爭論，即建文帝的下落之謎。建文帝到底是死是逃？如果是逃走，他又逃到哪裡去了？

一切的謎團都源於城破之時的那場大火。

作為內戰中的失敗者，建文帝的確有自殺的可能。當然所謂建文帝被奸臣脅迫，或者是覺得沒臉見叔叔朱棣這種理由，完全是史書為了給朱棣臉上貼金，強調朱棣稱帝是人心所向、天命所歸而已，基本上沒什麼可信度。

在金川門被自己人打開的那一刻，建文帝應該是絕望的。明明他才是大明的合法皇帝，戰爭中的絕對優勢方，結果手拿一把王炸的他卻被叔叔朱棣反敗為勝，打進城來，這仗輸得的確是窩火，在心灰意冷之下選擇自我了斷也是很合理的。

但相比於大明另一位自殺的皇帝崇禎皇帝，你就會發現這裡面還是有值得探討的地方。建文帝和崇禎帝面臨的絕境很相似，都是敗局無法挽回，內部有人反水，眾叛親離，一敗塗地。但不同的是，建文帝面對的是有血緣關係的親叔叔，說到底是老朱家自家人的內鬥。而崇禎帝面對的是李自成的農民起義軍，是真正的亡國滅種。

在敵軍打進來時，建文帝和崇禎帝都親手殺過人，只不過建文帝殺的是勾結朱棣的徐達次子徐增壽，而崇禎殺的是自己的老婆、孩子。由此可以看出，建文帝在臨死前還有心情殺人解恨，而崇禎則是真的已經絕望到了無以復加的地步。可是哪怕絕望成這樣，崇禎選擇的自我了斷方式也是上吊，總歸痛苦小些，還能留個全屍。建文帝為何要選擇自焚這種慘烈的方式呢？

除非，火是建文帝必須用到的關鍵道具。

在偵探片裡，經常會看到兇手放火焚燒犯罪現場的情節，因為很多關鍵訊息都會被大火掩蓋。如果說兇手放火是為了毀屍滅跡，那建文帝放火會不會就是為了銷聲匿跡呢？

畢竟這場突如其來的大火，讓皇宮中忙作一團，也吸引了所有人的注意力，這肯定方便建文帝趁亂跑路。同時大火焚燒後，各種行動痕跡、出逃線索，包括屍體的面貌都被破壞，也具備偷天換日、冒名頂替的條件。如果像崇禎那樣上吊而死，屍體完整，面目清晰，就完全沒有後續操作的空間了。

事實上，這場大火的確發揮了相應的作用。在火場中找到的屍體到底是不是建文帝，其實並沒有確鑿證據，畢竟那個時候也沒有類似今天的法醫驗屍和基因鑒定，面對一具面目全非的焦屍，誰能認出來他是誰啊？

《明史》中記載這場大火時，用了「出帝后屍於火中」這樣的句子。其實這本身就留有想像的空間，所謂「帝后屍」，是指「皇帝和皇后」的屍體，還是「皇帝的皇后」的屍體？

有觀點認為，當時找到的只是建文帝的皇后馬氏的屍體，但造反的燕王朱棣需要一個死掉的建文帝，所以才指鹿為馬，撒謊說找到了建文帝的屍體。這樣朱棣的稱帝才符合法理。

對於剛打進南京城的朱棣來說，他第一時間需要的是在政治上宣告建文帝的「死亡」，確立自己稱帝的合法性，而不是追查這個人是否還活著。之後他費了好大的力氣，十幾年如一日地試圖抹去建文帝存在過的痕跡。比如，朱棣從來不承認建文帝的皇帝身分，一直稱朱允炆為「建文君」；甚至連「建文」這個年號他也不承認，直接把老爹朱元璋的「洪武」年號強行延長了四年，把建文四年（一四〇二）改成了洪武三十五年，然後接上永樂元年，給人一種朱元璋完事之後就是朱棣接班的錯覺。

但神奇的是，對這樣一場皇室內部的權力爭奪，底下的大臣卻個個反應激烈。朱允炆的老師方孝孺就因為拒不投降朱棣，被朱棣一怒之下「株連十族」。而類似方孝孺這樣的建文忠臣並不在少數。史書中記載朱棣稱帝之初，大批官員選擇自殺殉難或逃亡，甚至有位御史模仿「荊軻刺秦王」，企圖刺殺朱棣。

這在以往的皇室內部鬥爭中並不常見，你看唐太宗李世民在玄武門之變中殺兄滅弟逼父奪權，那也不耽誤李建成陣營的魏徵跳槽啊。

其實在大臣們看來，你們高層之間的鬥爭不過是「肉爛在鍋裡」的權力遊戲，甭管誰贏了，總歸是你們某某家自己人，又不是改朝換代、亡國滅種，我們這些打工仔只需要跟著勝利者繼續混就完了唄。但到了靖難之役中，為什麼會有那麼多大臣在城破後依然選擇忠於建文帝，哪怕身死逃亡也不願臣服於朱棣？很可能就是因為大家都相信建文帝並沒有死，這場戰爭還沒有真正結束。

而就朱棣稱帝後的許多反應來看，也能從側面證明建文帝並沒有死。

史料記載建文帝曾為浦江義門鄭氏題字，算是對鄭家人有恩。朱棣稱帝後，有人舉報鄭家窩藏了建文帝，朱棣就「遣使廉之」，也就是派出專案組去調查。結果調查發現鄭家並無窩藏之事，於是就把誣告者給砍了。

這件事乍一看沒什麼問題，但仔細一琢磨卻有點不對勁——如果朱棣百分百確定建文帝死於那場大火，為什麼要派出專案組去調查之後，才能確定鄭家是被誣告呢？難道不應該在一開始有人舉報的時候，朱棣就把舉報者砍了，還鄭家一個清白嗎？沒錯，朱棣不能這麼做。因為他也知道那具屍體不是建文帝，所以他得通過調查才能確認這是檢舉還是誣告。

既然建文帝很大機率沒有死在那場大火中，那他是怎麼逃出去的呢？普遍觀點認為，他是帶著心腹大臣，化妝成僧人通過暗道逃出城的。因為朱棣登基後曾長期關押了一個據說是為建文帝剃度的和尚，直到多年後才釋放。還有觀點認為南京城牆的確留有可供人祕密進出的暗道，完全可以滿足建文帝君臣逃亡的需要。

隨著時間的推移，後來連建文帝逃亡的具體細節也變得越來越豐富了。明代中期以來，有關建文帝的話題不再是不可言說的政治禁區，於是大量相關的文人筆記都冒出來，據說都是當初跟隨建文帝流亡四方的忠臣留下來的逃亡筆記，其中影響較大的包括《從亡隨筆》《致身錄》等。這些筆記中的記載往往非常神奇，甚至是神神道道，大概畫風是這個樣子的：

當朱棣的大軍進入金川門時，建文帝是想一死了之的。但身邊的隨從程濟卻勸皇帝不如跑路，畢竟留得青山在，不愁沒柴燒。而且據說這位程先生還擅長奇門遁甲，一早就預測出朱棣要造反，所以建文帝對他的話特別信服，這才打消了尋死的念頭，燃起了逃亡的希望。

但是敵軍已經進城了，建文帝又是個文弱皇帝，就這麼跑出去那也是白幹啊。這時身邊人又說了，太祖皇帝生前留下一句話，說奉先殿裡有一個保命的匣子，遇到危難的時候可以打開。於是大夥把那個匣子找來打開一看，裡面全是僧人用的東西——有僧衣、僧鞋、剃頭的剃刀，還有三張度牒，也就是和尚的法定證件，還有一些金銀。

原來明太祖朱元璋早就料到燕王朱棣要造反，為了以防萬一，已經給孫子建文帝找好了後路，定下了脫身之法。我大明太祖，真是英明神武，算無遺策，前知五百年，後曉五百載……

啊，等一下。危難之際的錦囊妙計，提前備好的萬全之策，預判了所有人預判的神機妙算……嗯？這是朱元璋，還是諸葛亮啊？如果老朱真的料到四兒子朱棣會造反，甚至還能一路逆襲打下南京城，以他老人家那個殺伐果斷的脾氣，早就把四兒子滅了以絕後患，再不濟也是奪爵罷免，在這玩什麼未卜先知呢？

對於這些所謂「建文流亡筆記」的真實性，明朝時的人就已經吵成一鍋粥了。例如，錢謙益、陳繼儒、胡汝亨、文震孟等明末清初的大學者都參與到了這場論戰之中，有人相信，有人否定。這些筆記中雖然有誇張神化的成分，但大多數人都相信建文帝的確是落髮為僧、逃出南京了。

那麼，最關鍵的一個懸念來了——建文帝逃出城後，去了哪裡呢？

關於建文帝出逃後的下落，存有不少遺跡和傳說，包括雲南說、貴州說、重慶說、四川說、兩廣說、湖廣說、福建說、浙江說、海外說等十五大類觀點，其中又可以細分為六十二種具體說法。

但朱棣登基後對建文帝相關史料進行了大規模的清洗刪除，再加上逃避追殺本就是行蹤隱祕、居無定所的事情，兩相結合讓整件事變得更加撲朔迷離。

更讓人頭疼的是，近些年觀光旅遊產業興起，各地為打造文化旅遊標籤、吸引各地遊客，都非常注重發掘本地的歷史文化資源，而建文帝的迷蹤本來就是非常吸引人的特色標籤，所以我們能看到好多地方都言之鑿鑿地宣布自己是建文帝的落腳點。

但這些傳說或證據大多是間接史料，雖然邏輯可以自洽，證據可以解釋，但卻始終無法形成一條讓人信服的邏輯鏈，只能是公說公有理婆說婆有理，永遠也吵不出個結果。所以，我們只能換個角度去思考，嘗試用建文帝的視角來看待這條逃亡之路。

如果我們是城破戰敗的建文帝，在好不容易逃出南京城之後，會選擇哪裡落腳呢？千萬別小瞧跑路，這可是一個非常考驗智商的操作。跑得好，那叫戰略轉移，東山再起；跑得不好，那就是無頭蒼蠅，盲目流竄。首先我們要搞清楚，建文帝逃出南京後是要東山再起還是逃難流亡？

就後來的歷史發展來看，顯然不是前者。建文帝最重用的大臣有三位——齊泰、黃子澄和方孝孺。在朱棣兵臨城下時，建文帝為了表示求和的誠意，就把齊泰和黃子澄貶到外地去了。當然這只是表面說法，其實建文帝是派兩個心腹去地方招兵買馬了。只不過招兵計畫還沒搞定，南京城就被攻破了。

齊泰和黃子澄當時主要的活動區域是在江浙一帶，如果建文帝想要東山再起，再拉起一支隊伍和朱棣接著幹，那他第一選擇當然是投奔齊泰或黃子澄，然後利用自己的皇帝身分和影響力，招募勤王軍繼續戰鬥。

但這是建立在南京城沒丟的前提下。眼下朱棣已經入主京城，對於建文帝來說，其實沒有選擇了。畢竟當年他占據絕對優勢的時候都沒能打贏朱棣，現在更是沒什麼信心能捲土重來了。惹不起，那就只能躲了。

所以建文帝出逃後的首要目標是躲避追殺，保住自己的小命。那他最合理的選擇就是去窮鄉僻壤鑽山溝，甚至揚帆出海赴海外。總之，愈是人跡罕至的地方，愈是朝廷控制力薄弱的真空地帶，對他來說就越安全。

這樣一來，多山靠海、民族雜居、遠離內地的西南邊疆地區，就是最符合條件的選擇。所以四川、雲南、貴州、廣西等地都留下了大量有關建文帝的傳說，甚至還有許多有關建文帝出海的傳聞。

但今天的我們能想明白這個事，當年的朱棣自然也能想到。所以這位明成祖在登基稱帝後，做出了很多非常「耐人尋味」的動作。比如，派遣心腹胡濙跑遍各地，名義上是尋訪仙人「張邋遢」，其實是在追捕建文帝；派遣宦官鄭和，率領一支數萬人組成的強大艦隊，六次下西洋，行程遍及東南亞、南亞甚至非洲東海岸，也是在尋找建文帝；還有宦官李達、吏部郎陳誠出使西域，還是在尋找建文帝……

當然，以上的所有行為都有官方的合理解釋。但還是有越來越多的人相信，建文帝並沒有死，並且四處躲藏，最終也沒落在朱棣手裡。甚至人們願意相信，這對鬥了一輩子的叔侄倆，最後在歲月的沖刷下，實現了心有靈犀的隔空和解。

歷史的真相或許撲朔迷離。但重點在於，人們願意相信什麼。明代人對於建文帝的同情，是不斷累積和發酵的。

隨著明朝中期的幾次皇位繼承順序的大更迭，如明英宗的「奪門之變」、明世宗的「大禮議事件」等，建文帝的往事被愈來愈多的人提起，甚至出現了為建文帝君臣正名的平反運動。也是在這一時期，各種有關建文帝逃亡的記載如雨後春筍般冒了出來。

在明朝晚期社會矛盾激化、弊端叢生的社會現實映襯下，建文帝反而成了尊師重道、勤政愛民的象徵。尤其是在明亡清興的過程中，大明的末代皇帝永曆帝就是一路逃亡西南，和傳說中的建文帝的逃亡路線幾乎一模一樣。

很難說，是建文帝逃亡的傳說啟發了後來的永曆帝，還是永曆帝的真實逃亡路線被附會在建文帝身上，總之，等到清朝開始大規模編寫《明史》的時候，建文帝「假死出逃」的說法雖然查無實據，但已經成了全社會都接受的共識，所以才被正史記錄在史書裡，成了後人想方設法要破解的疑案。

崇禎太子疑雲：詐騙案背後的三重陰謀

西元一六四五年，南明弘光元年三月，南京皇宮內，新鮮出爐的皇帝朱由崧生無可戀地坐在龍椅上，這已經是半年來他第三次遭遇「詐騙」了。

去年年底，一個法號大悲的和尚夜叩洪武門，口口聲聲說自己是明朝親王，宣稱潞王朱常淓才是「恩施百姓，人人服之」的天選之子，朱由崧就應該退位讓賢，把皇位讓給潞王坐。

朱由崧一臉問號，馬上把大悲和尚投入監獄審訊。最後發現這個和尚的說詞驢脣不對馬嘴，一會兒說自己是齊王，一會兒說自己是定王，甚至說自己是崇禎帝，明顯是個頭腦不太清醒的冒牌貨。經九卿科道公開會審，大悲和尚於弘光元年三月初二被問斬，史稱「大悲案」。

這邊剛砍了大悲和尚，河南巡撫越其杰和廣昌伯劉良佐又來給朱由崧添堵了。因為一個姓童的女子自稱是朱由崧失散多年的妻子，這二位就趕緊給皇上送過來了。

這個童氏自稱宮女出身，三十六歲，還給朱由崧生了個孩子，只不過因為戰亂才導致夫妻失散。現在聽說朱由崧當了皇帝，童氏也準備和丈夫破鏡重圓，給孩子一個完整的家，給丈夫一個回歸的妻子，給大明一個正式的皇后……正忙著海選美女的朱由崧對這個粗俗無禮、年近四十的老阿姨煩得不行，直接把童氏丟入監獄嚴刑拷問，不久童氏就死在獄中，史稱「童妃案」。

有人認為「童妃」是假冒的，也有人認為「童妃」是真的。這事還沒吵出結果，鴻臚寺少卿高夢箕又報告了一個重量級消息——一個從北方南下的少年自稱是崇禎太子朱慈烺，原本的大明皇位第一順位繼承人！

好傢伙，這還真是前仆後繼啊。

朱由崧趕緊把少年接到南京，經過多方辨認和司法調查，其間還舉行了三次公開審理，允許百官甚至普通百姓旁聽，最終認定所謂「太子」是一個叫王之明的人假冒的。

不過這個結果卻並沒有平息民間的爭議。官方通報說是假的，民間輿論卻說是真的；中央政府說是假的，地方實力派卻說是真的。一時間各種傳言滿天飛，官方越發闢謠聲明，輿論就越相信謠言本身，搞得朱由崧裡外不是人，甚至引發了南明的內戰。清軍趁機南下，朱由崧倉皇逃離南京。那個假太子王之明還被人從監獄裡營救出來當了幾天皇帝，然後就被清軍俘虜了。朱由崧沒跑多遠，最後也成了清軍的階下囚。

這時有趣的一幕又出現了，清軍主帥多鐸一口咬定王之明是真太子，安排宴會座次的時候還把朱由崧安排在王之明之下。可是回到北京後清廷又突然改口，說王之明是假冒的，最後還把他和朱由崧一起砍了腦袋。

這一會兒真一會兒假的，真是把人給繞迷糊了，這個所謂的「崇禎太子」到底是真是假？誰才應該是大明的正統繼承人呢？之所以有這麼多亂七八糟的事情，完全是因為南明的建立本身就是一齣狗血鬧劇。

崇禎皇帝自殺殉國後，他的兒子們也下落不明。北方李自成的大順軍和吳三桂放進來的清軍打成一片，江南的明朝殘餘力量則在忙著選新皇帝。當時以東林黨為骨幹的江南官員順著老朱家的戶口名簿這麼一查，發現和崇禎皇帝血緣最近、法理上的第一順位繼承人就是逃難到南方的福王朱由崧。

朱由崧是明神宗朱翊鈞的孫子，老福王朱常洵的長子，崇禎的堂兄。當年東林黨曾強烈反對朱由崧他爹朱常洵當太子，鬧出了長達十五年的「國本之爭」，這梁子結得不是一般的深。現在福王之子竟然成了第一繼承人，東林黨哪能坐得住？於是他們瘋狂攻擊朱由崧各種不是東西，要擁立賢明的潞王為帝，哪怕立血緣上相隔萬里、離南京也相隔萬里的桂王朱由榔都行，反正不能立朱由崧！

這會兒他們倒是不堅持當年的什麼「立嫡以長不以賢」了。不得不說，這雙標玩得真溜啊。不過，朱由崧也不是省油的燈，他祕密聯繫了手握兵權的高傑、黃得功等「江北四鎮」，一頓封官許願說動了這些實力派支持自己。四鎮的頂頭上司鳳陽總督馬士英，本來還在和東林黨商量立別人當皇帝的事，現在一看自己手下都窩裡反了，他立刻就坡下驢，轉而擁立朱由崧了。

於是當馬士英帶著江北四鎮的驕兵悍將殺氣騰騰地來到南京時，之前還在激情反對的東林黨瞬間就蔫了，馬上更加激情地開始勸朱由崧趕緊登基，一副您要是不當這個皇帝就從咱們屍體上跨過去的「誠懇」模樣。

真是，臉都不要了。

朱由崧就這樣繼承了皇位，改年號為「弘光」，成了南明政權的第一位皇帝。但俗話說「廟小妖風大，水淺王八多」，就這麼個僅剩半壁江山的小朝廷，內部還鉤心鬥角，各種烏煙瘴氣。皇帝朱由崧能力一般，正事不幹；內閣首輔馬士英黨同伐異，大權獨攬；臺下的東林黨煽風點火，心有不甘；江北四鎮和駐守武昌的左良玉等地方軍閥，陽奉陰違，形同造反。

正是在這樣的背景下，「大悲案」「童妃案」和「偽太子案」接踵而至，矛頭直指皇帝朱由崧，史稱「南明三案」。

這三件事未必都有人主使，但很明顯都被人炒作利用，目的就是動搖朱由崧的帝位，甚至直接把他弄下去。

朱由崧可以輕鬆處置大悲和尚和童氏，但「崇禎太子」案輿論壓力太大，他不得不小心應對，不能簡單粗暴，必須仔細審查。因為這「崇禎太子」是真是假，直接關係到朱由崧的皇位能不能坐穩，也關係到老朱家皇室血脈的純淨，半點馬虎不得。更何況有那麼多人在盯著他，恨不得動用放大鏡來挑他的毛病，朱由崧也必須給這些人一個交代。

那就查吧，查查這個所謂的「太子」到底是真是假。發現「太子」的高夢箕在報告裡是這麼說的：

高夢箕有個僕人叫穆虎，從北方南下時偶遇了一個少年，晚上睡覺時發現這個少年竟然穿著織有龍紋的內衣。少年一看被發現了，就承認自己是崇禎的太子朱慈烺。李自成敗走北京時他被吳三桂救了下來，吳三桂本來想擁立他當皇帝，但他偷偷跑掉了，從天津坐船到了浙江。

高夢箕把「太子」轉移到杭州、金華附近暫住，本想請示一下皇帝再做打算。可「太子」不肯低調做人，不是喝多了在屋裡到處喊，就是逛燈會時在大街上逢人就說自己是誰，惹得老百姓竊竊私語，指指點點，這消息也就瞞不住了。弘光元年三月初一，朱由崧派人把這個自稱太子的少年接到南京，然後通知大臣說有個少年自稱是先帝的太子，如果是真的，我就把他當親兒子養。

朱由崧的態度還是很誠懇的，接下來就是緊張刺激的驗貨環節了。皇帝親自駕臨武英殿，當著文武群臣的面，找來曾給太子當過老師的大學士王鐸、中允劉正宗和司業李景廉。當老師的肯定認識自己的學生，但三位老師見到眼前的少年後，都表示不認識。

朱由崧又找來曾經的東宮伴讀太監丘執中，辨認的結果也是不認識。眾人又問了這少年一些宮中的舊事，他也答不上來。

眼看編不下去了，少年只能承認自己是已故駙馬都尉王昺的侄孫，叫王之明。他在南下的過程中假冒太子朱慈烺，本意是找個靠山當飯票，但沒想到謊話越說越大，最後騎虎難下，只能一條道跑到黑了。

初審的結果已經證明所謂的「太子」是假冒的，理應按照正常的司法程序，把王之明交給司法機關審訊，完善案件細節，追查有沒有幕後主使什麼的。

因為這個「太子」的事鬧得太大，幾乎成了當時霸占熱搜榜的火爆話題，南京內外、官場上下、街頭巷尾，全都在關注這個事。所以對王之明的審訊非常正規且開放，生怕被人說有暗箱操作。

弘光元年三月初六第一次會審，地點在大明門外，朝廷百官參與旁聽。初八第二次會審，地點在午門，百官依然列席，甚至普通百姓也可以申請旁聽。十五日第三次會審，是由刑部、都察院、大理寺三法司及錦衣衛負責，依然是公開審理。二十日由三法司再次審查案卷，完善卷宗，準備做結案報告。可以說在整個司法過程中，案件的審理全程公開透明，不但沒有刑訊逼供，甚至朱由崧還下旨對王之明給予特殊優待，不存在屈打成招的可能。[1]

最終南明方面公布了案件的審理結果，認定所謂的「崇禎太子」是王之明冒名頂替的。但奇怪的是，當案件結果公布後，輿論場上卻呈現出另一番景象。彷彿有一隻看不見的手在試圖把水攪渾，反正民間是不接受這個調查結果的。人們紛紛傳言是馬士英、王鐸謀害太子，甚至有人把矛頭指向了朱由崧。畢竟他作為最大的既得利益者，是誣陷太子的最大嫌疑人。

如果只是在南京城裡吵一吵也就罷了，這件事的後續影響迅速擴大，江北四鎮中的靖南侯黃得功、廣昌伯劉良佐，鎮守長江中游的湖廣總督何騰蛟、江楚總督袁繼咸、寧南侯左良玉都上疏對案件的結果提出了異議。反應最激烈的要數鎮守武昌的寧南侯左良玉了。他痛罵滿朝文武都是奸臣、馬屁精，甚至指責皇帝朱由崧對待太子還不如李自成那個逆賊。

這不是因為左良玉多有正義感，而是因為他是由早年的東林黨提拔起來的，和南京的朱由崧、馬士英君臣貌合神離。而且當時被清軍追擊的李自成已經向著武昌而來了，左良玉害怕李自成，又

1　此事眾多親歷者留下記載，如李清《南渡錄》、黃道周《黃漳浦集》中多認定王之明為假冒者。清代的《明季南略》等史料中出現了「兩太監抱太子痛哭後被滅口」等記載，認為王之明就是崇禎的太子朱慈烺。考諸史源，前者的記載更可信。

沒法擅離職守，於是他就藉口給「太子」平反，要帶兵滅奸臣、清君側，順江東下，直奔南京打過來了。這樣既可以躲過李自成的打擊，說不定還能賺一把擁立之功。

左良玉的出兵一下子把南明的長江防線撕開了一個大口子。更糟糕的是清軍主力也在主帥多鐸的率領下南下江淮，一路殺向南京。當時南京城的主要守備力量就是黃得功、劉良佐等人組成的「江北四鎮」，朝中大臣們普遍傾向於保持現有兵力布置不動，全力阻擊南下的清軍。

但是掌權的馬士英不同意，他在朝堂上大聲高喊：清軍來了咱們還能割地賠款，左良玉來了我輩君臣才是死無葬身之地！哪怕亡在清軍手裡，也不能便宜了左良玉！

最終的結果就是，南明抽調主力到西邊去和左良玉火拚，而清軍則趁虛而入，一路高歌猛進，占淮泗、屠揚州、渡長江，如入無人之境，兵鋒直指南京。可以說，如果沒有「王之明案」，南明的江北防線不會這麼容易崩潰。但現在說什麼都晚了。

五月初十，朱由崧逃離南京。被關在監獄裡的王之明被人救出來擁立為皇帝，當然很快就又被清軍拿下了。

十六日，東林黨大老錢謙益帶著文武百官剃髮易服、卑躬屈膝地迎接清軍入城。

清軍主帥豫親王多鐸大搖大擺地進了南京皇城，第一句話就問：崇禎太子在哪兒呢？手下人趕緊把王之明找來，多鐸用手一指，非常肯定地說：這就是真正的太子！多鐸對王之明各種尊崇優待，在飯局上親自接送，讓王之明坐在尊貴的位置上，甚至把皇宮裡朱由崧的妃子找來陪侍王之明，完完全全就是把這位當成真太子一樣供著。

二十五日，逃跑失敗的朱由崧被抓了回來。不久後多鐸班師北歸，把王之明和朱由崧等人也帶回了北京。這個時候，清廷這邊依然認定王之明就是真太子。但僅僅一年後，清廷又改口說王之明的確是假冒的，然後把他和朱由崧等明朝宗室全都給殺了。

這番操作用一句來概括就是——哎呀，我被騙了！嘻嘻，我裝的！

是的，多鐸從一開始就知道南明這個「崇禎太子」是假的。因為真的崇禎太子朱慈烺早就被清廷給殺了。原來在王之明南下之前，清廷這邊也遇到了一個真假難辨的「崇禎太子」。為了方便區分，我們稱清廷發現的太子為「北太子」，南明遇到的太子為「南太子」。

西元一六四四年，崇禎十七年三月，李自成攻破北京，崇禎帝的三個兒子太子朱慈烺、永王朱慈炯、定王朱慈炤被李自成俘虜。四月，李自成在吳三桂和多爾袞的夾擊下退出北京，三個皇子也下落不明，有的說他們死在了亂軍之中，有的說他們被李自成帶到了陝西，有的說他們被吳三桂藏在軍中，總之是眾說紛紜。

又過了小半年，北京已經入冬了，一個少年來到了投降清朝的嘉定侯周奎家敲門，自稱是太子朱慈烺，來探望在周奎家養傷的妹妹長平公主。周奎是崇禎皇帝的老丈人，也是太子的親外公。而長平公主是崇禎帝最寵愛的女兒。崇禎自殺前用劍砍斷了女兒一隻胳膊，但長平公主命大沒死，此刻正在外公家養傷。

很快，「北太子」就見到了長平公主，兩人一見面就抱頭痛哭。周奎找人給「北太子」換了衣服，恭敬地準備了酒食。後來「北太子」又來了幾次，周奎覺得這事恐怕瞞不住，於是就把「北太子」

給舉報了。

掌握朝政的大清攝政王多爾袞馬上找人來辨認，刑部主事錢鳳覽、御史趙開心和一些曾在宮中任職的太監、錦衣衛軍士認定「北太子」是真的。但前大學士謝升、晉王朱審烜和降清的洪承疇等大多數人說「北太子」是假的。

面對爭論，多爾袞找來了更重量級的人證，那就是崇禎皇帝最寵愛的袁貴妃。袁貴妃是崇禎帝當皇帝前就服侍在側的妃嬪，和太子的生母周皇后相處融洽，對太子朱慈烺也非常熟悉，她的證詞自然是具有足夠的權威性和準確性的。而袁貴妃的證詞是——太子是假的。

最後多爾袞親自做出裁決，認定「北太子」為假，並昭告天下：希望大家要不信謠不傳謠，如果發現了真太子一定要告訴我哦，我們一定會好好地奉養太子。如果這麼看，這個「北太子」明明是假的啊。

不過在整個審訊的過程中，有些小細節特別耐人尋味。比如，當時很多太監都來辨認太子，有個姓楊的太監也在其中，「北太子」指著楊太監說：這個太監姓楊，曾經服侍過我，不信你們可以問他啊。

楊太監一聽馬上矢口否認說：不是我，不是我，我不姓楊，我姓張，你說的那個不是我。

前大學士謝升指認時，「北太子」急得大喊說：謝老師，你怎麼可能不認識我呢？你忘了咱們最後一課你給我講的重點，我還記著呢！

謝升低著頭不說話，彎腰鞠了個躬就走了，氣得錢鳳覽怒噴謝升，北京的老百姓也罵謝升悖逆無道，禽獸不如。

太子的親外公周奎否認「北太子」是真的，可他頭一天還和錢鳳覽說：就算是把真的說成假的，那也是為國家除掉了一個「隱患」啊。這句話背後的暗示已經很明顯了，為了向自己的新主子宣誓效忠，周奎喪心病狂地決定要犧牲自己的親外孫。不僅如此，他還逼著家裡人跟他一起撒謊。多爾袞曾親自主持審訊，找來長平公主問：這是不是你的太子哥哥啊？

長平公主看著眼前的「北太子」，只是一個勁地抹眼淚，但就是不說話。這時站在一邊的外公周奎抬手就給了長平公主一個耳刮子，公主捂著被打的臉，也承認了眼前的人不是自己的哥哥。

好麼，一個耳刮子打出來的證詞，你說這真實性能有多少？

其實從最簡單的邏輯上來說，假冒太子去詐騙人生地不熟的南明還有機率成功，但你要說一個詐騙犯，跑到太子親外公和親妹妹這樣的至親面前去冒充，這能是個正常人想出來的套路嗎？如果「北太子」真是個冒牌貨，長平公主為何與他相擁而泣？外公周奎為什麼給他又是換衣服，又是請吃飯？這一家人是沒事在這開玩笑嗎？

指認「北太子」為假冒的最有說服力的證據，是來自崇禎帝袁貴妃的證詞。但這恰恰是證明「北太子」為真的鐵證——因為真正的袁妃早在崇禎皇帝殉國前就死了，還是被崇禎皇帝親手砍死的，她的葬禮是和崇禎帝、周皇后一起辦的，墳墓也是清軍入關後修的。這個所謂的袁貴妃其實是由天啟皇帝的任妃假冒，在清廷的指使下出來做偽證的！

南明曾在此期間派遣大臣左懋第出使北方。左懋第被軟禁在太醫院，而「北太子」剛好就關押在隔壁。左懋第派隨行人員去打探情況，跟隔壁看門的清兵閒聊套話，那個清兵也沒什麼保密意識，直接就說這裡面關的是崇禎的太子，所以看守很嚴格，但是好吃好喝地伺候著。嘿，這小子還成天念叨，說什麼伯父在南京，等他出去了要去南方投奔伯父呢。由此可見，清廷高層早就知道「北太子」是真。

清軍入關打的旗號是打敗李自成，替崇禎皇帝報仇。這麼說是為了顯得自己名正言順，降低明朝百姓的反感，但真實想法懂的都懂。所以這太子是假的自然要死，是真的就更得死，不然合法繼承人出現了，我們還怎麼霸占這中原的花花世界呢？

最終在假袁妃的證詞下，真太子被定為假冒。之後多爾袞又對指認太子為假的證人大肆封賞，對那些敢於指認太子為真的官員則痛下殺手，案件的主審錢鳳覽被絞死，其他十餘名證人被砍頭。這種做法表現出強烈的政治導向性，體現了清廷上層操縱審訊的真實心意。

「北太子」的最終結局史料中並沒有具體記載，但很大機率是遇害了，且有可能是被勒死的。多爾袞還特意發布〈攝政王告示〉，故意歪曲事實，把太子與公主相擁哭泣說成是離得太遠沒看清造成的誤會，而且「袁貴妃」不認識太子，等等。

但是民間百姓有很多人都見過太子，他們都認定「北太子」為真，一時間北京附近爆發了多起為太子鳴冤的抗爭甚至是起義，而多爾袞則鎮壓了士民的反抗，消滅了一切敢於說真話的人。

在這場撲朔迷離的「真假崇禎太子案」背後，其實存在著環環相扣的三重陰謀。最淺顯的第一層陰謀，是冒充太子騙吃騙喝的王之明。

由此衍生的第二層陰謀，是利用「太子案」煽風點火，實現自身政治利益的南明陰謀家。

而最高明的第三層陰謀，則是翻手為雲覆手為雨的清廷高層，他們才是這場「真假太子案」中的終極陰謀操盤手，可以說是機關算盡，通殺全場。

對於剛剛入關的清廷來說，他們需要「北太子」是假的，這樣他們才有理由占據北京，才有藉口入主中原。同時他們又需要「南太子」是真的，這樣他們才能挑動南明內亂，貶低朱由崧的合法性，進而席捲江南。所以在那時就已經有人懷疑所謂的「南太子」其實就是清廷派來的間諜，只不過這個腦洞至今沒有找到確鑿的證據，目前還僅僅是個猜想而已。

但是真的假不了，假的也真不了，歷史最終會還朱慈烺一個真相。只不過這個真相來得太晚了一點，也過於殘酷了一些。

太后改嫁之謎：孝莊有沒有「祕」史

西元一六八七年，康熙二十六年，已過而立之年的皇帝第一次感受到了什麼叫真正的心慌意亂。八歲登基，十四歲親政，十六歲除掉權臣鼇拜，二十八歲平三藩，三十歲收復臺灣……皇帝生涯中遭遇了那麼多危機，經歷了那麼多坎坷，康熙從來都沒慌過，因為他知道有個人一直在背後照看著他，支持著他，給他提供了無與倫比的安全感。但是這個人，好像就要離開他了。

清太宗皇太極的莊妃，順治帝的生母，康熙帝的奶奶孝莊文皇后[1]博爾濟吉特．布木布泰，已經走到了生命的盡頭。在孝莊病重期間，康熙罕見地連續十幾天沒去上班，就在慈寧宮裡照顧奶奶，親自求醫餵藥，整宿整宿地坐在奶奶床邊，不吃飯不睡覺地守著。但即便是大清帝國的皇帝，也不能逆轉死亡的進程。

有一天，孝莊突然從半昏迷中清醒過來，看著床邊形容枯槁的孫子，老太太欣慰又心疼地留下了最終的遺言：「你爺爺埋在盛京昭陵那麼多年了，我不忍心去打擾他。況且我捨不得你父皇和你，就把我葬在你父皇孝陵的邊上吧，這樣我死了也能安心了。」

十二月二十五日，孝莊去世，享年七十五歲。康熙哀痛到三天不吃不喝，哭得都沒人形了。但哭完之後，康熙又要面臨一個痛苦的選擇——不把奶奶運回盛京合葬，不合禮制；運回去吧，又違背了奶奶的遺願。康熙最後遵從了奶奶的心願，把孝莊的靈柩暫存在清東陵門前左側的暫安奉殿，這一「暫」就是三十八年，直到雍正三年的時候才正式修陵入葬。因為孝莊的陵墓在皇太極昭陵的西邊，故稱「昭西陵」。

按照清代的喪葬制度，妻子死後應該同丈夫合葬在一起。哪怕是在民間老百姓的觀念裡，兩口子死後也得埋一起啊。孝莊的臨終遺言雖然聽起來合情合理，但仔細想想又似乎有什麼地方不對勁。有事，這裡面肯定有事。有一種說法認為孝莊沒法同老公皇太極合葬在一起，是因為她已經改嫁給自己的小叔子多爾袞了。

多爾袞是清太祖努爾哈赤的第十四子，清太宗皇太極之弟。在皇太極去世後，他成了掌握實權的攝政王。多爾袞曾經試圖稱帝未果，無奈之下只能擁立嫂子孝莊皇后的兒子——六歲的福臨為帝，即順治帝。

孝莊和福臨是孤兒寡母，多爾袞是實權小叔，傳說孝莊為了保住兒子的皇位，不得已下嫁給了多爾袞。這聽起來似乎也合情合理。清初著名的抗清志士張煌言曾在〈建夷宮詞〉中寫道：

上壽觴為合巹尊，慈寧宮裡爛盈門。

1「孝莊」是康熙帝所上諡號「孝莊仁宣誠憲恭懿翊天啟聖文皇后」的簡稱。「孝莊」之名是在其死後十個月才有的。但遵從大眾習慣，本文稱其為「孝莊」。

春官昨進新儀注，大禮恭逢太后婚。

翻譯過來的意思就是：過生日的祝壽酒變成了結婚的交杯酒，太后居住的慈寧宮變成了婚房，禮部尚書親自操辦的太后大婚典禮非常隆重，來喝喜酒的人都快把門檻踩爛啦。那真是鑼鼓喧天，鞭炮齊鳴，人山人海，普天同慶——熱烈慶祝太后成功改嫁！

這個畫面，對於中原傳統士大夫來說是離了大譜。但游牧民族本就有「收繼婚」的習俗，兒子可以娶後媽，小叔子可以娶嫂子。清朝起源於北方女真族，保留游牧民族習俗也不奇怪。

更耐人尋味的是，順治五年，執掌朝政的多爾袞由「皇叔父攝政王」改稱「皇父攝政王」。古代稱輔佐幼主的大臣為「父」很常見，但一般都是「尚父」「仲父」「相父」。「父」字在這裡指和父親平輩的兄弟，是一種表示親近的尊稱。但是「皇父」這個稱呼，就有點超越一般的認知了。如果多爾袞是「皇父」，那他就是順治的父親，自然也就是孝莊的丈夫了。

順治皇帝也曾在諭旨中提到——多爾袞攝政時，自己和母親孝莊太后不住在一起，一個月都不一定能見上一面。這就奇怪了，太后住慈寧宮，順治住養心殿，都在紫禁城裡，怎麼整出了相隔萬里的感覺？似乎唯一合理的解釋就是「慈寧宮」已經成了母親二婚的新房，自己這個「電燈泡」不方便出現，所以才造成了母子分離的局面。

這麼看來，孝莊改嫁過的說法是確有其事了。事實是這樣嗎？

民國時曾有人宣稱發現了「太后下嫁詔書」，這本來是解決這個疑案的最直接證據。雖然「收繼婚」在游牧民族不奇怪，但皇帝給太后發結婚證這事聽起來還是有點過於魔幻了，而且這份所謂的「詔書」也沒有人真正見過，疑似是作者為了售賣新書而搞的標題黨，用來賺眼球引流量博關注的炒作行為。

其實如果我們從底層邏輯去順一下所謂「太后改嫁」這個事，就會發現孝莊根本就沒有「改嫁」多爾袞的動機，甚至「改嫁」本身還會損害孝莊太后的利益。

對於孝莊太后為什麼要「改嫁」多爾袞，大概有兩種觀點：一種是「舊情復燃說」；另一種是「補償保全說」。

所謂「舊情復燃」，大概就是說孝莊本來和多爾袞才是真愛，但被皇太極給橫刀奪愛了。所以在皇太極死後這兩個有情人就重燃愛火，再續前緣，破鏡重圓……好吧，這個完全就是野史小說中瞎編的爛俗劇情，當個故事聽聽就算了。

而所謂「補償保全說」，補的是多爾袞兩次與皇位失之交臂的遺憾，保的是孝莊兒子順治帝的皇位。意思就是孝莊通過美人計，撫慰多爾袞受傷的心靈，並熄滅多爾袞篡位的野心。這就太低估了多爾袞的雄心抱負，也侮辱了孝莊的政治智慧，更忽略了八旗內部你死我活的權力爭奪。

多爾袞對皇位的執念，遠不是娶一個太后就能消解的。

西元一六二六年，後金的覆育列國英明汗，後被追謚為清太祖的努爾哈赤病逝。多爾袞是努爾哈赤的大福晉阿巴亥所生，是八旗中最高貴的兩黃旗（正黃旗、鑲黃旗），如果按照大明這邊的觀念，就相當於是皇后所生的嫡子。當時後金雖然並沒有類似中原王朝的嫡長子繼承制傳統，但據朝鮮方面的史料記載，努爾哈赤臨死前的確曾有讓多爾袞繼承汗位的想法，只不過最終沒有實現罷了。

既然沒有法定意義上的繼承人，那就得靠實力說話了，這就給了執掌兩白旗（正白旗、鑲白旗）的努爾哈赤第八子皇太極機會。實力強大、戰功赫赫、經驗豐富的皇太極聯合其他各旗的力量，先逼迫大福晉阿巴亥殉葬，打掉了兩黃旗的主心骨，然後在眾人的擁立下即位，史稱清太宗。

皇太極上臺後進行了大量的政治改革，比如稱帝、改國號為清、學習中原制度、強化中央集權，等等。除此之外，皇太極還把自己所在的「兩白旗」改為「兩黃旗」，而原本是「兩黃旗」的多爾袞則變成了「兩白旗」。

千萬別以為這就是旗子換個顏色的問題。通過這一招「改旗易色」，皇太極和其核心團隊搖身一變成了高高在上的皇室正統，而多爾袞則跌落凡塵，變成了普通貴族。

西元一六四三年，在位十七年的皇太極去世，也沒有明確指定繼承人。這個時候多爾袞已經不再是當年父母雙亡後手足無措的少年了，他帶領的「兩白旗」實力強大，很多人都勸他直接稱帝，拿回本就屬他的皇位，這樣「兩白旗」的小夥伴們也能跟著奪回本屬自己的「兩黃旗」，再次成為八旗中的人上人。

這麼淺顯的道理，多爾袞的「兩白旗」能想明白，皇太極留下的「兩黃旗」又怎麼可能想不到？所以「兩黃旗」的核心人物如索尼、鼇拜等人結成了攻守同盟，準備擁戴皇太極的長子豪格為帝。

八月十四日，八旗中的實力大老齊聚盛京崇政殿，舉行決定皇位歸屬的最高會議。「兩黃旗」更是全民動員，弓上弦、刀出鞘，擺出一副隨時準備火拚的樣子。

多爾袞不同意豪格繼位，豪格也不想多爾袞接班。大家吵來吵去，誰也不讓誰，彼此的實力又誰也滅不了誰，一時間陷入了僵持。後來在八旗各方勢力的妥協之下，皇太極的第九子、年僅六歲的福臨即皇帝位，鄭親王濟爾哈朗和睿親王多爾袞輔政，改元順治。

孝莊和多爾袞此時就是清朝最高權力的代表。孝莊是兩宮太后之一，天底下最尊貴的女人，但實際上真正掌握大權的卻是攝政王多爾袞。兩邊雖然還有矛盾，至少在表面上都還湊合，並沒有撕破臉，因為當時對於他們來說有比爭奪皇位更重要的事，那就是入關奪取天下。

西元一六四四年，順治元年四月，小皇帝順治在篤恭殿拜多爾袞為大將軍，入關與李自成和南明王朝爭奪天下。入關後的多爾袞，稱得上是一路高歌猛進，基本消滅了農民軍和南明的主力，統一全國已經指日可待。

多爾袞因功先被封為「叔父攝政王」，後又升級為「皇叔父攝政王」。他的睿王府就建在東華門的邊上，緊挨著紫禁城。王公貴族除了要給皇帝磕頭，還要「列班跪送」多爾袞。上朝時別人在午門外下轎，多爾袞則是可以坐著轎子進午門，在皇宮裡讓人抬著走……種種禮節待遇都說明多爾袞就是「一人之下，萬人之上」的朝堂大老。

當入關後的局面逐漸穩定，清朝統一天下的趨勢越來越明顯時，多爾袞和孝莊之間的矛盾也變得越來越尖銳。

多爾袞明顯對皇位還是有想法的，所以他不斷利用手中的權力推行了一系列打壓「兩黃旗」、壯大「兩白旗」的政策和手段。比如剋扣「兩黃旗」的工資，卻給「兩白旗」發獎金福利，等等。

在多爾袞的分化打壓下，「兩黃旗」內部人心浮動，不少人都投靠了多爾袞。這些人狗仗人勢，雖然名義上是伺候順治皇帝的，卻仗著多爾袞的權勢完全不把小皇帝放在眼裡。比如，工匠不給皇帝服務，廚子不給皇帝開飯。皇帝身邊的侍衛要麼上班摸魚，要麼翹班跑路，甚至在順治帝出門打獵的時候不顧尊卑，搶在皇帝面前一頓突突突，把獵物都給射光了，留小皇帝一個人對著空空如也的狩獵場目瞪口呆。就這樣小皇帝還不敢發火，只能睜一隻眼閉一隻眼當沒看見。

多爾袞對發生在眼皮子底下的種種情況心知肚明，甚至喜聞樂見。但他畢竟還要擺出一副「周公」的忠臣模樣，所以就特意申斥手下的那些人，說：你們不敬皇上卻討好我，這我可忍不了！對皇上盡忠的人我肯定好好用，對皇上不忠不敬，你就是再討好我，我也不會放過你！

這些話字面上看充滿了對順治皇帝的尊崇和維護。但俗話說人都是缺啥喊啥，多爾袞能把這個事拿到檯面上公開說，恰恰證明對皇帝的不尊重才是普遍現象。

至於多爾袞那類似下不為例、罰酒三杯式的警告，大家都是聰明人，就各自理解唄。攝政王到底是在說「不要！停」，還是在說「不要停」？啊，懂的都懂。總之，從入關以來，多爾袞的所有動作基本都是奔著篡位去的。

比如順治二年（一六四五），多爾袞謀求掌控內三院（內國史院、內祕書院、內弘文院），內三院相當於明代的內閣，是朝廷的重要機構，也負責整理清代的史料檔案等。然後他就開始授意黨羽修改關於自己母親阿巴亥大妃殉葬的記錄，並重點搜集和皇太極有關的黑料，這就是在為翻案算帳做輿論準備。

順治四年（一六四七），多爾袞以濟爾哈朗違規裝修為由，剝奪了濟爾哈朗的輔政權力，把自己的弟弟多鐸晉封為輔政叔德豫親王，至此，「兩白旗」基本控制了朝廷高層部門。同年十二月，多爾袞的黨羽又裹挾著朝臣搞了一次集體請願活動，從此他再也不用對順治帝行君臣跪拜之禮了。

順治五年（一六四八）三月，多爾袞找藉口囚禁了曾和自己爭奪皇位的肅親王豪格，並最終逼死了豪格，還和哥哥阿濟格瓜分了豪格的媳婦。豪格是「兩黃旗」的核心人物之一，多爾袞對他痛下殺手，對於索尼、鼇拜這些始終不肯依附自己的死硬派也是不斷打壓。

十月份，清王朝資歷最深的開國元勳，努爾哈赤的長子、執掌「兩紅旗」（正紅旗、鑲紅旗）的禮親王代善去世。最後一個對多爾袞有點制約的八旗旗主也沒了，多爾袞在朝中的權勢已經達到了頂點。

十一月，多爾袞改「皇叔父攝政王」為「皇父攝政王」，並且昭告天下，以後無論是稱呼還是寫文件，都要用「皇父攝政王」這個稱號，否則就要挨收拾。

自稱「皇父」的多爾袞「出入宮禁」「親到皇宮內院」。這個時間點，就是盛傳的孝莊下嫁多爾袞的時間。認同「太后下嫁」的觀點認為這是孝莊基於嚴峻形勢，不得不主動委身下嫁多爾袞，以此保全兒子順治的皇位。你看，這不就是孝莊改嫁多爾袞的最大動機嗎？打不過就加入唄。

可惜這個結論，恰恰搞錯了一個最基礎的邏輯——「皇父」這個詞的關鍵究竟是「皇」還是「父」？

當時李氏朝鮮是清朝的藩屬國，經常和清朝進行政治交流和外交往來。李朝的仁祖李倧有一次問大臣：清國的諮文中出現了「皇父攝政王」這個詞是什麼情況？底下的大臣回答說：我問過清國的使節，大概意思就是和皇帝平級的意思，或者是太上皇之類的。

李琮同意道：嗯，那就是兩個皇帝的意思啊。可見在李朝君臣看來，多爾袞這個「皇父」更多的是政治上的宣示，表示自己和皇帝平級，甚至壓皇帝半個頭。並不是類似相聲裡「我是你爸爸，你是我兒子」那樣占便宜的倫理哏。

李氏朝鮮雖然臣服於清朝，但內心一直以「小中華」自居，瞧不起「夷狄」出身的清朝，非常熱衷於蒐羅記錄清朝的各種醜聞。如果孝莊下嫁多爾袞這麼勁爆的事情存在，清朝一定會正式通知藩屬國，而深受儒家傳統文化薰陶的李氏朝鮮也必然會如獲至寶地把這麼個驚天醜聞記錄在冊。

但事實卻是和清朝有頻繁交往的李氏朝鮮並沒有任何相關記載，反而是遠在江南的抗清志士張煌言繪聲繪色地描述了所謂太后大婚的場景，這很大機率是因為看到了「皇父攝政王」這幾個字而產生的想當然。畢竟這聲「皇父」真的是很難不讓人往八卦的方向聯想啊。

但是，這裡面涉及一個滿漢文字互譯的冷知識。皇父攝政王的滿文轉寫為「doro be aliha han i ama wang」，直譯過來就是「攝政的汗的父王」，只是為了符合中原語言習慣翻譯成了「皇父攝政王」。這裡面就出現了一個問題。在滿文中表示皇帝父親的詞是「han ama」，音譯為「汗阿瑪」，對應的漢語可以翻譯為「皇父」「皇考」「汗父」之類。而多爾袞的滿文封號是「han i ama wang」，音譯為「汗依阿瑪王」，只能翻譯成「汗的父王」，不能翻譯成「皇帝的父親」。

看起來有點繞，父親和父王，不是一回事嗎？在漢語語境裡的確是一回事，但是在滿語裡就不一樣了。

因為從努爾哈赤時代開始，甚至直到雍正帝在位時，滿洲內部都有稱尊長為父的習俗，比如侄子女婿、滿洲侍衛大臣甚至是蒙古王公，都可以稱自己主子為「父」，這只是一種尊稱，並不具備家庭倫理關係。一句話解釋，所謂「皇父」一詞完全是因為滿漢語言差異造成的翻譯歧義，各位就不必過度解讀了。

咱們再從孝莊的角度來看這個問題。難道面對多爾袞的步步緊逼，她就只能想到「改嫁」這種辦法嗎？

一直以來，人們腦海中都有一個先入為主的「誤解」，認為孝莊和兒子順治是弱小可憐的孤兒寡母，沒人幫，沒人管，只能向強勢的多爾袞搖尾乞憐。

但事實上，孝莊從來都不是一個人在戰鬥，除了「兩黃旗」中的忠心手下，她上面還有一個人可以依靠，那就是她的親姑姑，同時也是皇太極的正牌皇后，孝端文皇后博爾濟吉特．額爾德尼琪琪格，即後世俗稱的太宗哲哲皇后。

多爾袞之所以「親到皇宮內院」，不是進去搞不正當關係，而是和兩宮太后攤牌談判去了。從「親到」這個詞的語氣就能體現出以前多爾袞都不是親自來，也不經常來，所以史書中才強調了「親自進宮」這個細節。

多爾袞是拿著從「內三院」搜集到的黑料進宮的，他想以此證明當年皇太極的皇位是從自己這兒搶走的，所以自己只是拿回本就屬自己的東西。兩宮太后在宮中和多爾袞正面交鋒，如此兇險的場景自然不想讓年幼的順治帝看到，免得給孩子留下什麼心理陰影。所以順治才說當時自己和慈寧宮的母親一個月見不上一面，不是因為慈寧宮變成了婚房，而是因為那裡變成了戰場。

沒錯，多爾袞雖然權勢滔天，但兩宮太后占著大義，索尼、鰲拜等「兩黃旗」骨幹也寧折不彎，大不了就魚死網破一起完蛋。此時清廷高層形成了以兩宮皇太后為代表的慈寧宮和以「皇父攝政王」多爾袞為核心的睿王府兩個政治中心，宮府之間嚴重對立，鬥爭激烈。

對於此時的孝莊太后來說，改嫁完全是自廢武功，怎麼想都是弊大於利。如果不改嫁，兩宮太后還擁有大義在手，能和多爾袞掰掰手腕；如果改嫁了，在男權時代，妻子只是丈夫的附屬品，什麼名分啊，權力啊，統統都歸屬到男方那邊了。這不就相當於放棄了和多爾袞博弈的唯一籌碼，主動投降認輸，把自己母子的身家性命全都交到別人手上，任人宰割嗎？

哪怕孝莊真和多爾袞有點什麼，想要改嫁，不代表整個「兩黃旗」都是傻白甜啊。他們根本不會讓她這麼做。

退一萬步，就算非要通過婚嫁來解決多爾袞，也輪不到孝莊嫁啊。孝莊雖然是順治帝的親生母親，但從禮法上來說，她姑姑孝端皇后才是皇帝法理上的親媽。也就是說，如果多爾袞要娶皇帝他媽，進而實現變成皇帝他爹的操作，他應該娶的也是孝端皇后，和孝莊有什麼關係？

從後續的事態發展來看，所謂「太后改嫁」也是子虛烏有的事。多爾袞曾對手下憤恨地說過：如果讓我當皇帝，讓福臨當儲君，這事不就解決了嗎？可恨那索尼和鰲拜等人說啥也不同意！

這恰恰說明了他沒當成皇帝的「爹」，所以才那麼恨索尼和鰲拜這些「兩黃旗」的死忠派擋了自己的路。

沒法當現任皇帝的「爹」，那就得尋找別的辦法來為自己篡位找合法性。順治七年（一六五〇），多爾袞為自己的生母翻案昭雪，祭告天地宗廟，把自己的母親追尊為太皇太后，祔太廟。多爾袞把母親的牌位放在父親清太祖努爾哈赤旁邊，把另外兩位皇后給弄到兩側去了。

已經好幾年見了皇帝都不磕頭的多爾袞，在隆重的冊寶大典上竟然行了八跪十八叩大禮。時隔多年，多爾袞總算為當初被逼殉葬的母親討回了公道，也恢復了母親太祖皇后的地位。

這個操作的政治象徵實在是過於明顯了。如果多爾袞的母親是清太祖的正牌皇后，那他就是繼承皇位的嫡系皇子，這是從法理上推翻了當年皇太極登基的合法性。多爾袞在給李氏朝鮮的國書中用了「扶翊眇躬，臨御萬方」這樣的字句，這是只有皇帝本人才能使用的形容詞，但多爾袞卻用在了自己身上，儼然以皇帝自居。

一時間所有人都以為多爾袞要篡位了。但神奇的是，就在這關鍵時刻，多爾袞死了，年僅三十九歲。他是單純病死的，並沒有什麼所謂的暗殺和詭計，因為多爾袞一直以來都疾病纏身。

接到多爾袞的死訊後，順治帝對他致以了誠摯的哀悼，甚至追尊多爾袞為義皇帝，廟號成宗。多爾袞在生前心心念念卻不可得的皇帝寶座，在死後卻實打實地坐了一陣。

是的，就一陣兒。因為很快就有人舉報多爾袞各種違法亂紀行為，順治帝馬上下令追奪封爵，沒收財產，甚至直接把多爾袞從愛新覺羅家的戶口本裡給除名了。直到乾隆帝在位的時候才給多爾袞恢復了相應待遇。

所謂「孝莊改嫁」的傳言，源自「皇父攝政王」這個有歧義的翻譯，基於滿族游牧民族的特性，再加上一點當時抗清人士的劇情腦補和一點後世文學的八卦創作，就這麼傳了下來。

其實皇太極在位時已經大力推行中原制度，下令摒棄「收繼婚」習俗，否則「與禽獸何異」？多爾袞娶侄子豪格的媳婦，在當時已經被視為丟人現眼的醜聞。他要是真娶了嫂子兼太后，那不得被人罵出花來？怎麼可能在史料典籍甚至文人筆記中查無此事？

回到最開頭的問題，孝莊之所以不選擇和老公合葬，是因為她姑姑孝端皇后才是正妻，早在幾十年前就已經合葬在皇太極旁邊了。而且清初採用的是火葬，皇太極的墳墓裡放的是骨灰盒，而康熙時已經改成土葬，孝莊棺材裡放的是完整的屍體。

所以如果孝莊要和皇太極合葬，一是要把已經封閉了幾十年的墳墓再打開——太折騰；她的棺槨和老公的骨灰盒大小不一——不配套；就算孝莊葬進去也不能擺放在正妻的位置——沒意義……總之，就是一句話，算了吧。

孝莊這種情況在歷史上也有先例，並不是什麼因為改嫁了不能和前夫合葬。如果孝莊真的改嫁給多爾袞了，那她臨死前的遺言不就應該是和多爾袞合葬的問題了嗎，還擔心回不回盛京幹什麼？所以根本就沒有什麼「太后改嫁」，孝莊也沒那麼多「祕」史。不過是因為多爾袞對皇位意難平，不斷搞小動作想篡位，才造成了許多看上去似是而非的誤會，給了老百姓開腦洞的空間。

歷史最大的幽默在於，當多爾袞是嫡子時，後金是落後的部落軍事民主制，父死子繼觀念不好使，所以皇太極憑實力登基了。等到多爾袞混成實力派了，「父死子繼」「嫡長繼承」的觀念已經成了新的主流觀點，多爾袞又成了非主流。

他一直以為是索尼、鼇拜、兩宮太后妨礙了他稱帝的腳步。其實自清朝開始全方位學習中原制度的那一刻起，落後的八旗貴族民主就成了明日黃花，想憑藉團隊實力奪取皇位已經變得希望渺茫。

打敗多爾袞的不是孝莊，而是新的制度。僅此而已。

順治出家：五臺山上有沒有住著皇帝

順治十八年的春節，注定是甭想好好過了。

皇帝最寵愛的董鄂皇貴妃半年前病逝了。年輕的皇帝悲痛欲絕，搞葬禮，賜謚號，各種哀悼活動折騰了小半年。好不容易到了年底，為了慶祝元旦佳節，宮女太監們忙得腳不沾地，紫禁城中張燈結綵，一片歡度春節的景象。

但突然間，所有的節慶活動都被叫停了。禮部奉旨宣布免去一年一度的元旦大朝慶賀禮，相當於大年三十取消了春節聯歡晚會。然後宮裡來了指示，把已經懸掛上的門神、對聯、彩燈、彩帶全都撤掉。那些準備進宮參加元旦慶典的王公大臣全都議論紛紛，每個人都有一種不祥的預感。

正月初四，朝廷宣布了皇帝患病的消息，緊接著又發布了兩條詔令：第一條是釋放除「十惡不赦死罪」之外的所有罪犯，通過放生活人的方式為皇帝積德祈福；第二條詔令則非常奇葩——禁止民間炒豆子、點燈和潑水。

今天的我們可能會滿臉問號，但當時的人則會一副恍然大悟的樣子。中國古代有很多奇特的忌諱，比如懷孕不能吃兔子，以免生下的孩子是兔脣；不能吃螃蟹，以免胎位不正；等等。雖然沒什麼科學依據，但老百姓就是信這個。而忌諱「炒豆、點燈、潑水」是天花患者特有的禁忌。這下子所有人才反應過來——原來皇帝得了天花。天花，俗稱「痘瘡」，也叫出水痘。對於沒打過疫苗的古人來說是無藥可治的絕症，尤其是成年人感染天花，基本上屬十死無生。

正月初七深夜，順治帝病逝於養心殿，時年二十四歲。大過年的，人都死了，可事情還沒完。清初著名詩人吳偉業有〈清涼山贊佛詩〉四首，詩句用詞隱晦，似乎在影射順治帝並沒有死，而是為愛出家了。

和順治帝關係密切的茆溪森和尚，臨終前留下的偈語中有一句是：「人人道你大清國裡度天子，金鑾殿上說禪道。」偈語，是佛經中的唱詞，也是和尚在修行實踐中得到的感悟。茆溪森和尚這句偈語中的「度天子」指的就是給天子剃度。天子是誰？自然是順治。

所以民間盛傳順治皇帝是假死亡真出家。他脫去龍袍披上袈裟，到五臺山潛心向佛，並於康熙五十年（一七一一）左右圓寂。康熙皇帝曾五次前往五臺山覲見父親。尤其是在康熙二十二年（一六八三），康熙帝陪同祖母孝莊太后，也就是順治的親媽一起上了五臺山，但始終沒能和順治相認，所以他才會寫下「文殊色相在，惟願鬼神知」的詩篇，表達對父親遁入空門的遺憾。

甚至在清末八國聯軍侵華時，慈禧老佛爺一路逃難到山西，當地接待慈禧用的皇室御用器物也是從五臺山「借」來的，可見這山上肯定住過皇帝啊。至於各種野史小說裡更是編得有鼻子有眼，說順治為了出家，不惜偽造了自己死亡的假象。

那麼，順治皇帝到底是死於天花，還是假死出家了呢？從現有證據來看，順治染病而死的機率更大些。

對於剛入關的清朝皇室及貴族來說，像順治這樣「英年早逝」的案例其實並不罕見：

順治三年（一六四六），多羅衍禧郡王羅洛宏去世——二十四歲，固山貝子博和託去世——二十八歲；

順治五年，輔國公恭安去世——二十六歲；

順治六年，豫親王多鐸因天花去世——三十六歲；

順治七年，睿親王多爾袞因病去世——三十九歲；

順治九年，巽簡親王滿達海去世——三十一歲，端重親王博洛去世——四十歲；

順治十三年，和碩襄親王博穆博果爾去世——十五歲……

入關後的清朝皇室和貴族，離開東北故土，居住環境、生活習慣、生活方式被迫改變，面臨氣候不適、水土不服等因素，很容易患病。再加上他們對中原地區流行的水痘等傳染病沒有免疫力，很多人因此喪命。這種情況一直到了康熙朝以後才有所緩解。所以主流觀點普遍認為，順治的確死於天花。

但空穴來風，未必無因。絕大多數皇帝都恨不得在皇位上活到天荒地老，各種求仙問道、煉丹嗑藥就是為了能永遠當皇帝。為何順治如此特殊，人們會相信他寧穿僧衣也不要皇袍啊？

如果順治自己來回答這個問題，一定會顯得故作姿態扭捏，因為他很可能會這麼說：你沒當過皇帝，不知道當皇帝這事，有多痛苦喲……

呃，好吧。順治皇帝還真不是無病呻吟，隱形炫耀，而是他這個皇帝當得確實不怎麼歡樂。順治從六歲登基到十四歲親政的這段時間裡，一直活在叔叔多爾袞的陰影之下。多爾袞大權獨攬，在篡位的邊緣瘋狂試探。朝堂上雲譎波詭，明爭暗鬥，雖然有母親孝莊幫他頂著，但身邊人的冷漠懈怠，甚至是狗仗人勢的怠慢羞辱，時時刻刻都在提醒著小皇帝，他不過是個有名無實的傀儡而已。

被壓制，被忽視，被威脅，忍氣吞聲，擔驚受怕，朝不保夕，這就是順治的全部童年。身為皇帝的他連啟蒙教育都沒人在意，以至於順治親政後連漢文奏摺都讀不來，幾乎就是半個文盲。這逼得順治不得不以「十四歲高齡」開始掃盲。他上午處理國家大事，下午開始文化課學習，他的書單裡包括《左傳》《史記》《莊子》《離騷》等古代經典，從唐宋八大家的散文到元明兩代的文人典籍，政治歷史、詩詞歌賦、天文地理無所不包。順治經常讀書到深夜，甚至睡覺睡一半起來接著背誦，用高三衝刺的節奏連學了九年，一直學到吐血為止。

除了學業壓力大，順治和母親孝莊太后的關係也不太好。順治父親早死，母親的主要精力放在對抗多爾袞身上，早年的母子關係比較疏離。這導致順治一方面渴望父愛帶來的安全感，一方面又排斥父權施加的控制力，這讓他變得敏感易怒、剛愎自用。通俗來說，他就是非常固執的順毛驢，只能哄著拉，不能趕著走。

但是哪怕多爾袞死後，順治成了真正的皇帝，他也不能完全自主地決定自己的人生。母親孝莊太后和她背後的滿蒙貴族，朝堂上需要平衡的各方勢力，以及身為皇帝必須遵守的條條框框，都讓順治感到近乎窒息的束縛。

哪裡有壓迫，哪裡就有反抗。順治的叛逆，幾乎是全方位的。

在政治上，他削弱貴族宗親勢力，大量起用漢官，設立「十三衙門」重用宦官，廢除「圈地」「擴充」「逃人」等滿洲貴族特權，削減他們的俸祿待遇。順治的諸多政策，衝擊了「滿洲優先」的方針，讓孝莊太后及背後的滿蒙貴族深感不滿。

在個人感情上，順治也和母親發生了激烈對抗。順治的第一任皇后博爾濟吉特氏，是蒙古科爾沁部親王吳克善之女，也是母親孝莊的內侄女，順治的表妹。這門親事是多爾袞活著的時候定下的，順治帝不知道是對多爾袞的包辦婚姻不爽，還是對娶表妹很排斥，反正他非常不喜歡這個皇后，兩年後就不顧群臣的反對強行廢了皇后。

年輕的順治天真地以為這回可以尋找真愛了，但沒想到老媽孝莊太后根本就不給他這個機會，緊接著又替兒子娶了一個博爾濟吉特氏。這次是科爾沁部親王卓爾濟的女兒，是孝莊太后的侄孫女，從輩分上算是順治的侄女。

兒子順治倔，孝莊太后這親媽也挺犟。出身科爾沁部的孝莊必須保證滿蒙聯姻的國策，決不允許皇后之位花落別家。兒子拒絕了一個博爾濟吉特氏，我就再給你找一個博爾濟吉特氏，你老媽娘家什麼都缺，唯一不缺的就是博爾濟吉特氏的女人。

在孝莊太后看來，兒子完全是耍性子一樣在無理取鬧。而在順治看來，這是母親對自己的人身控制，母子倆在這個問題上鬧得很不愉快。順治此時屬上班工作不順心，下班回家更鬧心，全天候的心情不美麗。他的空虛需要填補，煩悶需要訴說，必然要尋找心靈上的安慰。

於是，走進他心靈的人來了。第一個是湯若望。

湯若望，德國人，耶穌會教士，是明末清初最有影響力的傳教士之一。他精通天文曆法，具備豐富的科學知識，曾在明末的宮廷內傳教，收穫了不少信徒。

順治親政後，對這位儒雅博學的異域老者非常尊崇，封湯若望為太常寺卿，賜名「通玄教師」。甚至順治在日常相處中都不稱湯若望的名字，而是叫他「瑪法」，就是滿語「爺爺」的意思。對於幼年喪父的順治來說，他雖然嘴上不會承認，但他在某種程度上是將內心的戀父情結投射到湯若望身上，視其為精神教父。

湯若望也利用和順治的關係，希望能發展順治入教。不過由於順治受傳統儒家文化影響過深，很難接受西洋教義，所以他最終也沒有加入基督教。

但這似乎讓順治對宗教產生了興趣，他轉而開始接觸佛教，如高僧玉林通琇、木陳道忞、茚溪森和旅庵月等人都成了順治的座上賓。與這些僧人的相處，在一定程度上彌補了順治人格的缺失，讓他變得不再那麼衝動易怒。而除了世俗的煩擾，身體的病痛也讓順治對生死輪迴的佛學觀念心生嚮往。

順治的體格本來就有點虛，他常年失眠，哪怕早早上床，也是一宿一宿地在床上烙餅，一直到後半夜困得不行了，才能勉強睡一小會兒。

有一次，順治與和尚木陳道忞聊天，隨口說了一句：老和尚說要給朕過三十歲生日，還算有希望。玉林通琇說要來給我過四十歲生日，那朕可等不到他咯。如此不吉利的話從一個二十多歲的皇帝口中說出來，哪怕對面坐的是佛法精深的大和尚也有點架不住。木陳道忞趕緊往回找補說：皇上當有千萬歲啊，怎麼這麼說話呢，不至於，不至於啊。

順治卻苦笑著指了指自己，說：你看我骨瘦如柴、病歪歪的樣子，哪能活得長久啊？這可就把天給聊死了。不過好在順治也沒指望木陳道忞給他個滿意的回答。此時的他已經不諱言死亡，甚至可以平靜地接受自己的死亡。

如果說順治對現實世界還有最後一絲留戀，那一定就是他的知心愛人——董鄂皇貴妃了。

順治帝有名分的伴侶包括四位皇后[1]、十四位皇妃，但順治帝與她們要麼性格不合，要麼感情一般，總之情路坎坷就是了。直到董鄂氏出現在順治的生命裡。

通常認為董鄂氏是正白旗軍官鄂碩之女。但還有說法認為她其實是秦淮八豔中和陳圓圓齊名的董小宛，或認為她本來是順治幼弟襄昭親王博穆博果爾的媳婦。這也是個充滿爭議的奇女子，我們只需要知道順治帝愛她愛得不行就可以了。

順治十三年（一六五六），董鄂氏被冊封為賢妃，僅一個月後，又被晉封為皇貴妃，簡直就是坐著火箭一樣往上躥。順治為董鄂氏舉行了超級隆重的冊妃典禮，頒布詔書公告天下，並且直接發布了大赦令，這種待遇在整個清朝歷史上都是獨一份。這一年順治十九歲，董鄂氏十八歲。

一年後，董鄂氏生下了一位小皇子。雖然這已經是順治的第四個兒子了，但他卻表現出了超出以往的興奮，準備直接立董鄂氏之子為太子。只不過小皇子生下僅僅三個月，連名字都沒來得及取就夭折了。

三年後，始終沒從喪子之痛中走出來的董鄂氏也去世了。悲痛欲絕的皇帝整天以淚洗面，甚至鬧著尋死覓活。他親自下旨給禮部，要追封董鄂妃為皇后。在董鄂妃的諡號上，順治和禮部的官員鬥智鬥勇，雖然替愛人爭取到了「孝獻莊和至德宣仁溫惠端敬」的十二字超長諡號，然而通常用來指代正牌皇后的「天」「聖」二字卻沒能加上。

因為無論是禮部的官員，還是宮中的孝莊太后，都不願認可董鄂氏嫡后的身分，也不承認她曾生下了所謂的皇位繼承人。董鄂氏雖然是順治的最愛，但在母親孝莊眼中恐怕就是個奪走兒子的「狐狸精」，對於一心想讓兒子延續滿蒙聯姻的孝莊太后來說，那個女人死了就死了唄，還想鬧哪樣啊？

順治又一次無力地發現，自己這個皇帝當得真是沒意思。他想做的事大臣不讓做，他想娶的媳婦母親不認可，他想立的兒子老天爺沒給他留，就連他想給最心愛的女人爭一個名分都做不到。他只能親筆寫下數千字的〈孝獻皇后行狀〉，字字泣血、筆筆含淚地悼念亡妻，並連續四個月用藍墨批改奏摺[2]以示哀悼。

身為皇帝的順治為董鄂氏穿孝十二天，並下令朝中官員及家屬為董鄂妃穿孝二十七日。他還令宮女、太監三十人殉葬，下令所有四品以上的官員及家屬全都要到景運門去哭喪，並罷朝五天。

順治以最高級別來操辦董鄂妃的葬禮，所有的環節皇帝本人都親自過問，直接主持，事必躬親，

1 順治生前有三位皇后：廢后科爾沁博爾濟吉特氏、孝惠章皇后科爾沁博爾濟吉特氏、孝獻皇后董鄂氏。康熙帝生母孝康章皇后佟佳氏為追封。

2 清朝習俗，等級高的皇室成員逝世，皇帝會用藍色的墨水批改奏章以示哀悼。皇貴妃級別是五天，皇帝或太后為二十七天。

場場必到。哪怕是在「斷七」已過，一般意義上的喪事已經結束後，順治帝還好幾次為董鄂氏舉辦隆重的法事，始終無法從悲傷中走出來。

但整個帝國，不可能一直陪著皇帝共情。對於其他人來說，再隆重的哀悼也會結束，再濃厚的悲傷也會淡化。當所有的儀式都結束後，順治帝只覺得前所未有的疲憊和虛無。

這皇帝，誰愛當誰當吧，朕要出家。

出家的念頭已經不是第一次出現在順治的腦海裡了。他在和僧人的談話中屢次透露出家為僧的想法。順治曾說過：「財寶妻孥，人生最貪戀擺撥不下的。朕於財寶固然不在意中，即妻孥覺亦風雲聚散，沒甚關情。若非皇太后一人掛念，便可隨老和尚出家去。」通俗來說就是，人間不值得啊。要不是我媽攔著，我早就出家了。

而董鄂妃的去世熄滅了順治皇帝最後一絲世俗之心，他堅持拜玉林通琇和尚為師，並以「行癡」為法號。今天流傳下來的順治鈐章中也有「塵隱道人」「懶翁」「癡道人」等稱號，可見順治對出家的執念。

西元一六六〇年，順治十七年十月十五日，董鄂妃去世兩個月後，順治讓玉林通琇的徒弟茚溪森為自己化度剃髮，即淨髮受沙彌戒，真的準備出家了。

玉林通琇聽說後大驚失色。沒事和皇帝聊聊佛法是一回事，真「拐」回來一個皇帝當和尚那可就是另一回事了。這要是朝廷追究起來，哪怕就是真菩薩下凡了也得掂量掂量後果啊。

為了讓順治打消出家的念頭，玉林通琇直接把給順治剃度的徒弟綁在柴火上，說皇上你要是真出家，那我當場就給你表演一下舍利子是怎麼煉成的。這才勸住了一心想遁入空門的順治。

是的，這是順治第一次出家，只不過未遂而已。順治在紫禁城西苑萬善殿見到了阻止自己出家的玉林通琇。一個沒頭髮的皇上和一個沒頭髮的和尚，兩人相視而笑，一時竟分不清誰是皇上，誰是和尚。

順治看著面前的大和尚提出了自己的疑問：佛祖釋迦牟尼和禪祖達摩，不都捨棄王位出家了嗎？怎麼到朕這就不行了？玉林通琇的回答很有禪意，他表示現在最需要的是皇上在塵世間護持佛法正義，護持一切菩薩的寄身處所。

翻譯過來的意思就是您就好好地當您的皇上，沒事給俺們撐個腰，上個香，修個廟就夠啦，可千萬別直接轉隊啊！

順治的這次出家雖然沒成功，但他依然不死心。這一年年底，順治和另一位和尚旅庵月又提起出家的事，旅庵月和尚也表示：不妨現帝王身，行菩薩事。翻譯過來的意思依然是實力拒絕——當皇帝也可以修行嘛，不一定非得出家啊。不要在意那些細節，都是一樣一樣的呀。

順治是鐵了心想出家，但幾乎所有出家人都不想他真的出家。

也許是為了彌補自己未能「正因出家」[3]的遺憾，順治十八年（一六六一）正月初二，皇帝親自到憫忠寺參加了吳良輔的剃度儀式。吳良輔是順治最心腹、最寵愛的太監，順治送吳良輔去剃度

3 佛教用語，指以正法因緣出家。是授沙彌戒儀式上的開場白，常指代正式出家。

相當於送個自己的「替身」去侍奉佛祖，這也算是在某種程度上的滿足心願。

但沒想到這次觀禮活動結束第二天，順治就出現了水痘的症狀，幾天後就病發而亡了。當然，這是官方給出的說法，依然有人堅持認為這只是順治放出的煙霧彈，是他為了實現假死出家而搞的障眼法。

其實按照往年的慣例，每到冬季及初春出水痘的好發期，順治都要去南苑「避痘」，其實就是自我隔離，避免在疾病好發期間被傳染。

但順治十七年（一六六〇）的冬天是個例外，因為董鄂妃去世了。順治不但沒有去自我隔離，反而頻繁接見朝臣，多次在人員密集場所（葬禮現場）停留，極大地增加了感染風險。同時順治為操辦董鄂妃的葬禮而心力交瘁，疲憊不堪，他本就不怎麼強的身體免疫力徹底垮掉，被天花病毒趁虛而入也不奇怪。

還有一些間接證據也可以證明，順治真的是死於天花。

順治在正月初四時就已經開始考慮皇位的繼承人問題了。順治本人沒有活著的兄弟，他本來想傳位給「從兄弟」，但太后和八旗貴族高層都堅持要從順治的皇子中挑選一名繼承人。

作為皇帝最親近的知心人之一，湯若望在順治生命的最後階段還沒放棄勸他入教的嘗試，雖然沒有勸說成功。但湯若望提出的另一個建議順治卻聽進去了——湯若望建議跳過較為年長的皇二子福全，立皇三子玄燁為繼承人，因為玄燁已經出過天花，對這種致命的疾病擁有了終身免疫力。這就是後來的康熙大帝，他的上位並不是因為他有經天緯地之才，是天命所歸的天縱奇才，僅僅是因為他——得過天花。

湯若望的這一舉動在事後贏得了滿朝文武的好感，大家都誇他眼光長遠。但從側面也可以說明，天花病毒的確在宮中傳播過，被感染者就包括年幼的康熙。而且順治能被湯若望的建議打動，不正說明他是因為自己得了天花命不久矣，為了避免下一任皇帝「重蹈覆轍」，所以才選擇了對天花有抵抗力的康熙嗎？

在順治生命的最後時刻，負責撰寫遺詔的當事人王熙清晰地記錄了皇帝從發病到病危的全過程，多方證據都表明順治的確是死於天花。

當然還會有人說，那也可能是順治動用手中的權力，逼所有人陪他演戲，其實他就是假死出家啊。的確，這也是一種可能，但存在的機率實在太小。

對於順治的病死，官方史書、私人筆記，甚至是耶穌會教士的記載都能彼此印證，形成了一個記載可查、證據可信、細節可靠的系統性結論，而假死出家卻更多的是一種推測，論據並不充足。

從現有史料證據來看，我們能得出的結論僅僅是順治想出家，也嘗試過出家，甚至以他的執拗性子，在以後的人生中可能還要無數次鬧著要出家。但他的出家努力被一場突如其來的致命疾病所打斷，最終出家未遂。

可能還是有人會問，那又如何解釋康熙總往五臺山跑呢？這是因為對於清朝統治者來說，五臺山不只是個禮佛聖地，更是滿蒙聯合國策的重要體現。

比如西元一六八三年，康熙皇帝兩次前往五臺山，在此之前他剛巡察完東北「龍興之地」，然後前往蒙古見了當地王公，去山東拜了孔子，下江南拜謁了朱元璋的明孝陵。把這一連串的行程聯繫起來，就會發現這其實是康熙帝安撫慰問滿、蒙、漢三族的重要政治活動。

而五臺山地處漢、蒙交流的要道，更是藏傳佛教在北方的中心。五臺山的菩薩頂從明朝初年就已經成為內地最大的喇嘛廟所在地，對於信奉藏傳佛教的蒙古各部來說，去拉薩朝拜有點困難，來五臺山就方便多了。

所以雖然清朝的歷代皇帝都不信藏傳佛教，但為了維護「滿蒙聯合」的國策，康熙親自到五臺山菩薩頂禮佛就成了政治上的必然。而且康熙的七個成年女兒裡有六個都嫁給了蒙古各部的首領，可見康熙對滿蒙結盟的重視。正因為康熙的民族政策搞得好，所以他才把蒙古各部看作比漢人修的土石長城更堅固的國防屏障。

五臺山這個元素之所以出現在「順治出家」的故事裡，一般人以為的邏輯是因為順治在五臺山出家，所以五臺山變得重要了，於是康熙才總往五臺山跑。其實歷史的真實邏輯是因為五臺山重要，所以康熙總往五臺山跑，於是人們才以為順治在五臺山出家。

事實上哪怕順治真要出家，給他剃度的也是臨濟宗，臨濟宗祖庭臨濟寺就在河北正定滹沱河畔，不用大老遠跑到山西去，和唯識宗、華嚴宗、淨土宗、律宗、密宗、天臺宗和禪宗等宗派擠在一起。

至於清末的慈禧從五臺山上「借」到了皇室御用器物，那就更好解釋了。地方上接待過皇帝的地點，器物都需要特殊保管，既不能回收再利用，也不能隨便丟棄，哪怕皇帝再也不來，這些東西也得精心維護，妥善保管。康熙帝上過那麼多次五臺山，上面當然會有皇室用品了。

而且這件事反而說明了順治不可能在五臺山上。他是要出家的人，整這些皇室用品隨身使用，那叫什麼出家？這些玩意兒往山上一放，誰不知道這兒住著個皇上？這事情根本就瞞不住，也不會成為我們今天需要討論的「疑案」了。

要知道順治十八年的時候，西南的三藩還割據一方，臺灣的鄭成功餘部還高舉明朝大旗，就算是中原內部的反清力量也沒消滅乾淨，你大清朝就真的放心把一個皇帝放在寺廟裡？真要是被誰給綁票了，高低得夠你喝一壺啊。這哪是出家，出事還差不多。

在破解「順治出家」之謎的過程中，我們可以獲得這樣一個認識——那就是所有的傳聞、故事甚至野史，不管它在真實性上有多離譜，其中的某些內容細節都不是憑空出現，往往有細若遊絲的真實隱藏在浮誇爛俗的橋段中。

這恐怕算是另一種意義上的「存在即合理」了。故事未必真實，但故事之所以成為故事，一定是因為背後有故事。

九龍奪嫡：雍正的皇位到底是怎麼來的

西元一七二八年，雍正六年五月初七，時任川陝總督、寧遠大將軍的岳鍾琪收到了一封信。全信很長，簡單歸納起來是這麼幾個意思：

第一，清朝是外族入侵，咱們應該反了它！

第二，當今皇帝雍正犯有「謀父、逼母、弒兄、屠弟、貪財、好殺、耽酒、淫色」等十大罪狀，咱們應該反了它！

第三，你岳鍾琪是岳飛的後人，應該發揚祖先的抗金精神，清朝正好是金國人的後代，咱們應該反了它！

第四，自清朝入關八十年來天災不斷，這是老天爺在告訴我們，咱們應該反了它！

千言萬語匯成一句話：岳鍾琪，你趕緊反了吧！

如果能重來，岳鍾琪一定不會把信打開。因為這封信既大逆不道又莫名其妙，看得岳鍾琪全程問號臉。不過事情已經發生了，也不能當沒看見。於是岳鍾琪立刻把送信的年輕人抓起來審問，軟硬兼施地問出了事情的真相。

原來這個年輕人叫張熙，受老師曾靜的委託來策反岳鍾琪。而這個曾靜只是一個屢試不中的教書先生，因為讀了幾本明末清初思想家呂留良的「反清」著作，又聽說了一些傳言，就異想天開地派學生拿著自己的親筆信來鼓動岳鍾琪謀反，史稱「曾靜大逆案」。

這個教書先生可以說是身體力行地印證了什麼叫「秀才造反，十年不成」。但再可笑的造反也是造反，是十惡不赦的死罪。岳鍾琪把審理結果上報給雍正帝後，所有人都以為接下來就是曾靜、張熙師徒滿門抄斬的常規劇情。

但誰也沒想到，雍正居然沒有殺曾靜師徒，反而把他們弄到北京來，好吃好喝好伺候著。然後雍正就開始用文字隔空和曾靜展開了辯論，從「華夷之辯」到「君臣之義」，從自己繼位的合法性到自己執政的正確性，逐行逐段、一字一句地反駁曾靜信中的指控，掏心掏肺，苦口婆心，直到把曾靜師徒說得啞口無言，心服口服。

不僅如此，雍正還把辯論的過程編纂成《大義覺迷錄》出版發行，務必要做到高級官員人手一本，基層組織每天宣講，廣大百姓全民覆蓋。而迷途知返的曾靜師徒就是無數義務宣講員中的一員。以德服人！朕就是這樣的漢子！雍正揉了揉寫到發酸的手腕子，露出了欣慰的微笑。

手握生殺大權的一國之君，為什麼要如此勞心勞力大費周章地跟一個書呆子扯皮呢？因為雍正自登基以來一直深陷「得位不正」的傳言中。

曾靜在審訊中交代，有傳言說康熙爺臨死前是想傳位給十四阿哥胤禎的，是雍正夥同隆科多把「十」字加兩筆變成了「于」，所以遺詔就從「傳位十四阿哥」變成了「傳位于四阿哥」；康熙是喝了雍正送的參湯後才一命嗚呼的；雍正迫害親弟弟十四阿哥胤禎，逼得親媽以死抗爭；等等。總之，就是一句話，雍正這個皇位來得「不正」，是奪嫡，是矯詔，甚至是弒父篡位。

那麼雍正的皇位到底是怎麼來的，真的如民間所說的那樣「名不正言不順」嗎？想要弄清楚這個謎團，就得從康熙晚年的奪嫡大戰說起了。

康熙活下來的兒子共有二十四個，其中有九個深度捲入爭奪皇位的混戰中。最主要的代表人物包括大阿哥胤禔、二阿哥胤礽、四阿哥胤禛、八阿哥胤禩和十四阿哥胤禎（後改名為允禵）等。這些阿哥為了爭奪儲位，各自拉幫結派，彼此陰謀算計，面上鉤心鬥角，背後明爭暗鬥，鬧得朝堂上下不得安寧，成了康熙朝末年著名的政治事件，被民間俗稱為「九龍奪嫡」。

在康熙之前，清朝並沒有立太子的傳統。深受中原漢文化影響的康熙帝借鑒了漢人王朝的嫡長子繼承制，立仁孝皇后赫舍里氏所生的二阿哥胤礽為皇太子。這是大清立國以來的第一位皇太子，也是清朝唯一的一位皇太子，更是中國古代最後一個皇太子。

好傢伙，一不小心就空前絕後了，胤礽身上到底發生了什麼事啊？簡單來說就是——康熙超長待機，太子等待不及，兄弟瘋狂算計，父子矛盾升級。最終太子廢了又立，立了再廢，最年長的大阿哥和最有威望的八阿哥全都被康熙拉進了黑名單。從此不管大臣們怎麼上疏呼籲，康熙就是咬死了一件事——立太子是不可能立的，這輩子都不可能立太子的。

是的，康熙算是被「立太子」這三個字整出心理陰影了。他晚年的身體越來越差，衰老的跡象越來越明顯，但他還是堅持把所有的權力牢牢地攥在手裡，不肯讓所謂的「太子」來分享皇帝的權威。

康熙一遍又一遍地跟臣子們保證說，你們放心，我死之前肯定給你們找一個德、智、體、群、美全面發展的繼承人，包管讓你們每個人都滿意，每個人都心服口服！但這個繼承人到底是誰，康熙卻怎麼也不肯說。

臣子們能怎麼辦？只能猜啊。當然也不是瞎猜，因為從各方面的綜合表現來說，有兩位皇子應該是進入這場儲君爭霸賽的決賽圈了，他們剛好是一母同胞，即德妃烏雅氏所生的四阿哥胤禛和十四阿哥胤禎。

在「九龍奪嫡」的大戲中，四阿哥胤禛一直沒什麼存在感。他既不拉幫結夥，也不上躥下跳，沒事就參禪悟道，同和尚老道打成一片，還寫了一本叫《悅心集》的心靈雞湯，看上去就是一個與世無爭的「天下第一閒人」。

當然，這只是看上去而已。因為胤禛早就看清了事情的本質——康熙對於他來說，既是父親，更是君主。給這樣一個英明的皇帝當兒子，太平庸會被拋棄，太出色會被猜忌。

而胤禛又是一個出色的平衡大師，他成功地在「廢物點心」和「潛在威脅」中找到了一個平衡點，讓皇帝對自己用得放心，用得安心，用得舒心。就這樣，他一路不顯山不露水，不高調不出頭，一點點取得了皇帝的信任。除此之外，胤禛還有一張王牌，那就是他的次子弘曆。弘曆是康熙最喜歡的孫輩，沒有之一。於是隨著大阿哥、二阿哥和八阿哥等人的出局，胤禛逐漸成了康熙晚年最受重用的兒子之一。

「國之大事，在祀與戎。」在眾多皇子中，胤禛代表康熙主持大祀的次數最多，僅冬至祭天大典就有兩次。這是其他皇子所沒有的待遇，可見胤禛在康熙心目中地位是很高的，也是皇位繼承人的潛在人選之一。之所以說「之一」而不是「唯一」，是因為康熙把「祀」交給了四阿哥胤禛，卻把另一件國之大事「戎」交給了十四阿哥胤禎。

當時四阿哥胤禛被封為雍親王，而十四阿哥的爵位不過是固山貝子而已。清代皇室爵位由高到低分別是親王、郡王、貝勒、貝子、鎮國公、輔國公等十二個等級。如果光看爵位，十四阿哥胤禎和四阿哥胤禛差了兩級，似乎並不是同一個水平線上的選手。

但實際情況卻並非如此。十四阿哥胤禎原本是八阿哥胤禩的支持者。沒錯，胤禎雖然和胤禛是親哥兒倆，但他無論在情感上還是立場上都和自己的親哥親近不起來。個性爽直、重情重義的他，從小就和八阿哥對脾氣，寧肯幫著「外人」，也不願意搭理自己的「親哥」。

西元一七〇八年，康熙四十七年，在第一次廢太子風波中，八阿哥胤禩因為組團奪嫡的意圖過於明顯而被老爹康熙給收拾了。

當暴怒的皇帝老爹痛罵自己仰慕的八哥時，十四阿哥胤禎竟然挺身而出，豁出自己的性命來給八阿哥做擔保，氣得康熙差點沒拿佩刀把胤禎砍死。幸虧眾人求情，胤禎只被打了二十大板。胤禎雖然忤逆了皇帝的意志，但他捨命為兄弟擔保的樣子也給康熙留下了深刻印象。康熙覺得這孩子對兄弟有情有義，特別老實可愛，從此反而對胤禎更加寵愛了。

有時候老父親看兒子的濾鏡，就是那麼雙標。八阿哥說好話，康熙覺得是心口不一的阿諛奉承；十四阿哥說好話，康熙認為是表裡如一的肺腑之言。八阿哥說錯話，康熙覺得是混帳至極、忤逆不孝；十四阿哥說錯話，康熙認為是心直口快、情有可原。

反正同樣的事，放在八阿哥身上是看見就煩，放在十四阿哥身上就是可愛與純真。康熙甚至把從八阿哥手裡剝奪的資源都轉賜給了老十四，以至於胤禎竟成了第一次廢立太子風波中最大的受益者。在這種情況下，出頭無望的八阿哥只能改為支持十四阿哥胤禎去奪嫡。這是他能想到的最佳止損方式了，就算自己當不成皇帝，同一團隊的人能當上也行啊。

機會很快就來了。

西元一七一八年，康熙五十七年春，大清西部烽煙再起。準噶爾部首領策妄阿拉布坦出兵西藏，拉藏汗請求清朝中央發兵救援。十月，康熙任命十四阿哥胤禎為撫遠大將軍，封大將軍王，用天子親征專用的「正黃旗之纛，照依王纛式樣」率軍出征。通俗來說，胤禎這次就相當於是代替皇帝御駕親征了。康熙朝一共出過五位撫遠大將軍，但只有胤禎被封為大將軍王，也只有他能使用天子的儀仗。

這級別，相當高。在正式出征前，康熙帝為胤禎舉辦了隆重宏大的歡送儀式，所有的王公貴族、朝廷重臣全都盛裝出席來給胤禎送行。那場面，相當熱烈。而且康熙還特意到長安左門外的堂子行禮，這是清代宮廷內特有的祭祀制度，源於滿族的薩滿教祭神儀式。以前康熙只有在親自參與的重大戰爭或政務活動前才會去堂子行禮，以祈求神明的保佑。但這次十四阿哥出征，康熙卻也來堂子行禮了。

這訊息量相當大啊。康熙高調派胤禎掛帥出征，很明顯是給他製造立功的機會，從而進一步提升他的地位，可謂是用心良苦。在胤禎出征後，康熙對前線的兒子也是關懷備至，什麼好東西都第一時間給小兒子送去，還時常給兒子寫信話家常，舐犢之情躍然紙上。

一時間，胤禎成了很多人心目中下一任皇帝的熱門人選。這裡面固然有「八爺黨」搖旗吶喊、製造輿論的因素，但康熙對十四阿哥的器重也的確是肉眼可見，就連朝鮮來清朝的使者也認為十四阿哥是眾望所歸。如果西北戰事結束，胤禎凱旋，這皇位恐怕很大機率是要落到他頭上的。

可惜，歷史沒有如果。

西元一七二二年，康熙六十一年十一月十三日，胤禎還在西北征戰時，六十九歲的康熙皇帝在京城北郊的暢春園病逝，遺詔說由皇四子雍親王胤禛繼承帝位，即雍正皇帝。

對於雍正的繼位，其他兄弟肯定是不服氣的。如果雍正能拿出可靠的有力證據證明自己繼位的合法性，那倒也沒什麼問題。但讓人最費解的地方就在於，對於那一夜康熙是如何傳位給雍正的，就連雍正自己都說不清。

第一個說不清的地方——雍正繼位到底是不是康熙的真實意思？

康熙在十一月初感染了風寒，只能待在暢春園養病。於是康熙在初九這天派胤禛代替自己主持南郊大祀。初十、十一、十二這三天，胤禛都派人去暢春園請安，康熙都表示自己沒有大礙。但十三日這一天康熙的病情卻突然惡化，緊急傳召胤禛到暢春園。當夜康熙病逝，時任步軍統領隆科多口頭宣布了命皇四子胤禛「繼承大統，即皇帝位」的遺言。注意，這個決定雍正繼位的遺言最開始是口頭說的，並沒有書面文本。

十四日，隆科多在雍正的命令下獨自起草了書面的遺詔底稿，然後交給內務府、翰林院潤色。

十六日，這份遺詔被正式公布，但是卻只有滿文版，沒有漢文版。御史楊保等人對此提出了質疑，但雍正給出的解釋卻是——滿文大家也聽了，和聽漢文版沒區別嘛。這事就這麼輕描淡寫地劃過去了。也就是說，雍正能繼位全靠當時隆科多的一句話，所有的正式文件都是後補的，而且還補得不全。

當然，如果事情發生得太倉促，來不及寫成正式文件也是可能的。即便是口頭遺囑，只要在多人見證下也是具有法律效力的。這就是第二個說不清的地方——誰見證了康熙的遺言。

對於這件事，雍正說得最多，但他都不如不說，因為越說越可疑。

雍正元年的上諭說：由於太倉促，我爹一句話就決定傳位給我了。

雍正二年的上諭說：別人知不知道我不知道，反正我不知道我爹要傳位給我。

雍正五年的上諭說：我爹是在諸位皇子和隆科多面前說要傳位給我的，但真正負責傳達這句話的是隆科多。

還是雍正五年的上諭卻說：我爹死的時候隆科多他根本就不在現場！

到了雍正七年的《大義覺迷錄》裡又變成了：我爹的遺言是在隆科多和七位皇子的見證下說的，我到暢春園的時候我爹還沒咽氣，還和我話家常來著，但我爹沒告訴我要傳位給我。是我爹死了之後隆科多告訴我，我才強忍著悲痛接下了這個倒楣活兒啊！

除此之外，雍正一會兒說其他兄弟對自己繼位是心悅誠服，一會兒又說他們當時要麼不懷好意，要麼呆若木雞。還有雍正說康熙去世時好多皇子都在暢春園當見證人，比如他的十七弟果親王允禮。啊對，就是電視劇《甄嬛傳》裡的那位好弟弟。但是隆科多卻說康熙去世當天，自己是在回京城的路上遇到的允禮，這說明康熙死的時候他根本就沒在暢春園。

這是什麼人格分裂的迷幻發言，一會兒這樣一會兒那樣的，所以到底是哪樣啊？十三日當天，康熙到底是怎麼留下傳位遺言的，留下的到底又是什麼樣的遺言？關於這個問題雍正的回答不能說是風馬牛不相及，至少也是驢脣不對馬嘴。

最樸素的邏輯告訴我們，人們在陳述真相時往往言簡意賅，只有講述謊言才需要反覆勾勒。當你說出一句真話，你只是在陳述一個事實。但如果你撒了一個謊，那就是在構建一個全新的謊言宇宙。

所以從雍正登上皇位的那一天開始，人們就在不斷爭論事情的真相，大致可以概括成三種觀點：弒父奪位、矯詔篡位、合法繼位。

弒父奪位基本上可以排除。當時流傳的雍正用一碗參湯毒死康熙的說法肯定是不可靠的。康熙的祖籍雖然在東北，但卻對人參毫無好感，也從來不認為吃人參對身體好，哪可能會喝參湯被毒死？

況且康熙直到生命的最後都很好地控制著最高權力，想要在短時間內收買康熙的身邊人下毒基本上是不太可能做到的事情。弒父奪位聽起來很厲害，但從邏輯上來說是講不通的。

矯詔篡位，這倒聽起來是最合理的一種解釋。但傳言中所謂把詔書中的「傳位十四子」加兩筆變成「傳位于四子」這種事也是不存在的。

因為清代對皇帝的兒子都稱「皇子」。所以即便真的有那麼一句話，也應該寫成「傳位皇十四子」，加了筆劃後就變成了「傳位皇于四子」，連句人話都不算，哪能用來篡位啊。另外在清代繁體字應該寫成「於」而不是「于」，這又哪是加兩筆就能改成的呢？

最後一點，也是最關鍵的一點，清代的詔書是滿漢雙文字版本的，康熙就是想留遺言也是先說滿語版本，滿語是拼音文字，那改起來跟重寫一樣，根本就騙不了人。

今天我們能看到完整的漢文遺詔，是後來重寫的，並不是康熙臨死前寫的，無法作為證據。現存的兩份滿文遺詔都殘破不全，尤其是缺失了傳位給哪位皇子這個最關鍵的訊息，只能證明康熙留下了遺言，卻沒法證明遺言的具體內容，是傳位給皇十四子胤禎，還是傳位給皇四子胤禛。

但是，如果我們換一種思路，設身處地地想一想，如果我們是執掌大清帝國六十一年，經歷了無數風風雨雨、看透了世態炎涼的康熙皇帝，在自己生命的最後關頭，要選哪個兒子繼位才能最大限度地避免動盪，保證權力交接的平穩呢？恐怕，選擇四阿哥胤禛才是最符合康熙真實意願的。

不可否認的是，康熙此前對十四阿哥胤禎很器重，但也沒到就非他不可的地步。在生命的最後時光裡，康熙應該是在老四和老十四之間有所猶豫，甚至很可能老十四占的優勢更大一些。

如果十四阿哥胤禎得勝還朝，康熙還會在哥兒倆之間再猶豫一下。但在康熙六十一年十一月十三日這一天，遠在西北的十四阿哥胤禎已經不是皇帝的優先選擇了。以當時的路況來說，胤禎即便用最快的速度趕回北京也需要近一個月的時間，康熙皇帝明知兒子們之間鬥得那麼厲害，怎麼可能允許皇位出現近一個月時間的空懸，那是生怕兒子們打不起來嗎？

從託付後事、平穩過渡的角度來說，離得近的四阿哥胤禛就是最好的選擇。所以當康熙病情惡化後，他第一時間就把在南郊主持祭祀的胤禛叫到身邊來，這很明顯是想傳位了。

如果這麼說，那雍正就是合法繼位啊，那為什麼他對於事發當天的描述錯漏百出，針對他繼位的謠言又傳得到處都是呢？別急，因為雍正的繼位是合情不合理、合法不合規。

雍正符合康熙臨終前穩定政局的需要，這是合情。但正是因為康熙去世得太突然，讓之前一直被人看好的十四阿哥瞬間靠邊站了，這在有心人看來就是不合理。雍正繼位的確體現了康熙的真實意願，但是這種意願的表達在程序上是有問題的，屬合法但不合規。

簡單來說就是：有瑕疵啊。而最大的瑕疵就是遺詔的宣布者隆科多。你一個步軍統領，既不算皇室宗親，也不是內閣大學士，憑什麼讓你來傳達皇帝臨終的遺言啊？結合雍正登基初期對隆科多的頂配封賞和格外親熱，唯一合理的解釋就是隆科多和雍正內外勾結篡改了康熙遺言。

這個結論在邏輯上很能說得過去。但一份來自朝鮮的史料或許能為我們提供一個全新的思路。十八世紀，李氏朝鮮著名學者朴趾源寫了這麼一個很有意思的事：康熙臨死前，漢人大學士王掞和同僚一起記錄皇帝的遺言，錯把「禛」字寫成了「禎」字，「第四」寫成了「十四」，因此而獲罪。《李朝實錄》則記載康熙病重時召滿洲大學士馬齊留下遺言，說：第四子雍親王胤禛最賢，我死後立為嗣君。

在古代的政治傳統中，皇帝交代遺言肯定是找一幫人做見證，而且一般來說能在場聽老皇帝遺言的人，也是留給新皇帝輔政的重臣。《永憲錄》記載，康熙死後第二天，根據皇帝臨終的遺言，內侍衛大臣三等公馬爾賽、提督九門巡捕三營統領隆科多和武英殿大學士馬齊就獲得了輔政大臣的身分。

綜合以上資料我們可以推測，康熙在生命的最後時刻找了四個他最信任的臣子來交代後事。內侍衛大臣馬爾賽負責皇帝的貼身保衛工作多年；隆科多是康熙第三任皇后的弟弟，算是皇帝的小舅子，一直以來掌控京城周邊的武裝力量；滿洲大學士馬齊忠心不二，能力突出，是滿族官員中的大老；漢人大學士王掞雖然總惹康熙生氣，但為人清高，不受拉攏，在漢人官員中很有威望。以上四人共同的特點就是都沒怎麼摻和到皇子們的「九龍奪嫡」中，既忠心又有能力，而且兼顧了權力平衡和民族差異，這才是皇帝交代遺言的正常組合。

康熙晚年已有患中風和腦梗的跡象，所以一次重感冒就引發了嚴重的併發症，很快就陷入彌留的階段。在迴光返照的時刻，康熙應該是先用滿語說一遍遺詔，然後再用漢語說一遍。

當然這個遺詔只是簡單的關鍵詞草稿，類似於寫作大綱，具體的遺詞造句什麼的那都是次要的事。滿語版本的遺詔由馬齊負責記錄，漢文版本的遺詔自然是王掞來撰寫。馬爾賽和隆科多更多的是在旁邊做個見證。

此時皇帝的生命力已經幾乎枯竭，中風和腦梗的病症也嚴重限制了他的表達能力，音量和發音自然不會像正常人說話那麼清晰到位。再加上如此緊張的重要時刻，聽不清、聽不準也是完全可能發生的事情。

滿語不同單詞之間發音差異較大，不容易聽錯。但在記錄漢文版遺詔時，皇帝嘴裡說的到底是「胤禛」還是「胤禎」，是「第四」還是「十四」，時年七十七歲的王掞老爺子不小心給聽岔了。這才有了樸趾源說的「誤認」一事。

於是，皇帝死了，臨死前留下了滿漢雙版本的傳位遺詔，但尷尬的是兩個版本的遺詔上寫的不是同一個名字。你說，還有比這更讓人抓狂的事嗎？這時候再把皇帝搶救回來問一嘴已經不可能了，這兩份遺詔到底以哪個為準，誰又來確定以哪份為準呢？

這時隆科多就發揮了決定性作用。他作為皇帝的小舅子，屬關係最近的親戚。而且整個暢春園都在他這個步軍統領的控制下，此刻手裡有兵有槍的他說話自然就是最好使的。

更重要的，隆科多其實是四阿哥胤禛的人。胤禛為了不引起老爹康熙的猜忌，找幫手從來都是寧缺毋濫。他的團隊人數雖少，但個個都能在關鍵時刻發揮作用。比如控制京城武裝的隆科多和駐紮西北的年羹堯，這兩位一內一外，為雍正皇帝的順利繼位立下了汗馬功勞。

想要抹去兩份遺詔的版本衝突，唯有淡化四人共同接受遺詔的事實。最終的解決方案就是由隆科多一人出面，口頭宣布皇帝的遺言——先把皇位歸屬確定下來，具體的程序問題等事後再搞定吧。

如果這個推測是真的，也就可以解釋為什麼雍正在即位當天死活也拿不出書面遺詔，三天後也只能拿出滿文版遺詔。因為那個漢文版，是真的不能往外拿啊，不然就更說不清了。

這之後馬爾賽、馬齊、隆科多都加官晉爵，而那位寫錯名字的王掞老同志，嗯，雍正也不能公開收拾他，但穿個小鞋、擠兌一下什麼的肯定是少不了。王掞八十四歲去世時，朝廷連個像樣的葬禮待遇都不給他，還是後來乾隆帝上臺後為他補辦的。

因為雍正是真恨啊，朕明明正兒八經的繼承皇位，就因為你「誤認」了別人的名字，害得朕啞巴吃黃連，有苦說不出，只能不斷地找補掩飾，用一個謊言去掩蓋另一個假話，結果越說越多，越多越錯，都快把真的說成假的了！

所以我們也就可以理解雍正帝對「曾靜案」的奇特處理了。對他而言殺了曾靜不重要，把心裡的苦悶往外倒一倒才是最重要的。他就像是一個委屈巴巴的孩子，瘋狂地為自己正名闢謠。但是偏執的雍正爺還是不太瞭解人性啊，因為他的闢謠行為完全起到了反作用。

在「曾靜案」前，針對他繼位的段子可能流傳得還沒有那麼廣泛。但他偏偏弄出一個《大義覺迷錄》並全國推廣，這下好了，普通老百姓對雍正義正詞嚴、引經據典的闢謠聲明毫無興趣，但一說到什麼皇室陰謀啊，同室操戈啊，矯詔篡位啊，那可真是愛聽得不得了。結果一番宣講下來，人們沒記住闢謠聲明，反而不斷在傳播謠言本身，畢竟聊這個多刺激、多帶勁啊。

自從《大義覺迷錄》問世之後，有關雍正的謠言不但沒有止息，反而越傳越廣泛，越傳越離譜，都達到了小說評書裡「呂四娘入宮刺殺雍正，半夜割走皇帝狗頭」的程度。

黑粉愈多，雍正的戰鬥欲望就愈強烈，他闢謠越用力，謠言就傳得越厲害，都陷入死循環了。所以雍正一死，乾隆第一時間就叫停了這件事。乾隆剛即位就不顧老爹雍正的遺言，執意處死了曾靜師徒，停止了《大義覺迷錄》的宣講，甚至這本書後來在清朝也變成了「禁書」。

乾隆的內心獨白應該是這樣的：我的個親爹啊，你和這幫黑粉鬥什麼嘴啊。咱大清的刀是不夠鋒利嗎？都弄死不就完啦？

然後，神奇的事情又發生了。原本狗都不愛看的《大義覺迷錄》成了禁書後，一下子又成了人們追捧的稀缺資源和必讀書目，不管清政府怎麼銷毀，怎麼禁止，這本書還是「野火燒不盡，春風吹又生」地在人們手中傳閱。就跟某本書一旦進了禁書名單，銷量和盜版立刻大漲一樣。因為甭管平時有沒有閱讀習慣的人，都忍不住好奇要看一看這本「禁書」到底是「禁」在了哪裡。

當然，最深入人心的，還是書中那一條條被反覆闢謠卻始終流傳的謠言。直到今天，亦是如此。

刺馬案中案：不能深究的總督刺殺案

西元一八七〇年八月二十二日，大清同治九年七月二十六日一大早，兩江總督署西側的演武場人聲鼎沸，熱鬧非凡。時任兩江總督兼南洋通商大臣的馬新貽，每月的二十五日都會親臨演武場視察部隊，因為七月二十五日下雨，檢閱就推遲到了第二天。

上午十點左右，視察結束的馬總督在維安人員的護衛下，穿過看熱鬧的人群，從演武場旁的小道步行返回總督署。在路上，突然有一個叫王武鎮的人躥了出來。此人自稱是馬總督的老鄉，想要求總督大人辦點「私事」。

頭一回見到有人把「走後門」搞得如此廣而告之的。維安人員趕緊七手八腳地把王武鎮攔住，馬新貽則腳步不停，繼續往回走。就是這樣一個小小的突發狀況，讓馬新貽身邊的維安人員出現了短暫的混亂，也給了「有心人」可乘之機。

就在馬新貽即將走進總督署的西南門時，一個清兵打扮的人突然快步走到馬新貽面前「打千」請安，然後趁著俯身行禮的機會，用右手從靴筒裡抽出一把短刀，猛刺入馬新貽的右胸肋要害之處。

有刺客！

由於事發突然，馬新貽都中刀倒地了，旁邊的維安人員才反應過來，一擁而上將刺客當場抓獲。

其實準確的說法應該是——刺客得手後根本就沒有逃走的意思，反而站在原地自報家門，說自己叫張汶詳。[1]還有現場目擊者聽到他高喊「養兵千日，用在一時」之類的口號。

刺客雖然束手就擒，但馬新貽卻因受傷嚴重，次日不幸身亡。這就是轟動天下的「張汶詳刺兩江總督馬新貽案」，俗稱「刺馬案」。後來的電影《投名狀》就是據此改編的。

刺馬案發生的時候，清朝剛剛平定太平天國運動，北方的捻軍大起義也基本消停，已經被內憂外患折磨了十幾年的大清好不容易續命成功，迎來了一個相對和平穩定的局面，號稱「同治中興」。

但就在這所謂的「太平光景」裡，清代頂級的封疆大吏之一、掌控著大清三分之二財稅收入、歷來被認為是「天下第一總督」的兩江總督[2]，竟然在光天化日之下、眾目睽睽之中、層層維安之內，被一個不知道哪來的刺客隨隨便便就殺了。

還有王法嗎？還有天理嗎？

清政府連發幾十道上諭，先後派遣四位重量級高官，總計五十名官員參與審訊，經過長達八個月的調查，最終發布了案件的「調查真相」。結案報告很長，簡單概括起來就是一句話：張汶詳挾私報復，馬新貽無辜遭殃。

對，沒有驚天陰謀，沒有幕後主使。張汶詳既不是職業刺客，也不是武林高手，更沒有特異功能，他就是一個普通得不能再普通的普通人。但就是這樣一個非專業人士，萬分湊巧地抓住了馬總督維安工作轉瞬即逝的漏洞，用一把小刀刺死了大清朝的兩江總督。

結案報告一經公布，幾乎所有人臉上都是同一副表情——你騙鬼呢？也怪不得老百姓不相信官方的調查結果，因為「刺馬案」實在是太離奇、太湊巧，官方的調查結果又太平淡、太草率，總給人一種遮遮掩掩的感覺。

比如官方給出的審理結果認定，張汶詳是太平軍餘孽，因為媳婦和家裡的錢財被一姓吳的姦夫給拐跑了，曾到時任浙江巡撫的馬新貽那裡告狀。但馬新貽並未受理這個案件，為此張汶詳還被那吳姓姦夫狠狠地嘲笑了一頓。於是張汶詳就把自己「人財兩空」的人生不幸歸咎於馬新貽，這才一拍腦門兒決定刺殺馬新貽。

這是什麼狗血劇情，怪不得大家不相信，因為邏輯轉折實在是太生硬了。

官方結論無法服眾，民間自然就出現了多種版本的「真相」。比如流傳最廣泛的「漁色負友說」。在官方還在吭哧吭哧調查的時候，上海丹桂茶園裡已經上演了一齣精彩紛呈的《刺馬傳》大戲，大概劇情應該是這樣的：

張汶詳和好友曹二虎等人都是捻軍中的小頭目，在作戰中俘虜了馬新貽。馬與張、曹等人結拜為兄弟，帶著部隊投降了清朝。但馬新貽竟然和曹二虎的媳婦勾搭成姦，還捏造罪名殺了曹二虎，進而霸占其妻。張汶詳為給兄弟討回公道，於是就刺殺了馬新貽。

1 具體姓名有爭議。張相文《張文祥傳》寫作「張文祥」，《曾國藩全集》寫作「張汶祥」，〈督臣被刺出缺摺〉〈供招冊〉等案卷資料中寫作「張汶詳」。因相應審理卷宗為正式法律文件，故本書採用「張汶詳」一說。

2 清代在全國設八大總督，分別為直隸、兩江、閩浙、湖廣、陝甘、四川、兩廣、雲貴總督。另有漕運總督和河道總督。一九〇七年，清政府改盛京將軍為東三省總督，駐奉天府，管理黑龍江、吉林、奉天三省。

這也是「刺馬案」在今天流傳最廣泛的一個版本，諸多影視作品也大多以此為故事原型。但歷史的反常識規律就在於，越是老百姓喜聞樂見、口耳相傳的流行版本，往往越偏離歷史的真實。

馬新貽的為官履歷和「漁色負友說」中所說的很多細節完全對不上。況且如果馬新貽真的有害死兄弟、勾引人妻這樣的黑歷史，官方的調查結果相當於替他遮掩醜聞，馬新貽的家人肯定巴不得就這麼結案。但事實卻是馬家後人一直對官方結論非常不滿，這哪像是有醜聞的心虛樣子啊？

當時就有人為馬新貽鳴不平，清代詩人周壽昌有詩云：

人事百年真始出，誰知定論死猶無。
重臣已被元衡禍，謗語幾罹永叔誣。

意思就是馬新貽像唐代宰相武元衡一樣被當街刺殺，卻和北宋時被污蔑為與外甥女有染的歐陽修一樣，成了「黃謠」的受害者。所以「漁色負友說」雖然流傳最廣，但也最不可靠。

除了「仇殺」之外，張汶詳在審訊過程中還曾說過另一個「義殺」的版本。張汶詳自稱得到消息，說馬新貽勾結西北回民叛軍要犯上作亂，所以張汶詳才要誅殺馬新貽這個「國賊」！

「陝甘回民起義」是真的，馬新貽是回族也是真的，但這兩個真相放在一起卻並不真實。僅僅因為馬新貽是回族就說他要勾結叛軍，這完全是地攤文學式的胡扯，後來張汶詳也翻供承認自己是在誣陷。

其實在「刺馬案」發生後的第一時間，清政府高層就斷定這個案子不單純，「斷非該犯一人挾仇逞兇，已可概見」。也就是說，清廷高層相信馬新貽是死於買兇殺人的「謀殺」，唯一的問題就是誰謀殺了他。

嫌疑人之一是晚晴著名的軍事家、政治家丁日昌。當時有人舉報江蘇巡撫丁日昌之子曾捲入一宗違反軍紀的命案，馬新貽正是審理此案的負責人，丁日昌向馬新貽求情不成，因此買兇殺人。

但這個說法也很不合理。馬新貽在辦案過程中並沒有針對丁日昌之子，所謂的雙方結仇一說並不成立。況且丁日昌人品正直，無論是治軍還是治家都很嚴格，很難想像他會去找馬新貽走後門，甚至買凶刺殺同僚。明眼人都把這個事當笑話聽，沒人當真。

但張汶詳在被捕時喊的那句「養兵千日，用在一時」，卻像一根刺一樣，結結實實地紮在每個人的心上。從這句話的語意上分析，張汶詳就是那個被「養」了千日的「兵」。但誰「養」了他，誰又「用」了他呢？

這裡面的水可就太深了，牽扯到太多的矛盾和猜忌——中外之間、滿漢之間、南北之間、中央與地方之間，全都各懷鬼胎，彼此防範，牽一髮而動全身，一不小心就會引火燒身，甚至造成整個局面失控。

要想明白事情的嚴重性，我們就要跳出孤立看待「刺馬案」的狹隘視角，把這個謎團重重的刺殺案嵌入當時的歷史大背景中，搞清楚「刺馬案」發生時，清朝是個什麼情況。

這麼說吧，此前清朝是發自內心地認為自己要完蛋了——內有太平天國席捲江南，外有英法聯軍攻占北京。皇帝英年早逝，太后孤兒寡母，國內叛亂不斷，國外列強環伺。內外交困，風雨飄搖，朝不保夕，命懸一線，要人沒人，要錢沒錢。

面對內憂外患的糜爛局面，清政府萬般無奈之下只能咬牙放權給漢人，允許地方組織團練，以此來平定國內叛亂，抵禦外國侵略。以曾國藩的湘軍為代表的漢人武裝集團強勢崛起，幾乎掌控了中國南方最精華、最富庶的地區，清朝中央反而成了可憐巴巴的弱勢群體。

曾國藩本人想做千古名臣，沒有什麼造反搞事的興趣，還主動裁撤湘軍，自己削弱自己。但有些事卻並不以個人意願為轉移。

在平定太平天國的戰爭中，大量的湘軍官兵立功受賞，他們或身居軍隊高層，或執掌地方行政，或成為民間豪強，已經形成一張遍布江南各地的權力關係網。不管曾國藩願不願意承認，他的「湘系」已經成了讓清朝中央寢食難安的存在。所以當朝廷挺過了最艱難的時刻後，第一時間想到的就是「削藩」。而馬新貽這個兩江總督，就是來幹這個活的。甚至還有傳言說馬新貽是奉慈禧的密旨，要暗中調查湘軍上下私吞太平天國寶藏的事。[3]

其實此前清政府已經兩次試圖把曾國藩調離兩江，但都因時機不成熟而沒辦成。西元一八六八年，清政府調兩江總督曾國藩為直隸總督，以閩浙總督馬新貽補授兩江總督。直隸總督雖然名義上比兩江總督地位高，但其地處京畿地區，上有中央政府，下有順天府尹，位尊而權輕，更遠離湘軍的大本營，這是典型的明升暗降加調虎離山。

僅僅兩天之後，負責長江水師的湘軍元老彭玉麟也被免除職務，退休回家。江蘇巡撫丁日昌轉交了江南士紳請求曾國藩留任兩江總督的請願書，卻被朝廷劈頭蓋臉罵了一頓，可見朝廷「削藩」的意願有多強烈。

馬新貽接任兩江總督後，忠實執行了清政府「強化中央，削弱地方」的既定政策，雷厲風行地做了幾件事，包括裁撤湘軍，編練新部隊，追查歷年戰爭中的貪腐和假帳，整肅軍紀，嚴厲打擊退役後從事黑社會活動的湘軍士兵，等等。

裁軍是砸飯碗，查帳是掏錢包，掃黑是要你命。馬新貽做的每一件事，都讓朝廷開心，也都讓湘軍上下不開心，然後他就被刺殺了。

站在清政府的角度上來看，我精挑細選派來「削藩」的得力幹將，剛剛取得了一點工作成果，然後人就沒了，你跟我說這裡面沒事？所以一直以來都有觀點認為湘系勢力才是「刺馬案」的幕後元兇，目的是幹掉馬新貽，重奪兩江總督，這就是「湘系奪權說」。

但這還沒完。「刺馬案」背後不只涉及中央與地方的鉤心鬥角、滿漢之間的猜忌防範，甚至還牽扯到中外矛盾和土洋衝突。簡單來說，就是洋人、洋教和洋務。

自鴉片戰爭以來，中國的大門被迫開放，西方的宗教和科技也跟著進入中國。尤其是西方傳教士在船堅炮利的威懾下在中國強行傳教，必然會引發民眾的不滿，進而產生對立情緒和衝突。

馬新貽對曾國藩、李鴻章搞的洋務運動沒什麼熱情，但他對洋教和洋人的態度卻很友好。馬新

3 見高尚舉《刺馬案探隱》。有爭議。

貽就任兩江總督後，隆重接待了天主教江南教區的主教郎懷仁，甚至在第二天回訪了天主教堂，這讓在中國屢屢碰壁的外國傳教士感動不已。

據當時生活在中國的神父們說，馬新貽曾在鎮壓小刀會起義時受傷，在教會的董家渡醫院接受了治療。撿回一條命的馬新貽甚至接受了洗禮，信奉了天主教。這個傳言聽起來有點匪夷所思，但馬新貽相較於曾國藩和李鴻章而言，的確對傳教士更加友好。

一八六九年，安慶府出現了民眾搗毀傳教士住所的反洋教運動，史稱「安慶教案」。馬新貽的處理方式是全盤答應列強提出的賠償要求，並且聯合安徽巡撫發布告示，阻止百姓自發的反洋教行動。

後來南京一帶又出現了傳教士用嬰兒煉製邪藥的傳言，差一點就掀起新一波的反洋教浪潮。馬新貽第一時間派遣新上任的南京知府馮柏年檢查天主教堂，證明並沒有所謂的「死嬰」存在。然後馬新貽立刻宣布南京全城戒嚴，並派遣軍隊保護天主教堂，張貼告示，全力闢謠，這才成功避免了危機。

馬新貽對洋教很保護，但別的地方官就未必是這個態度了。一八七〇年，「天津教案」爆發，法、英、美、俄、普、比、西七國聯合向清政府提出「抗議」，並調集軍艦至大沽口進行威脅，清朝方面緊急派出直隸總督曾國藩與列強交涉。曾國藩只能捏著鼻子卑躬屈膝求原諒，又是處死兇手，又是賠償損失，又是派人道歉，希望能緩解一觸即發的緊張局勢。

和大多數主張對洋人強硬的同僚不同，馬新貽則主張嚴懲導致教案發生的中方官員。然後沒多久，他就被刺殺了。另據當時在華的傳教士記載，馬新貽死後沒兩天，和馬新貽一樣對洋教抱有好感的南京知府馮柏年也在辦公室離奇自殺。

連續兩位對洋教持保護態度的高級官員相繼喪命，以至於當時的外國傳教士們都認為馬新貽就是被那些反對洋教的勢力給弄死的。這就是「刺馬案」的第六種版本——「反洋教排外說」。

但這個版本可不興說。要知道，當時北邊的「天津教案」已經讓清政府焦頭爛額，如果南邊的「刺馬案」再調查出來背後的真凶也是針對洋人和洋教的，消息傳到列強耳朵裡，那清政府可真是吃不了兜著走了。

就是這種自相矛盾、投鼠忌器的心情讓清政府很糾結，既不能不調查，又不能真調查。所以清政府對待「刺馬案」的態度和策略只能是外緊內鬆，虛張聲勢。

如果我們複盤一下整個「刺馬案」的調查環節，就會發現很明顯的敷衍之處。

八月三日，清政府得知馬新貽遇刺，立刻諭令正在處理「天津教案」的曾國藩回任兩江總督。「天津教案」是曾國藩為官生涯的最大污點，但他卻以處理教案重任在身及眼睛疼為藉口，極力推辭回任兩江總督的任命，寧肯在「天津教案」裡挨罵，也不想去蹚「刺馬案」的渾水。但清政府卻堅持要求曾國藩南下，認為「但得該督坐鎮其間，諸事自可就理」，寄希望於曾國藩湘系領袖的特殊地位和崇高名望，以此來穩定住兩江的局勢。

九月二十三日，曾國藩在朝廷的千呼萬喚中到達北京，剛好趕上曾國藩和慈禧相繼過生日。於是慈禧先給曾國藩慶生，曾國藩再給慈禧祝壽，這麼一來一去兩個月的時間就過去了。不是急吼吼地要求曾國藩南下兩江嗎？怎麼又不著急了呢？

這就是政治的藝術了。對清政府而言，只要曾國藩回任兩江的消息確定，就能鎮住那些企圖搞事的魑魅魍魎，至於曾國藩本人是不是真的到位，反而不重要了。換句話說，查案不重要，借曾國藩的名頭保平安才重要。

曾國藩一直在北京待到快過年，實在沒理由繼續耗著不走了，只能選擇動身。在南下之前，他受到了慈禧的接見。對於「刺馬案」，兩位晚清時代的超級大老有這麼一段既簡單又不簡單的對話。

慈禧問：馬新貽這事豈不甚奇？

曾國藩回答：這事很奇。

慈禧又說：馬新貽辦事很好。

曾國藩馬上回答：他辦事和平精細。

這白開水一樣平淡的四句話看上去平平無奇，卻隱藏了慈禧對「刺馬案」的態度。

慈禧問「馬新貽這事豈不甚奇」——奇，就是奇怪、離奇，不應該發生而發生的事。「豈不」是反問表肯定，前面再加一個「甚」字，意思就是這背後肯定有事，你可別糊弄我。

曾國藩回答「這事很奇」——是的，這背後當然有事，但您想要大事還是小事？

慈禧第二句說「馬新貽辦事很好」——先給整個案子定個調子，馬新貽必須是正面形象，不能寒了給朝廷辦事的人的心。

曾國藩回答「他辦事和平精細」——這算是認同了慈禧的觀點，放心吧，老佛爺，馬新貽必然是個完美的受害者。

這之後曾國藩又磨蹭了十幾天，然後在慈禧的再一次催促下啟程南下，和他同行的還有刑部尚書鄭敦謹，也是朝廷派去審理「刺馬案」的。

在這兩位中央特派員到達江南之前，江寧將軍魁玉會同漕運總督張之萬等人已經審了張汶詳好幾個月了，「挾私報復說」就是他們給出的「尚屬可信」的審訊結果。當然，朝廷對這個結果並不滿意，所以才加派曾國藩和鄭敦謹這兩位重量級高官來接著審，怎麼看都是一副不查明真相誓不罷休的樣子。

但神奇的是，曾國藩到了江寧後，有足足兩個月沒有做任何與調查「刺馬案」有關的事情，直到十二月二十八日才第一次讀了下案卷，後來又開了幾個沒營養的會，把涉案人員點了個名，之後就把原有調查結果原封不動地上報了。

可以說曾國藩和鄭敦謹兩位欽差大臣的到來，並沒有對「刺馬案」的調查起到什麼推動作用，那些案情謎團和證詞、證據上的不合理之處，也完全沒有引起他們的重視。

那回到最初的問題，兇手張汶詳到底是獨立作案還是有人指使呢？

他在被捕時明明說了「養兵千日，用在一時」這樣的話，證詞中也顯示他曾投奔湘軍將領黃少春，可見張汶詳也是有湘軍背景的，為什麼後續的調查卻堅持否認他背後有人主使？再說了，馬新貽身為朝廷命官、封疆大吏，維安級別相當高，張汶詳一個平頭百姓，為何能成功實現近身刺殺？

借用評書演義中常用的一句臺詞——「無巧不成書」。

保護馬新貽的第一負責人是兩江督標中軍副將喻吉三。據這位有著濃厚湘系背景的軍官說，他當時是因為士兵操演沒結束，就留在演武場地收尾，「不巧」沒出現在案發現場。在馬新貽遇刺之前，那個攔路求幫忙的王武鎮則「湊巧」分散了維安人員的注意力。而這位王武鎮是在總督衙門前轎頭劉學——相當於是在馬新貽總督辦公室前任公務用車司機的「無意」指點下，在檢閱當天「恰好」給刺客製造了一個短暫的機會，「剛好」讓馬新貽暴露在刺客的刀尖之下。

這一切的巧合都解釋得通，每個人都有合理正當的理由，但這些湊巧就是如此精密且環環相扣地咬合在一起，最終導致了馬新貽的遇刺。

最後，馬新貽的死亡原因是什麼？

驗屍報告表明馬新貽胸部的傷口皮肉收縮，並未出血，脖頸腫脹，十指呈現青色，應該是兇手在兇器上塗抹了毒藥，這才導致了他的死亡。但「刺馬案」的結案報告中卻白紙黑字地寫著，張汶詳用來行刺馬新貽的兇器「刃鋒白亮，量視血陰，計透入三寸五分，驗無藥毒」。也就是說，馬新貽死於中毒，但兇器上卻又沒有塗抹毒藥的痕跡。那麼，毒死馬新貽的毒，是哪兒來的？

哦豁，怎麼有點越說越嚇人了？

以上難以解釋之處全是疑點，但在歷時八個月的案件審理過程中，卻沒有一位主審官願意深究。更不合常理的是，審案全程都沒有對張汶詳動過刑，理由是張汶詳不禁打，怕一不小心把他整死了。

刑訊逼供在現代司法中是絕對不允許的違規違法操作，但在古代卻恰恰是不可或缺的必備環節。當時參與會審的江蘇候補道孫衣言就堅持必須動刑，按照他的話說，犯人那麼狡猾，滿嘴瞎胡說，不打一頓他怎麼會老實交代啊？

先上刑，再審案，本就是那個時代審案子的慣例。但「刺馬案」的主審員卻對張汶詳格外「溫柔」，說啥也不肯動刑。是真的怕動刑把他給打死了，還是怕一不小心打出點不想聽的東西？不可說，不可說啊。

按照清代的司法審判慣例，對犯罪嫌疑人張汶詳的審訊並不符合那個時代的程序。所以參與審訊的孫衣言和山東候補道袁保慶都拒絕在結案報告上簽字，以此表明自己不認同審訊結果的態度。而這兩位又都是馬新貽生前最重用的幕僚親信，是馬新貽真正的自己人。恐怕也只有他們兩個是真心想查出事情的真相。

但兩個小官的抗爭並不能改變「上頭」的意思，最終「刺馬案」還是照著最初的「挾私報復說」上報中央，只不過是在對兇手張汶詳的量刑上加重了一個級別而已。

清廷給予馬新貽極高的哀悼。同治皇帝親賜祭文、碑文，特贈馬新貽太子太保，予騎都尉兼雲騎尉世襲，定諡號為「端敏」。江寧、安慶、杭州、海塘等地為馬新貽修建了專門的祠堂紀念，在華的傳教士也自發地組織悼念活動。

但也僅此而已了，清廷可以高調紀念，隆重哀悼，但卻絕不會認真破案，探究真相。因為真相背後的鬥爭對他們來說才是最重要的。

在太平天國運動以前，兩江總督基本由滿人出任。但在太平天國之後十多年裡，前後有九任七人出任兩江總督，卻沒一個是滿人。在馬新貽之前，曾國藩做了三任兩江總督。在馬新貽之後的幾任總督，要麼是湘系骨幹，要麼有湘系背景，只有馬新貽這麼一個「非湘非淮」的特殊存在。

事實上，對於馬新貽出任兩江總督這事，當時人都看得很清楚。馬新貽雖然有業績，但還沒功勳卓著到能取代曾國藩的地步，朝廷這樣的人事安排就是為了打壓湘系。而馬新貽出事也是必然，這完全就是朝廷人事安排的失誤造成的。

多說一句，參與審理「刺馬案」的刑部尚書鄭敦謹在結案後當場宣布「因病退休」，連回北京走一下退休程序都等不及就離職了。只不過號稱「因病無法工作」的鄭大爺後來又好端端地活了十幾年，咱也不知道他這個「病」到底是「真病」還是「心病」，反正是把堂堂一品朝廷大員給逼得撂挑子不幹了。

可想而知，這背後的水得有多深。

俗話說「匹夫無罪，懷璧其罪」，對於馬新貽來說，這為自己招來殺身之禍的「璧」，就是兩江總督這個燙手山芋。馬新貽在兩江威望不足，下手又太狠，得罪的人實在太多，是絕對的眾矢之的，遭人暗算的機率相當大。

他被刺殺後才幾天，官方調查還沒結束呢，上海就有人將他的桃色新聞編成戲劇上演。還有教育系統的人在出考試題的時候，諷刺馬新貽被殺是活該。這些輿論風潮的背後很可能有人主使，目的就是殺人誅心，讓馬新貽身死名滅，永世不得翻身。

由於慈禧和曾國藩等人的心照不宣，「刺馬案」的幕後真凶已經永遠隱沒於歷史的迷霧中。刺殺案的主謀也許是湘系勢力，也許是反洋教勢力，甚至這兩撥勢力可能就是同一群人。

總之，是對馬新貽出任兩江總督不滿的反對者策畫了這起「刺馬案」。「刺馬案」既代表著馬新貽個人生命的終結，也代表著清廷「削藩」政策的破產。此後兩江總督之位幾乎由湘系勢力所壟斷，清政府再也沒能成功壓制南方的漢人勢力，直到宣統退位，帝制終結。

野史未必假

作　　者	王磊
責任編輯	何維民
版　　權	吳玲緯　楊靜
行　　銷	闕志勳　吳宇軒　余一霞
業　　務	李再星　李振東　陳美燕
副總編輯	何維民
總 經 理	巫維珍
編輯總監	劉麗真
事業群總經理	謝至平
發 行 人	何飛鵬
出　　版	麥田出版 115 台北市南港區昆陽街16號4樓 電話：02-25000888　傳真：02-25001951
發　　行	英屬蓋曼群島商家庭傳媒股份有限公司城邦分公司 115 台北市南港區昆陽街16號8樓 客服專線：02-25007718；02-25007719 24 小時傳真服務：02-25001990；02-25001991 服務時間：週一至週五 09:30-12:00，13:30-17:00 郵撥帳號：19863813　戶名：書虫股份有限公司 讀者服務信箱 E-mail：service@readingclub.com.tw 城邦網址：http://www.cite.com.tw 麥田出版臉書：http://www.facebook.com/RyeField.Cite/
香港發行所	城邦（香港）出版集團有限公司 香港九龍土瓜灣土瓜灣道 86 號順聯工業大廈 6 樓 A 室 電話：852-25086231 傳真：852-25789337
馬新發行所	城邦（馬新）出版集團 41, Jalan Radin Anum, Bandar Baru Seri Petaling, 57000 Kuala Lumpur, Malaysia. 電話：+6 (03) 90563833　傳真：+6 (03) 90563833　E-mail：service@cite.my
印　　刷	漾格科技股份有限公司
電腦排版	黃雅藍
書封設計	巫麗雪
初版一刷	2025 年 9 月
定　　價	350 元
I S B N	978-626-310-945-2

原書名：《野史未必假》 作者：王磊

本書中文繁體版由讀客文化股份有限公司經光磊國際版權經紀有限公司授權城邦文化事業（股）公司麥田出版在全球（不包括中國大陸，包括台灣、香港、澳門）獨家出版發行。

國家圖書館出版品預行編目資料

野史未必假／王磊著. -- 初版. -- 臺北市：麥田出版：英屬蓋曼群島商家庭傳媒股份有限公司城邦分公司發行, 2025.09
240面；15×21公分
原簡體版題名：野史未必假
ISBN 978-626-310-945-2（平裝）
1. CST：中國史　2. CST：野史
610.4　　114009359